MIKAELA ÖVÉN

EDUCAR COM MINDFULNESS

**Guia de Parentalidade Consciente
para pais e educadores**

Principis

Esta é uma publicação Principis, selo exclusivo da Ciranda Cultural
© 2025 Ciranda Cultural Editora e Distribuidora Ltda.

Título original: Educar com Mindfulness
© 2015, Mikaela Övén e Porto Editora, S.A.

Produção editorial
Ciranda Cultural

Texto
Mikaela Övén

Diagramação
Linea Editora

Editora
Michele de Souza Barbosa

Design da capa
Nor267

Preparação
Luciana Garcia

Ilustrações
© Shutterstock.com

Revisão
Fernanda R. Braga Simon e Mônica Glasser

Foto da autora
© Marta José, Dreamaker Photography

Dados Internacionais de Catalogação na Publicação (CIP) de acordo com ISBD

O96e	Övén, Mikaela.
	Educar com mindfulness / Mikaela Övén - Jandira, SP : Principis, 2025.
	288 p. : 15,50cm x 22,60cm.
	ISBN: 978-65-5097-302-5
	1. Psicologia educacional. 2. Família. 3. Professores. 4. Metodologia. 5. Comportamento. 6. Manual. I. Título.
	CDD 158.1
2024-2388	CDU 159.922-053.2(035)

Elaborada por Lucio Feitosa - CRB-8/8803

Índice para catálogo sistemático:
1. Psicologia educacional 158.1
2. Psicologia educacional 159.922-053.2(035)

1ª edição em 2025
www.cirandacultural.com.br
Todos os direitos reservados.
Nenhuma parte desta publicação pode ser reproduzida, arquivada em sistema de busca ou transmitida por qualquer meio, seja ele eletrônico, fotocópia, gravação ou outros, sem prévia autorização do detentor dos direitos, e não pode circular encadernada ou encapada de maneira distinta daquela em que foi publicada, ou sem que as mesmas condições sejam impostas aos compradores subsequentes.

Para Liv, Erik e Isak.
Por me iluminarem o caminho.
A cada momento.

Prefácio à edição brasileira..11
Seja bem-vindo ao livro! 13
Introdução 17
O maravilhoso mundo da parentalidade..17
Seja um detetive Mindful 19

1 O caminho para uma Parentalidade Consciente 27
- Será que estamos mostrando aos nossos filhos o amor incondicional que sentimos por eles?..29
  - Por que meu filho se porta mal?.. 32
  - Ative o detetive que há em você!.. 33
  - Que valores praticam um pai ou uma mãe consciente?................. 34
  - Tenha as suas intenções bem definidas... 42
- Cuidado com as expectativas! Intenções vs. expectativas 45
  - Quais são as minhas intenções enquanto pai/mãe consciente?... 46
  - Inspire-se com exemplos reais de listas de intenções.................... 48

2 Mindfulness, a preparação interior dos pais e educadores................. 55
- Aprenda a estar 100% presente no tempo que dedica ao seu filho... 57
  - Os 5 ensinamentos valiosos do Mindfulness...................................... 59
  - A mochila com as 7 atitudes do Mindfulness 61
  - Socorro, fiz tudo errado até aqui!.. 63
  - A compaixão é um remédio milagroso 65
  - Cara a cara com a culpa 66
  - Devo falar com o meu filho sobre o sentimento de culpa?........... 68

5

Mikaela Övén

3 Meditação Mindfulness para pais e educadores 71

- **Os pensamentos e as emoções são apenas visitas** 73

  Iniciar a prática de Mindfulness em 10 passos simples 74

  Qual a postura certa para meditar? 75

  Meditações Mindfulness 76

4 Autoestima: o sistema imunológico social 87

- **As crianças são perfeitas como são** 89

  A boa semente da autoestima 90

  Recorde a primeira vez que olhou para o seu filho 92

  Como se desenvolve a autoestima? 94

  Se o seu filho não estiver bem, como poderá portar-se bem? 95

  A adolescência, o verdadeiro teste à autoestima 96

  Os 5 focos de uma autoestima saudável 97

5 Conhecer as necessidades do seu filho é fundamental 135

- **De que meu filho realmente precisa?** 137

  Devo satisfazer o desejo ou a necessidade? 138

  Não deixe o detetive adormecer! 139

  Pistas do trabalho de lupa do detetive 139

  Como identificar as necessidades emocionais do seu filho 141

  O Modelo LASEr 142

  Quando decifrar a necessidade é ainda mais desafiante que o próprio comportamento! 149

  Mas ele tem de saber o certo e o errado. Não pode ter tudo o que quer! 150

  Seja um detetive de referência 151

  Os 6 pressupostos fundamentais para entender o comportamento 152

  Todos nós temos necessidades 156

Educar com Mindfulness

6 Uma comunicação consciente fortalece o bom relacionamento familiar 159

- **Comunicar a partir do interior** 161
  - Cuidado com os duplos sentidos! 162
  - A coerência é um mito, a congruência, uma meta 164
  - O Mindfulness enriquece exponencialmente a comunicação 166
  - Como praticar uma comunicação consciente e Mindful 167
  - A comunicação deve partir da nossa vontade e não das expectativas dos outros 171

- **Estratégias para resolver os problemas de comunicação** 173
  - Os 6 passos para uma comunicação consciente 174
  - Os 4 passos para uma comunicação consciente com crianças pequenas (2-4 anos) 178
  - Quais são as minhas intenções quando me comunico? 179
  - Os principais obstáculos à comunicação 180
  - Não existem crianças resistentes, apenas adultos inflexíveis 183
  - As crianças precisam mesmo da imposição de mais limites? 184
  - Como dizer "não" 188
  - Devemos castigar? 197
  - Comunicação em família 206

7 Os 12 maiores desafios com o seu filho 219

- **Dicas Mindful para superar os desafios** 221
  - Birras (e quando o seu filho diz "não" a tudo) 222
  - A hora das refeições 231
  - Trabalhos de casa/TPC 234
  - Hora de se levantar! 238
  - Conflitos entre irmãos 242
  - Está na hora de dormir 251
  - A ansiedade 255
  - Computadores, *tablets* e *smartphones* 259

Agressividade 262

Bullying 266

O divórcio 270

A chegada de um irmão 276

Resumindo e concluindo 283

Agradecimentos 285

Referências 287

Caro leitor, quero dar-lhes as boas-vindas ao meu livro EDUCAR COM MINDFULNESS.

A fim de proporcionar uma experiência completa, este volume vem acompanhado de QR Codes que o levarão a diferentes meditações que preparei para você.
Siga as instruções e viva uma relação feliz e tranquila com o seu filho!

No capítulo 3, você vai se deparar com três QR codes. Faça a leitura com seu celular para que possa ouvir a narração* da meditação.

*As meditações foram narradas por Iara Mastine, a primeira facilitadora em Parentalidade Consciente no Brasil, pela Academia de Parentalidade de Portugal – curso no qual utilizou a primeira edição deste livro. Formada em psicologia pela UNESP, Neuropsicologia pelo Albert Einstein e Coach pela Sociedade Brasileira de Coaching, é especialista em Terapia Cognitivo Comportamental e Mindfulness para crianças. Trabalha com atendimento psicológico clínico e é autora de livros.

PREFÁCIO À EDIÇÃO BRASILEIRA

Há vinte anos, quando me tornei pai pela primeira vez, acreditava que a paternidade era como um manual de instruções que eu precisava decorar. Ler todos os livros, estudar todas as regras, ouvir todos os especialistas, anotar o que faz mal e o que faz bem para a criança. Hoje, com duas filhas, aprendi que a parentalidade é mais parecida com uma dança improvisada – às vezes desajeitada, frequentemente intuitiva, mas sempre sincera.

"Educar com Mindfulness" é um livro que não promete receitas milagrosas, mas oferece algo muito mais valioso: um convite à presença consciente. A dança com nossos amados filhos exige presença, do contrário, tropeçaremos.

Mikaela é sueca, vive em Portugal e agora lança seu livro no Brasil. Está ajudando pais a exercitarem a presença com seus filhos ao redor do mundo. O que torna esta obra tão especial não é apenas seu conteúdo, mas sua honestidade em admitir que ser pai ou mãe é uma jornada de aprendizado constante. Não se trata de mais um manual que nos faz sentir inadequados, mas um guia que reconhece nossa humanidade e nos ajuda a transformar nossos "erros" em oportunidades de conexão. Aqui, descobrimos que mindfulness não é uma técnica complexa de meditação, mas uma forma de estar verdadeiramente presentes para nossos filhos, mesmo – e especialmente – nos momentos mais desafiadores.

Como pai, já vivi aqueles momentos de tensão familiar que parecem saídos de um reality show mal produzido – gritos no supermercado, batalhas na hora de dormir, negociações dignas da ONU sobre o tempo de tela. Mikaela Övén não só compreende essas situações como nos mostra que por trás de cada comportamento desafiador existe uma necessidade não atendida. "As crianças não testam limites, procuram conexão", escreve ela. "A parentalidade consciente não é sobre ser perfeito, é sobre saber ser inteiro", nos ensina.

Mikaela Övén

Pés firmes, braços dados, olhos nos olhos. A música está tocando – o choro! as risadas! as conversas! – e aprenderemos os passos conforme toca a música. "A gente olha o mundo uma só vez, durante a infância. O resto é lembrança", escreveu certa vez a poetisa americana Louise Glück. Nos lembraremos para sempre desta dança. Se nossos pais nos guiaram com atenção e carinho, será para sempre a música mais linda de nossas vidas.

Marcos Piangers
Palestrante e o maior produtor de
conteúdo sobre parentalidade do Brasil

SEJA BEM-VINDO AO LIVRO!

É difícil ser mãe, é difícil ser pai, é difícil educar. A parentalidade é uma tarefa que, além de todo o amor, toda a alegria e todas as sensações boas que traz, nos faz sentir angústia, culpa, ansiedade, desespero, frustração, irritação e, até, raiva! Encontrar o equilíbrio entre as necessidades dos nossos filhos e as nossas necessidades pode parecer impossível de alcançar; saber fazer a coisa certa em todas as situações pode assemelhar-se a um desafio herculano. Mas será que tem de ser mesmo assim? Eu acredito que não.

Este ano celebro 18 anos desde que fui mãe pela primeira vez. Quis o destino que este ano também tivesse a oportunidade de celebrar o sucesso do livro que tem na sua mão com a sua 10.ª edição. Quando comecei a escrever *Educar com Mindfulness* tinha como principais motivações a minha paixão pelo Mindfulness, e pela Parentalidade Consciente e a vontade de partilhar com o mundo aquilo que estava facilitando tanto a minha jornada de parentalidade e tornando a minha vida como mãe muito mais leve, divertida e tranquila, em comparação com a vida de muitos outros pais e mães. Eu sabia que essa "facilidade" que eu sentia em relação à parentalidade não tinha diretamente a ver com os meus filhos; tinha a ver com a forma como eu me relacionava comigo, com eles e com a tarefa da parentalidade, e quis contribuir para que outras pessoas pudessem viver e sentir o mesmo que eu.

Quando já estava escrevendo o livro, fui contatada por várias editoras, mas só havia uma que me deixava escrever exatamente o que eu queria escrever: a Porto Editora. Sem indicações para redigir conteúdos que pudessem ser comercialmente desejáveis, deixaram-me com as mãos livres e o coração aberto. Nasceu então este livro, no qual coloquei todo amor e paixão por estes temas. O que sinto, hoje em dia, é que recebi muito, muito mais do que dei. Mais de seis anos após a publicação da primeira edição, continuo, diariamente, recebendo relatos de leitores. Relatos sobre como as palavras partilhadas aqui mudaram vidas.

Mikaela Övén

E para uma pessoa como eu, com grandes necessidades de conexão, compreensão e aceitação, ler e ouvir palavras tão bonitas deixa-me imensamente feliz e faz-me sentir precisamente conectada, compreendida e aceita. Acima de tudo, estes anos têm provado que somos cada vez mais pessoas que acreditamos numa parentalidade baseada em igual valor, respeito pela integridade, autenticidade e responsabilidade pessoal, em que subornos, ameaças, castigos e palmadas não cabem. Uma parentalidade em que fazemos questão de partilhar emoções, necessidades e desejos, livres de julgamentos. Uma parentalidade em que o amor supera o medo, na qual o hoje é mais importante do que um possível amanhã.

Espero que aceite o convite que este livro lhe oferece, um convite para olhar para si, para o seu filho e para os desafios que vivenciam, de forma diferente. Irá, certamente, fazer imensas descobertas, encontrará mensagens que vão ressoar em si e fazê-lo pensar; poderá sentir-se desafiado, talvez culpado. O que espero é que, no fim, tenha a clara noção de que a parentalidade é mesmo sobre nós, pais, e não sobre as crianças; é sobre a relação que criamos e não sobre a educação que damos. E, muito importante, a Parentalidade Consciente não é sobre ser perfeito, é sobre saber ser inteiro.

Um abraço Mindful,

Mia

"Não peçam aos seus filhos
para lutarem por vidas extraordinárias.
Essa luta pode parecer admirável,
mas é o caminho para a tolice.
Ensinem-nos a procurar o maravilhoso
e o extraordinário na vida cotidiana.
Mostrem-lhes o prazer de provar
tomate, maçãs e peras.
Ensinem-nos a chorar
quando os animais e as pessoas morrem.
Revelem-lhes o infinito prazer
de simplesmente dar as mãos.
E permitam que o ordinário ganhe vida nas mãos deles.
O extraordinário encontrará o próprio caminho."

William Martin, *"The Parent's Tao Te Ching: Ancient Advice for Modern Parents"*

INTRODUÇÃO

O maravilhoso mundo da parentalidade

SEJA UM DETETIVE MINDFUL

Há muitos aspectos no desenvolvimento de uma criança que são previsíveis e estão predestinados. Os dentes crescem, a criança começa a gatinhar, a andar e a falar. Há uma ideia de quando é suposto cada etapa acontecer. Esta sabedoria ajuda-nos a perceber quando as coisas estão bem e quando não estão. A maior parte dos pais tem conhecimento destas alterações, mas está menos consciente quanto ao desenvolvimento psicológico e emocional do filho. Com a ajuda deste livro, você aprenderá a estar mais atento a esta dimensão fundamental, bem como à energia e às necessidades específicas do seu filho. Você se sentirá preparado para exercer um trabalho completo e dedicado enquanto Detetive Mindful.

Cada um de nós representa o desenvolvimento do ser humano. Desde o pequeno ser aquático que somos no útero da mãe até nos transformarmos num ser ereto que pensa, fala, explora, controla e está em constante mudança. E, embora as fases não estejam necessariamente associadas às diferentes idades, acontecem numa sequência previsível. Por exemplo, a natureza não define exatamente quando uma criança vai começar a andar, mas define que vai conseguir estar em pé antes de começar a andar. No entanto, há que assegurar certas condições que permitam a passagem para a fase seguinte. Existe uma força e vontade inatas para que o crescimento aconteça. Ou seja, mesmo que uma criança saiba gatinhar muito bem, mais cedo ou mais tarde vai começar a andar. Essa força e vontade são independentes dos incentivos dos pais, do meio ambiente, do raciocínio da criança. Existe uma competência interior que a "empurra" a caminhar.

Mikaela Övén

Ninguém tem de lhe dizer "agora comece a treinar a andar!". Ninguém tem de controlar se ela está treinando o suficiente. Ninguém precisa avaliar se está fazendo o treino certo ou estipular um plano de exercícios. Ninguém precisa ajudá-la... Ela vai simplesmente começar a andar. Neste processo de início de uma nova fase, uma fase de mudança, pode surgir a frustração. A criança pode ficar irrequieta, irritada, insatisfeita. Mas, com o tempo, sentindo a confiança das pessoas mais próximas, vai entrar numa nova fase, a fase da exploração. A criança assume que é o momento e que ninguém a pode parar. Se houver espaço para a exploração, arriscará e explorará com grande entusiasmo.

As crianças seguem, sem esforço, esse padrão interior de desenvolvimento. Não questionam as próprias competências. Confiam. Exploram com entusiasmo, sem pensar se o que estão fazendo está certo ou errado. Aprendem sobre o mundo, sobre os outros e sobre elas próprias.

As fases de desenvolvimento são previsíveis, mas cada criança tem o seu ritmo. É um ritmo de expansão e de contração, passando por mudança, exploração e domínio. Algumas idades são marcadas pelo domínio (normalmente por volta dos 2, 5, 7 e 10 anos), algumas pela mudança (por volta dos 2,5–3, 6, 9 e 11 anos) e outras pela exploração (1, 4 e 8 anos). Este ciclo continua na vida, não para na infância. Ou seja, todos nós, mesmo no estado adulto, continuamos a passar por estas fases.

Independentemente do enquadramento por faixa etária, o mais importante é identificar a fase por que se está passando. Na fase do domínio, predomina a sensação de satisfação. A criança apresenta-se calma, tranquila e equilibrada. Depois acontece algo que a "empurra" para a mudança. Independentemente da sua vontade. É inevitável. Entretanto, surge a sensação de insatisfação, de frustração. A criança está em sofrimento, sem equilíbrio (muitas vezes, literalmente). As emoções estão à flor da pele. Pode parecer que está tudo ruim. A relação com os pais torna-se conflituosa. A criança é exigente, impaciente, provocadora. Está no limbo entre o passado e o futuro. Entre o ser pequeno e o ser grande.

Passado algum tempo, entra na fase da exploração. Como quando começa a andar. E cai. E levanta. E cai. E levanta. Nada a vai parar. E ela é persistente e confiante (a confiança dos pais é extremamente importante nestes momentos).

Educar com Mindfulness

A criança sente-se curiosa, alerta e determinada. Manifesta uma grande vontade de explorar, ignorando muitas vezes eventuais obstáculos e perigos. Demonstra coragem e confia nas suas competências e capacidades. Estas fases contêm drama e ação! A fase da exploração transforma-se inevitavelmente na do domínio. E, mais uma vez, a criança se acalma. Ela conhece os seus limites e não procura grandes desafios. É normalmente um período de harmonia entre pais e filhos.

Estar consciente da fase de desenvolvimento em que se encontra o seu filho orienta-o e ajuda-o a mais facilmente saber lidar com ele. Existem ainda algumas características específicas de cada idade. Ter uma ideia de quais são ajuda-nos a saber o que é "normal" e como agir. Estes traços são obviamente generalizações, mas não deixam de ser pistas úteis. Neste livro, **vamos focar nos primeiros 12 anos de vida**.

1 ANO
O Epicurista

A criança de 1 ano sabe usufruir dos verdadeiros prazeres da vida. Adora a liberdade e a aventura. É muito agradável estar com ela. Gosta de se exibir e de se mexer, julga-se o centro do mundo. Por volta de um ano e meio costuma aprender a dizer "não!", e é provável que diga "não" a tudo, incluindo às coisas que quer. Também é por volta desta idade que surge a ideia de que a criança precisa ser educada e disciplinada. Durante este período a criança passa pelas três fases de desenvolvimento, e há muito para explorar e dominar.

2 ANOS
O Rei

A criança nesta idade continua a ver-se como o centro do mundo, adicionando a esse poder um forte sentido de responsabilidade. É como se toda a existência da família dependesse dela. O pequeno Rei comanda, organiza e cuida. O domínio é grande e a felicidade também.

Mikaela Övén

2,5 ANOS
O Birrento

Chega o dia em que o pequeno Rei se transforma no Birrento. Não é necessariamente aos dois anos e meio, pode ser antes ou depois. É mais uma fase de desenvolvimento do que uma idade específica. Inicia-se um novo período de grandes mudanças. Pode ser um período confuso em que a criança quer manifestar a sua independência, ainda que se sinta insegura. Quer e não quer. Tem muitos desejos e é importante os pais perceberem as suas verdadeiras necessidades. Quanto melhor os pais conseguirem lidar com o pequeno Birrento, mais suave será a transição. No último capítulo deste livro, darei dicas preciosas sobre esta idade.

3 ANOS
O Humorista

Por volta dos 3 anos a criança entra novamente numa fase mais tranquila. O Humorista gosta de brincar, de fazer asneiras e utilizar palavras como xixi e cocô, que obviamente são muito engraçadas! O Humorista é um pequeno ser aberto que pode fazer perguntas bem íntimas. Ele gosta de agradar e não são raras as vezes que tem amigos imaginários. Começa também a brincar e a interagir com outras crianças. Para o pequeno Humorista poder exprimir-se da melhor forma, é essencial que durma o suficiente. A sensação de separação e independência cresce, a identidade desenvolve-se, e ele saberá manifestá-lo firmemente. A maioria das crianças ainda precisa da soneca nesta idade; até porque, se não descansarem o suficiente, poderão ter comportamentos desafiantes.

4 ANOS
O Curioso

O Curioso interessa-se pelas pessoas, pela vida e pelo mundo. É um aventureiro. Tem uma grande imaginação e vê coisas que mais ninguém vê. As capacidades verbais e de raciocínio desenvolvem-se exponencialmente e é possível manter conversas fantásticas com este pequeno ser que reflete muito sobre o mundo. As suas perguntas são diretas e as respostas são sábias. É a apelidada "idade dos porquês". As emoções têm altos e baixos, e, por vezes, a criança não entende bem o que é dela e o que não é. Pode começar a utilizar e a testar palavrões e a ser mal-educada; e, quanto mais contrariada for, mais reagirá.

Educar com Mindfulness

5 ANOS
O Pacífico

Os 5 anos normalmente são um tempo de serenidade. Há mais segurança, harmonia e equilíbrio. Começamos a ver uma pequena pessoa, e a criança também se separa "dos bebês". É amorosa, responsável e razoável. Sabe o certo e o errado, mas a lógica não é, obviamente, a de um adulto. Faz queixinhas. Prefere brincar acompanhada. Pensa sobre a vida e a morte, a relação causa-efeito.

6 ANOS
O Complicador

Aos 6 anos começa uma época mais complicada. O equilíbrio e a harmonia parecem ter desaparecido e é tudo mais confuso, especialmente para o Complicador. Nesta idade dá-se um grande salto no crescimento, e até o próprio corpo pode ser difícil de dominar. A criança sente uma enorme necessidade de reconhecimento do exterior e testa-o diariamente. Gosta de ganhar e pode ficar muito aborrecida se não o conseguir. Nada serve. As soluções que os outros encontram para os seus problemas trazem novos problemas. A vontade de ser independente é enorme, ao mesmo tempo que quer pertencer. Questiona tudo. Questiona o seu valor e o valor dos outros. Alguns Complicadores tornam-se muito agressivos, outros guardam essa agressividade no seu interior. É uma fase crítica para o desenvolvimento da autoestima.

7 ANOS
O Determinado

Nesta idade há um grande desenvolvimento cerebral e a criança começa a conseguir envolver pensamento e planejamento mais complexos. Gosta de fazer planos e de organizar o material escolar. É concentrada e focada. Desenvolve a capacidade de resolução de problemas e pensa com lógica. Já pode entender o ponto de vista do outro. Alguns pedagogos acreditam que os 7 anos são a idade ideal para iniciar o primeiro ano letivo. O Determinado começa a compreender maneiras socialmente aceitas de exprimir as emoções. Pode manter as mudanças de humor drásticas, ficar muito amuado e julgar em demasia os outros.

Mikaela Övén

8 ANOS
O Mágico

O Mágico é muito simpático e uma excelente companhia. É entusiasta, espontâneo. Tem muitas ideias e fantasia. Brinca e ri. Explora coisas novas e encontra soluções. É bastante independente e aberto, recuperando o equilíbrio que perdeu nos anos anteriores. Consegue expressar cada vez melhor as suas experiências, seus pensamentos e emoções. A capacidade de seguir instruções mais complexas aumenta. Desenvolve muitas vezes um grande sentido de moralidade e consegue demonstrar cada vez mais empatia e compaixão. As amizades são importantes. Ganha mais consciência corporal e pode começar a esconder um pouco o corpo. Gosta de pertencer a grupos ou de criar clubes secretos.

9 ANOS
O Buscador

Nesta idade, a criança está à procura... de si, de amigos, do sentido de vida, de amor, de carinho, de algo engraçado para fazer. Queixa-se muito e encontra poucas soluções. A autonomia cresce e toma cada vez mais a iniciativa. É uma idade em que os amigos são muito importantes e a "pressão de grupo" é notória. A vontade de pertencer a um grupo é grande e há um forte sentido de fidelidade aos amigos. Os Buscadores podem ser *bullies* e vítimas de *bullying*. Começamos a perceber se a criança tem realmente uma autoestima saudável ou não. Emocionalmente está mais equilibrada e lida melhor com os conflitos e a frustração. Pode ter grandes mudanças de humor e ficar bastante zangada, mas a recuperação é mais simples. Pode, ainda, começar a sentir a pressão de ter sucesso e alcançar bons resultados na escola, o que cria ansiedade.

10 ANOS
O Amigo

Aos 10 anos provavelmente tem um Amigo ao seu lado. Um Amigo responsável e equilibrado. Começa a explorar mais as relações com o sexo oposto e apaixona-se muito. É um período de harmonia. Quer assumir as suas responsabilidades e pode reagir contra as imposições dos adultos. Desenvolve mais o raciocínio e a capacidade de ponderar a relação causa-efeito. Deixa de ver as coisas tão claramente e consegue perceber que também há cinza. Ainda gosta de passar tempo com os pais e aceita algumas orientações, mas pode ter comportamentos mais desafiantes.

Educar com Mindfulness

11 ANOS
O Emotivo

Aos 11 começa uma nova fase de mudança. É o período de crescimento físico mais rápido. Dão-se grandes mudanças corporais e hormonais, numa preparação para a puberdade. Há ainda a grande mudança de ciclo no ensino e, normalmente, de escola. Uma escola com mais exigências e pressão. É uma fase de ansiedade e confusão. A capacidade de resolução de problemas aumenta, assim como a capacidade de criar novos problemas. O Emotivo pode contemplar as consequências das próprias ações e é possível ter conversas sobre o seu comportamento. Se ainda não o faz, a criança nesta idade deveria estar assumindo responsabilidade pelas suas tarefas de rotina, pela higiene e pelos trabalhos de casa. Identifica-se muito com a aparência física e pode passar muito tempo se arrumando. Escolher a roupa, os sapatos certos ou o estilo de cabelo mais apropriado podem ser momentos de grande tensão.

12 ANOS
O Pequeno Adulto

Com o tempo, o Emotivo transforma-se no Pequeno Adulto. A criança já não luta contra o mundo ou pelo sentido de pertença. A maturidade é impressionante, embora haja momentos em que a infantilização é grande. Desafia com frequência a autoridade e a opinião dos pais (e dos professores). O pensamento torna-se mais lógico e o Pequeno Adulto começa a conseguir pensar em hipóteses, imaginando possíveis resultados diferentes a partir de certas circunstâncias; tem um pensamento mais abstrato. Lida cada vez melhor com as suas frustrações, mas há momentos em que pode parecer muito impulsivo. Essa inconsistência faz parte do desenvolvimento de uma identidade separada. O Pequeno Adulto começa a dar mais importância aos amigos do que aos pais. É provável que sinta mais sono, o que é natural, uma vez que necessita de mais sono regenerativo neste período de grande crescimento.

Mikaela Övén

Como referi inicialmente, estes são traços gerais próprios de cada idade. Alguns acontecimentos podem dar-se antes ou depois da idade indicada, e está tudo bem. O importante é saber que muito do comportamento que você vê no seu filho é perfeitamente normal e faz parte do desenvolvimento dele. Complementando esta informação com o conhecimento restante que tem do seu filho, e agindo com consciência, irá certamente conseguir fazer as melhores opções para ele e para si.

Praticando uma Parentalidade Consciente, não nos detemos apenas na descrição global das diferentes etapas do crescimento, mas também vamos bem mais além e investigamos a energia e as necessidades que cada criança apresenta. Entre nesta fabulosa aventura da Parentalidade Consciente e consiga aquela conexão familiar em que há espaço para a individualidade de todos!

1
O caminho para uma Parentalidade Consciente

Será que estamos mostrando aos nossos filhos o amor incondicional que sentimos por eles?

"Podemos, a qualquer momento, escolher despir a armadura que nos protege e unir-nos aos nossos filhos, oferecendo-lhes o presente de sermos pais mais abertos, compassivos e compreensivos."

Jon Kabat-Zinn

Com este livro quero ajudá-lo a reconectar-se com o seu interior, com a sua intuição e com as suas competências inatas. Não pretendo ensiná-lo a controlar/gerir o comportamento do seu filho, mas antes ajudá-lo a entender esse comportamento, porque, ao entendê-lo, o comportamento "se gere" sozinho! Para tal, coloco à sua disposição as ferramentas necessárias para experienciarem juntos uma boa relação. Pelo caminho, o seu filho (e, provavelmente, você também) estará desenvolvendo uma autoestima saudável.

Habitualmente, quando pensamos nos problemas que temos com os nossos filhos, dedicamos especial atenção à resolução de questões comportamentais específicas. Aliás, regra geral, a questão fundamental que os livros, os artigos e todas as dicas restantes que recebemos sobre parentalidade abordam é a gestão de um certo tipo de comportamento.

⇒ O que posso fazer para que ele se vista?
⇒ O que fazer para que coma?
⇒ Como parar e evitar as birras?
⇒ Que método posso utilizar para que me obedeça?
⇒ Como posso levá-lo a fazer os trabalhos de casa?

⇨ O que devo fazer para que ele aceite o "não"?
⇨ Como faço para que ele durma?
⇨ Etc.

O comum é nos apresentarem diversas técnicas, estratégias e métodos que se situam em algum ponto entre a punição e os castigos, por um lado, e as recompensas e os elogios, por outro. Todavia, e ainda que alguns pareçam surtir um efeito positivo, a longo prazo os resultados em termos emocionais são poucos. Há, inclusive, vários estudos que demonstram os efeitos negativos do reforço positivo – tanto em termos de prêmios e recompensas como de elogios. (Consulte, por exemplo, o livro *Unconditional Parenting*, de Alfie Kohn, para mais informações sobre este tema.)

A principal diferença entre a Parentalidade Consciente e a corrente mais tradicional da parentalidade é que, na primeira, olhamos para a criança no seu todo (emoções, opiniões, necessidades e desejos) e não apenas para o comportamento. O foco está em entender e não em corrigir o comportamento. Estamos conscientes de que, por meio deste olhar inteiro, conseguiremos perceber o que é realmente necessário para que o comportamento se altere.

Muitas das ideias que se partilham hoje em dia na área da parentalidade advêm da corrente comportamentalista da psicologia. O "pai" dessas ideias foi B. F. Skinner, que defendia que a única coisa que interessava observar em cada pessoa era o comportamento e o que se conseguia ver e medir. As técnicas dessa corrente resultam de experiências realizadas em animais (ratazanas, pombos e chimpanzés). Quando utilizamos técnicas comportamentalistas estamos pressupondo que o princípio da aprendizagem dos humanos é o mesmo que o desses animais. Além disso, continuamos sem entender os porquês e nos mantemos centrados apenas em controlar e gerir comportamentos.

Quando queremos praticar Parentalidade Consciente, não fazemos coisas para nossos filhos, fazemos coisas com eles. Nós os amamos não pelo que fazem, mas pelo que são.

Educar com Mindfulness

Que métodos funcionam? Como poderemos saber se determinado método ou técnica é eficaz ou eficiente? Quando a criança se sente psicologicamente melhor? Quando a criança entende realmente o impacto das suas ações nas outras pessoas? Ou quando a criança se limita a obedecer?

Na maioria das vezes, a única forma de avaliar se uma determinada técnica funciona é observar se a criança está ou não obedecendo e se se encaixa nas normas predefinidas do comportamento adequado. Este tipo de avaliação faz com que métodos que incluam castigos, *time-outs*, isolamento e até palmadas sejam justificados.

O problema é que pouca ou nenhuma ênfase se coloca no bem-estar emocional e na autoestima da criança. Não se estuda a maneira como a criança se sente psicologicamente com estas técnicas. Muito menos se analisam os efeitos a longo prazo em termos de autoestima, como quando a criança se torna um jovem adulto, ou quando, mais tarde, tem o seu primeiro filho.

Se queremos criar boas relações com os nossos filhos, o recurso a métodos e técnicas torna-se um grande entrave. Imagine que o seu companheiro ou a sua companheira perca o apetite. Você procuraria na Internet técnicas para o/a forçar a comer? Se eu lhe dissesse que o melhor método seria obrigá-lo/a a ficar à mesa até que comesse, o que acharia? E se o aconselhasse a dar-lhe um prêmio se ficasse sentado direito à mesa durante 15 dias seguidos, qual seria a sua opinião? Provavelmente, olharia para mim de lado!

Na Parentalidade Consciente não procuramos encontrar técnicas que funcionem. Queremos criar relações fortes que permitam um desenvolvimento saudável de todas as partes envolvidas. Métodos e técnicas focados em tirar ou em dar privilégios são formas de manipular comportamentos. E julgo que a manipulação não tem lugar em relações realmente próximas.

Mikaela Övén

POR QUE MEU FILHO SE PORTA MAL?

As convicções relacionadas com as ideias comportamentalistas estão muito enraizadas na nossa sociedade. Percebemos isso quando assistimos às discussões atuais sobre a educação das crianças. Geralmente o centro da questão é o "como" e não o "por quê". Deparo-me diariamente com muitas situações deste gênero pelo tipo de casos que muitos pais e professores me expõem, à procura de ajuda. Por exemplo, a professora e os pais do Santiago querem saber "como" gerir o comportamento dele para que se porte bem e esquecem-se do "porquê" de o Santi se "portar mal". Os pais da Inês não param para pensar nos motivos que a levam a ter tanta dificuldade em adormecer à noite, focando apenas em ensiná-la a adormecer sozinha. O pai do Rodrigo não procura entender o porquê das birras do filho no supermercado; apenas se preocupa em conseguir acabar com elas. A mãe da Rita está muito irritada com as reações da menina quando ela é contrariada e não procura uma razão para essas mesmas reações.

Quando praticamos Parentalidade Consciente, mudamos o foco da nossa atenção. Colocamos a energia principal no entendimento do comportamento e na resposta à pergunta "por quê?". O que aconteceria se os pais e a professora do Santi fizessem a pergunta "por quê"? Talvez chegassem a uma resposta como "o Santi sente falta da antiga conexão com a professora, que antes estava mais próxima dele". E se os pais da Inês, em vez de procurarem ensiná-la a adormecer sozinha, ponderassem esse "por quê?", talvez chegassem à conclusão de que a hora de deitar é o único momento de verdadeira conexão que a Inês tem com os pais e, por isso, a filha quer prolongá-lo ao máximo. Se o pai do Rodrigo questionasse "por quê?", poderia chegar à conclusão de que a hora em que costumam ir ao supermercado é quando o Rodrigo está mais cansado. Se a mãe da Rita explorasse o "por quê?", poderia entender que a Rita está à procura de mais independência e que quer ter mais controle sobre a sua vida.

ATIVE O DETETIVE QUE HÁ EM VOCÊ!

No início da vida do seu filho, você provavelmente tentava identificar a causa e a necessidade que estariam por satisfazer sempre que o ouvia chorar. A principal preocupação era entender qual a necessidade que provocava o choro. Seria sono? Cocô na fralda? Frio ou desconforto? Fome? Precisaria de colo?

Enquanto educadores, os pais desempenham o papel essencial, e de certo modo inato, de detetives das necessidades dos seus filhos. Estão completamente focados em agir em relação ao choro. Sabem que, se conseguirem entender a causa, o choro vai parar. É muito pouco provável que uma pessoa adulta diga a um bebê recém-nascido que ele não tem razão nenhuma para chorar.

No entanto, com o passar do tempo, chega um momento em que parece mais importante educar para um comportamento correto. Geralmente, o trabalho de investigação por parte dos pais detetives dura até a criança conseguir deslocar-se sozinha com alguma facilidade (quando começa a gatinhar ou a andar). A partir dos 18 meses, aproximadamente, a pergunta essencial deixa de ser "por quê" e passa a ser "como". A principal preocupação começa a ser a boa educação, e não a curiosidade em perceber qual a necessidade insatisfeita que causa o comportamento.

Quando decidimos praticar uma Parentalidade Consciente, mantemos o "detetive" ativo como uma parte fundamental no nosso papel de educadores. Guardamos essa curiosidade porque sabemos que, se conseguirmos agir em relação às necessidades, o comportamento também vai mudar. Quando a necessidade está satisfeita, o comportamento em questão deixa de fazer sentido.

Se a sua primeira pergunta for "por que ele tem este comportamento?", a pergunta "como poderei mudar este comportamento?", em muitos casos, deixa de fazer sentido.

Mikaela Övén

> Se ainda não está verdadeiramente convencido da diferença que a prática de uma Parentalidade Consciente pode fazer, questione-se:
>
> - Quero que o meu filho seja obediente ou que saiba colaborar?
> - Prefiro que o meu filho saiba mandar ou comunicar?
> - Pretendo que o meu filho seja Mindless ou Mindful?
> - Tenciono que o meu filho seja reativo ou receptivo?
> - Quero vivenciar uma relação em que julgamos ou em que reconhecemos?
> - Prefiro gerir o comportamento do meu filho ou entendê-lo?
> - Desejo controlar o meu filho ou viver com ele?

QUE VALORES PRATICAM UM PAI OU UMA MÃE CONSCIENTE?

Há vários anos tive o enorme privilégio de estudar com um dos terapeutas familiares mais conhecidos no mundo, o dinamarquês Jesper Juul. O Jesper passou-me quatro valores que tenho assimilado como os valores da Parentalidade Consciente.

Não há valores certos nem errados. Não sei quais serão os mais importantes para você e para a prática da sua parentalidade. Nem sei se alguma vez você pensou verdadeiramente naqueles que está praticando e nos que quer praticar. Talvez sejam valores como a empatia, a compaixão, a justiça, o respeito, a honestidade... Só o leitor conhecerá os dele. Mas sei que, dentro dos que lhe vou propor agora, se encaixa a maioria dos outros de que normalmente se ouve falar!

Educar com Mindfulness

Os valores por trás do exercício de uma Parentalidade Consciente

IGUAL VALOR

Somos como somos, para o bem e para o mal. O igual valor não se traduz em igualdade ou similaridade, mas numa espécie de equivalência, ou seja, deve existir o mesmo respeito pelo valor de ambas as partes intervenientes na relação e pela integridade de todos. Os desejos, as opiniões, as necessidades e as emoções devem ter exatamente o mesmo valor intrínseco e ser levados a sério da mesma forma, não sendo desvalorizados por causa da idade, da raça ou do gênero de uma das partes.

O valor que sentimos que temos numa relação é essencial para o desenvolvimento da nossa autoestima e para a existência de um relacionamento saudável.

As opiniões, as necessidades, os desejos e as emoções do adulto não têm mais valor do que os da criança – nem o oposto! Praticar o igual valor não significa que a criança tem sempre o que quer, mas sim que é respeitada da mesma forma que o adulto. A diferença reside apenas no fato de o adulto ter uma responsabilidade acrescida e poder em termos econômicos, sociais e psicológicos. O adulto tem uma escolha importante a fazer na forma como exerce esse poder: pode praticar o igual valor ou não.

É difícil praticar o igual valor. Vejamos, por exemplo, as relações amorosas: numa discussão com o companheiro pode ser muito desafiante admitir que as emoções, necessidades, opiniões e desejos do outro têm exatamente o mesmo valor que os nossos.

Praticar o Igual Valor

Sara (4 anos)

❌ Em vez de dizer:

– Não pode ser! Comemos há menos de uma hora! Você não pode ainda estar com fome.

Mikaela Övén

✅ **Dependendo das circunstâncias, você pode experimentar:**

– Ui, que rápido! Só vamos comer daqui a duas horas. Não me parece muito saudável esse apetite. Vamos beber um copo de água e depois brincar com os legos.

– Você está com muito apetite hoje! Quer uma banana?

– Já? Agora não lhe posso dar nada. Vou acabar de pôr a roupa para lavar e depois vemos o que você pode comer.

Gonçalo (6 anos)

❌ **Em vez de dizer:**

– Gonçalo! Isso não se diz!

✅ **Você pode experimentar:**

– Quer me contar o que aconteceu?

– Você parece mesmo zangado.

– Você ficou triste com o Kiko por ele não convidar você para a festa?

RESPEITO PELA INTEGRIDADE

Quando falo em integridade, refiro-me a limites e a necessidades físicas e psicológicas. A integridade do seu filho é a soma atual das emoções, valores e pensamentos dele.

Historicamente sempre se desvalorizou a integridade em prol da sociedade. Mas está mais do que comprovado que, quanto mais forte e saudável for o indivíduo, mais forte e saudável será o grupo.

Se respeitar a integridade de cada um fosse uma crença enraizada na nossa sociedade, provavelmente não teríamos tantos problemas de autoestima como temos hoje em dia! Quantas vezes desrespeitamos a nossa integridade, deixando de ouvir o nosso interior, em favor do que nos é exigido exteriormente? E, se não conseguirmos demonstrar esse autorrespeito pela

Educar com Mindfulness

nossa integridade, também não seremos capazes de respeitar verdadeiramente a integridade dos outros.

Respeito a minha integridade quando observo continuamente as minhas emoções, os meus pensamentos e os meus valores, e reflito sobre o que descubro. Quando você ajuda o seu filho a fazer este exercício (à medida que for avançando na leitura do livro ficará sabendo como fazê-lo), ele desenvolve empatia e compaixão pelos outros. Você também começará a entender se são as necessidades centrais, os limites pessoais e os valores dele que estão em jogo numa determinada situação ou se são apenas desejos de momento, uma ideia fixa do passado ou um velho hábito. Frequentemente, chegamos até a constatar que, por trás de um desejo exprimido, existe uma necessidade que podemos satisfazer, mesmo dizendo "não" ao desejo.

Praticar o Respeito pela Integridade

É importante referir que dizer "não" ao seu filho não significa ferir a integridade dele. É importante separar a necessidade do desejo e da vontade. A diferença está na forma como comunica.

> **Estou com fome! Quero um sorvete!**

❌ Em vez de dizer:

– Sorvete, nem pensar!
Agora vamos almoçar.

✅ Você pode experimentar:

– Também estou com muita fome! E adoraria tomar um sorvete depois do almoço. Vamos almoçar e depois vamos ali tomar um sorvete. De que sabor você vai querer?

Neste exemplo, a criança revela uma necessidade fisiológica de se nutrir. E deseja tomar um sorvete. Mediante a resposta que dei, mostro que reconheço o desejo e até que o vou satisfazer mais tarde. Mas também posso optar por não satisfazer o desejo, continuando a respeitar a integridade, como neste exemplo:

> **Estamos com fome! Queremos batatas fritas!**

❌ Em vez de dizer:

– Batatas fritas? Era o que faltava! Se pudessem, vocês comeriam isso todos os dias.

✅ Você pode experimentar:

– Também estou com muita fome! Sei que vocês gostam muito de batatas fritas. Hoje acho importante comermos algo mais saudável.

Também podemos olhar para exemplos que não têm nada a ver com comida.

> **Quero uma calça de marca!**

❌ Em vez de dizer:

– Você está louca? Custa uma fortuna! O dinheiro não cresce em árvores!

ou

– Ah, filha... Você já sabe que é muito caro...

✅ Você pode experimentar:

– É verdade, você precisa mesmo de uma calça nova. E alguns dos seus amigos usam calças de marca, certo?

– Sim!

– Ok, entendo que você também gostaria de usar, mas não quero gastar tanto dinheiro. Vamos comprar uma calça nova hoje, só que não vai poder ser de marca.

Educar com Mindfulness

AUTENTICIDADE

Ao longo dos tempos, muitos pais e educadores têm colocado o grande foco da educação, como já vimos, na importância de a criança se "portar bem" e ser obediente. Para muitos, esse foco ainda se mantém.

A autenticidade é um pressuposto necessário para um contato próximo e carinhoso entre adultos e crianças. E é muito importante que esse contato exista tanto nos momentos de harmonia como nos momentos de conflito. Em ambas as situações é necessário criar um ambiente de presença, abertura e verdade. Para o seu desenvolvimento saudável, uma criança precisa tanto de momentos de harmonia como de momentos de conflito, desde que haja espaço para a autenticidade.

Só conseguimos exprimir o que está no nosso coração quando sabemos ser autênticos. Só a autenticidade nos permite manifestar as nossas necessidades, os nossos limites e o que é realmente importante para nós. Para praticar mais autenticidade, é relevante sabermos utilizar a linguagem pessoal, de que falarei mais à frente, no capítulo dedicado à comunicação consciente.

Muitos pais representam um papel de "mãe" ou de "pai" (ou de marido/mulher/companheiro/filho etc.) da forma que acham que deveria ser. A alternativa a esse personagem de filme ou de peça de teatro são as relações autênticas. Uma relação autêntica é uma relação entre duas pessoas que procuram (e, muitas vezes, conseguem) ser autênticas.

Praticar a Autenticidade

Avó, pai e filho estão passeando na orla da praia. A criança de 2 anos começa a correr, cai e desata a chorar. O pai sente-se um pouco inseguro com tanta gente à volta, até porque já tinha ouvido comentários do gênero: "Cuidado que ele vai cair!". Então, em frente à multidão que passa na orla, o pai segura o menino e lhe dá uma bronca:

> Filho, você já sabe que não deve correr assim!
> Já lhe disse muitas vezes. A culpa foi sua.
> Venha cá, vou dar um beijinho no seu dodói.

✅ Se este pai fosse realmente autêntico, poderia ter dito algo do gênero:

– Oh, desculpa! Eu deveria ter prestado mais atenção quando você começou a correr. Venha cá!

Outro exemplo: uma jovem adolescente pede à mãe para ir a uma festa. A mãe não se sente nada confortável com o pedido da filha.

❌ Em vez de dizer:

– Não, filha, não pode. Você ainda é muito nova para essas coisas.

✅ A mãe pode experimentar a seguinte abordagem:

– Já percebi que você quer muito ir a essa festa. Só que não me agrada a ideia de você ir a uma festa dessas, porque você ainda é muito nova. É provável que a minha opinião sobre o assunto seja diferente daqui a algum tempo; desta vez não pode.

Em ambos os exemplos, ser autêntico significa ser honesto com o próprio medo e vulnerabilidade. Os pais têm credibilidade porque estão sendo honestos e exprimem as suas verdadeiras preocupações, sem julgar o filho.

> Um dos grandes inimigos da autenticidade dos pais é o desejo de serem perfeitos. A autenticidade nunca pode ser perfeita! O que podemos desejar é ser pais suficientemente bons, que fazem o melhor que podem com os recursos que têm disponíveis a cada momento.

RESPONSABILIDADE PESSOAL

Há uma grande diferença entre responsabilidade social e pessoal. Tal como com a questão da integridade, tem-se dado pouca importância à responsabilidade pessoal e educa-se muito para a responsabilidade social.

A responsabilidade pessoal é a que cada um de nós tem pela sua vida, pelas suas emoções, ações e escolhas. O sentido de responsabilidade pessoal é um valor importante para a vivência em comunidade. Mas a tendência de muitos pais é a de assumir a responsabilidade que deveria ser, desde muito cedo, dos próprios filhos.

Podemos ensinar aos nossos filhos a responsabilidade pessoal e deixá-los assumir a responsabilidade pessoal adequada à idade deles.

Desde muito cedo uma criança consegue assumir responsabilidade por muitas coisas. É importantíssimo deixarmos que a criança assuma as responsabilidades que consegue assumir. As crianças demonstram muito cedo a vontade de querer assumir responsabilidade pessoal, mas os pais e a sociedade travam essa vontade quando não deixam que a criança coma sozinha ou vista o que quer, por exemplo. E depois muitos ficam admirados quando a veem crescer e tornar-se um adolescente pouco responsável…

Nós, enquanto pais, temos efetivamente de assumir a nossa responsabilidade pessoal. Isso significa assumir e transmitir aos outros a responsabilidade pelas nossas necessidades e limites (praticando o igual valor e mantendo o respeito pela integridade do próximo).

Praticar a Responsabilidade Pessoal

Um pai está saindo do supermercado com duas sacolas cheias de compras nas mãos e atrás dele segue o filho de 3 anos que, de repente, começa a chamar:

Mikaela Övén

O pai esforça-se por se manter calmo, pega as duas sacolas em uma mão e consegue levar o filho no colo. Ou começa a ameaçá-lo:

> **Quando chegarmos em casa, você não vai ver os seus desenhos animados preferidos, porque está se comportando muito mal!**

✅ Se este pai tivesse assumido a verdadeira responsabilidade pessoal, poderia teria dito:

– Também estou mesmo muito, muito cansado! Não aguento levar você e as sacolas. Vamos sentar aqui um pouco para descansar e você me diz quando já estiver pronto para andar, ok?

Outro exemplo poderia ser:

– Sério? Você está assim tão cansado?

– Sim, papai! Não consigo andar!

– Estas sacolas estão mesmo pesadas e não aguento levá-las com você no colo. Se quiser, fique aqui esperando. Eu vou deixar as sacolas no carro e depois venho buscar você.
(Se a idade da criança o permitir.)

– Não quero ficar aqui sozinho!

– Pois então você vai ter mesmo de andar.

TENHA AS SUAS INTENÇÕES BEM DEFINIDAS

Está ficando muito tarde... os meus filhos estão há muito tempo brincando com a pista dos carros... Ainda não tomaram banho e só agora comecei a fazer

42

Educar com Mindfulness

o jantar. Ainda tenho de pôr a roupa para lavar e arrumar as mochilas para amanhã. Se não dormirem na hora habitual, arrisco-me a adormecer com eles. E ainda tenho de responder àqueles emails... A sala também não pode ficar assim. Há carrinhos espalhados por todo lado. Tenho de arrumar...

Então lembro que este é o momento perfeito para praticar! Para observar o que está passando na minha cabeça e no meu corpo. A forma como os meus pensamentos fogem deste precioso momento. A maneira como o meu corpo fica tenso. Respiro e pergunto: "O que é realmente importante agora?". E percebo que o que é realmente importante agora não é o banho, não é a roupa que tem de ser lavada, não são os emails. O mais importante agora é o cenário que tenho à minha frente. A pista de carros, os meus dois meninos e a maravilhosa interação entre eles. É isto que está acontecendo aqui e agora. Posso decidir me esforçar e lutar contra o que está passando ou posso procurar estar presente e receptiva ao que o momento está me mostrando e oferecendo. E, a partir daí, encontrar uma forma de conseguir pôr os meninos na cama na hora certa.

Dou um passo atrás e percebo que é realmente mais importante os meninos poderem continuar brincando, e não faz mal que seja à custa do banho. Decido pôr a roupa para lavar, aqueço as sobras do jantar do dia anterior e deixo-os comer enquanto brincam. E, afinal, ainda tenho tempo para responder aos emails. Hoje foi assim.

Mas como é que eu sei o que é mais importante agora? Como é que sei se estou fazendo a coisa certa? Acredito que o melhor ponto de partida passa por termos as intenções bem definidas, isto é, a forma como queremos assumir o papel de pai ou de mãe. Os intuitos que nos podem servir de guia quando temos dúvidas.

Muitos pais perguntam-me se estão agindo corretamente, ou qual a atitude certa a tomar diante de determinada situação. A minha resposta é sempre a mesma: "Não sei! Diga-me quais são as suas intenções e, a partir daí, poderemos avaliar em conjunto qual a atitude mais apropriada!".

Quando temos as nossas intenções bem definidas, conseguimos com relativa facilidade avaliar o que é realmente mais importante agora e qual a atitude mais correta a tomar. **As intenções funcionam como um guia ao qual podemos sempre voltar quando nos sentimos inseguros.** O que estou fazendo está de acordo com as minhas intenções? Como posso alinhar-me com elas?

Alguma vez você parou para definir as suas intenções? Para valer? Até agora, em todas as formações que dei e em todo o acompanhamento e *coaching* que fiz, que envolveram centenas de pessoas, nunca encontrei ninguém que tivesse feito esse exercício antes de ter filhos!

Refletir sobre as suas intenções é o principal ponto de partida para uma Parentalidade Consciente.

Cuidado com as expectativas! Intenções vs. expectativas

Podemos olhar para as nossas intenções a partir de dois níveis. As que temos em relação a nós enquanto mães/pais e as que temos em relação ao nosso filho, ao que lhe queremos transmitir e à pessoa que gostaríamos que fosse. Há um senão em relação às intenções relacionadas com o nosso filho... muitas vezes, elas transformam-se em expectativas que, por sua vez, são o grande inimigo de qualquer relação.

Às vezes me perguntam se não é preferível estabelecer objetivos. A principal questão em relação aos objetivos é que estes têm um propósito específico que pode ou não ser alcançado. Frequentemente, criam pressão com pouca compaixão. É fácil julgar e fomentar estresse, ansiedade e sentimentos de culpa. **Um pai ou uma mãe conscientes não são perfeitos. A parentalidade não é uma competição em que é necessário atingir uma meta. A parentalidade é um processo fluido em que nos podemos guiar pelas nossas intenções.** Às vezes reparamos que não estamos fazendo isso e, com essa consciência, temos a oportunidade de nos realinhar de acordo com aquilo que realmente queremos. Tenho a certeza de que, se estabelecesse apenas objetivos em relação à sua parentalidade, muitos ficariam por alcançar. Lembrando-se das suas intenções, pode foca no que quer ser, permitindo que estas definam as suas ações.

Ter as intenções bem definidas faz toda a diferença na forma como escolhemos agir no nosso dia a dia. Muitas vezes, nós, pais, agimos como se fôssemos bombeiros, com a única intenção de apagar fogos. Esquecemo-nos dos efeitos das nossas ações a longo prazo. As intenções permitem-nos ser proativos e praticar uma Parentalidade Consciente e intencional.

Mikaela Övén

Definir intenções pode ser um processo simples e extremamente enriquecedor. Não é uma tarefa que demora muito tempo. O ideal seria os pais escreverem as suas intenções e, em seguida, partilhá-las. Para casais com diferenças de opinião em relação à forma de educar, é um exercício absolutamente fundamental, porque vai ajudá-los a descobrir que as intenções, por norma, são semelhantes. O que diverge é a forma de atuar. Este exercício facilita a discussão em torno da pergunta: "Qual será, então, a melhor maneira de agirmos, se são estas as nossas intenções?".

QUAIS SÃO AS MINHAS INTENÇÕES ENQUANTO PAI/MÃE CONSCIENTE?

Num momento calmo, em que não esteja pensando em outras coisas nem se sinta pressionado, sente-se e leve consigo uma folha de papel e uma caneta. Ouça as suas emoções e procure desligar-se da mente lógica e do ego. Pondere algumas das seguintes questões:

1. Que qualidades, características e capacidades eu gostaria que o meu filho tivesse? De que forma poderei influenciá-lo para que possa adquiri-las? Se quero que o meu filho seja uma pessoa respeitadora, empática e honesta, como devo agir? Que tipo de pessoa devo ser? Se quero que o meu filho seja feliz, de que forma poderei contribuir para que isso aconteça?

2. Que tipo de mãe/pai quero ser? Como quero que o meu filho me me descreva quando ele for adulto? Quem quero ser para o meu filho?

3. Que ambiente quero fomentar na família? Como quero que o meu filho descreva a família quando for adulto?

Educar com Mindfulness

Estamos constantemente influenciando os nossos filhos. Quanto mais consciente e intencional for essa influência, melhor. As principais oportunidades nas quais podemos fazer a diferença são os momentos de grande desafio. Por exemplo, quando o seu filho tem um comportamento que deixa você nervoso, quando o seu filho mente, quando bate, quando é arrogante, quando é desobediente...

Estes momentos são desafiantes porque são circunstâncias em que é extremamente difícil mostrar o amor incondicional, ser paciente e respeitador. Mas a verdade é que também são um grande convite para o melhor tipo de influência que temos para oferecer. É quando podemos realmente ajudar o nosso filho a ser a pessoa empática, respeitadora e honesta que gostaríamos que fosse. Se conseguir transformar esses momentos de forte desconforto em momentos de aprendizagem, por meio dos quais o comportamento do seu filho se possa modelar, pode ter a certeza de que ele será a pessoa que você esperava. Acredite que este livro vai ajudar você a fazer esse caminho.

Existe um provérbio sueco que utilizo muito:

"Ama-me mais quando menos o mereço.
É aí que mais preciso."

Agora é a sua vez de escrever as suas intenções. Já fiz este exercício com centenas de pessoas e guardo com muito carinho as intenções de todos os pais que passam pelos meus cursos e sessões de acompanhamento. Pedi a alguns para me deixarem partilhá-las como forma de inspiração para outros pais. Inspire-se, pois, nos exemplos que apresento a seguir.

Assuma desde já o compromisso de que, ao acabar a leitura deste livro, também terá as suas intenções definidas e escritas num papel que guardará num lugar por onde você passa diariamente. Pode começar a anotar algumas ideias na página 46. Quero ainda incentivá-lo a partilhar as suas intenções com as pessoas mais próximas, ou comigo, se quiser! A partilha é um passo fundamental neste processo. Mesmo com os seus filhos.

Mikaela Övén

INSPIRE-SE COM EXEMPLOS REAIS DE LISTAS DE INTENÇÕES

Podemos exprimir as nossas intenções de várias formas. É importante que você tome nota daquelas que ressoam em si e com as quais se identifica verdadeiramente. Como disse, já fiz este exercício com muitas pessoas e, na tentativa de inspirá-lo, aqui ficam alguns exemplos de intenções escritas por pais e mães que passaram pelos meus cursos.

Deixo-lhe aqui também as minhas intenções. Foram inspiradas no livro *Everyday Blessings: The Inner Work Of Mindful Parenting*, de Jon e Mayla Kabat-Zinn, um dos meus livros preferidos sobre parentalidade.

INTENÇÕES DA MIKAELA:

1ª Intenção: A minha intenção é entregar-me totalmente a uma Parentalidade Consciente e ter sempre presentes os meus valores essenciais.

2ª Intenção: Vou olhar para a parentalidade como uma oportunidade única para me conhecer cada vez melhor. Dessa forma, poderei partilhar o melhor de mim com os meus filhos (e com todas as pessoas com quem me relaciono).

3ª Intenção: Vou praticar Mindfulness e vou procurar estar conscientemente presente em todos os momentos (principalmente com os meus filhos).

4ª Intenção: Vou fazer um esforço contínuo para OBSERVAR os meus filhos. Vou procurar deixar todas as minhas expectativas e os meus medos de lado. Vou tentar aceitar os meus filhos exatamente como são em todos os momentos. Isso também quer dizer que vou observar

Educar com Mindfulness

a mim mesma e procurar aceitar-me para conseguir ajudar os meus filhos a fazerem o mesmo.

5ª Intenção: Vou esforçar-me para ver sempre os pontos de vista dos meus filhos e perceber as suas necessidades.

6ª Intenção: Vou aproveitar todos os momentos da minha vida com os meus filhos. Os bons e os menos bons, exatamente como são.

7ª Intenção: Vou guardar estas intenções no meu coração, junto com os valores que quero praticar, e assumir um compromisso comigo mesma de as ter presentes da melhor forma que conseguir, todos os dias.

INTENÇÕES
DA PATRÍCIA:

Partindo de alguns exemplos, e não deixando de ser eu mesma, defini 7 intenções tal como os 7 principais chacras do reiki.

Partilho então o resultado da minha reflexão:

1. Ser Coroa: ter uma ligação e uma conexão com o Universo, com o Mundo e com as Pessoas que me rodeiam, em que os valores mais espirituais de partilha, conhecimento e contribuição estejam presentes em mim e na forma como me relaciono com o meu filho.

2. Ser Visão: permitir que a minha intuição me guie e oriente na forma como escolho, decido, vivo, e como interpreto e percebo a mim e ao meu filho. Permitir estar alinhada com a minha verdadeira essência, com quem eu sou, e sê-lo com o meu filho.

3. Ser Comunicação: estabelecer uma comunicação de excelência comigo, com os outros e com o meu filho. Escutá-lo e dizer o que sinto. Comunicar-me com ele utilizando a sua linguagem, criando espaço para o diálogo e para a partilha constante entre nós.

4. **Ser Sol:** trabalhar o meu poder pessoal, a minha autoestima e a minha autoconfiança, dando ao meu filho o exemplo de uma pessoa que se aceita como é, com as suas qualidades e limitações, e que o aceita de igual forma.

5. **Ser Coração:** trabalhar o meu amor-próprio e permitir que o Amor Incondicional ganhe espaço na relação com o meu filho. Falar com o coração enquanto mãe e escutar o coração do meu filho. Estar presente nos momentos em que estamos juntos e abrir o meu coração, dando espaço para que a linguagem seja a do Amor.

6. **Ser Umbigo:** fortalecer a minha maturidade e estabilidade emocionais, permitindo-me estar mais atenta às emoções do meu filho e ajudando-o a lidar com elas da melhor forma possível.

7. **Ser Raízes:** fortalecer a minha estrutura, as minhas raízes, os meus valores e princípios, sendo coerente com a pessoa que verdadeiramente sou. Transmitir e dar o melhor de mim ao meu filho: a força, a segurança, a congruência e o amor, dando-lhe as sementes e o fortificante para as suas raízes.

INTENÇÕES
DA FILIPA:

1. **Mãe Terra:** uma mãe que nutre, que acolhe, que está presente e que cresce.

2. **Mãe Fogo:** uma mãe que mostra limites, que aquece, que mostra as suas emoções.

3. **Mãe Água:** uma mãe que identifica as necessidades dos filhos, que identifica as suas necessidades e que atua de forma autêntica.

4. **Mãe Ar:** uma mãe que ouve, que negocia e que procura soluções criativas para os desafios.

Educar com Mindfulness

INTENÇÕES
DA ANDREIA:

1. A minha principal intenção é praticar uma Parentalidade Consciente com base nos meus valores.

2. Praticar Mindfulness comigo, com os meus filhos e com os outros.

3. Ser e contribuir para que os meus filhos Sejam. Aceitá-los como são.

4. Viver serenamente cada momento com os meus filhos.

5. Perceber os pontos de vista dos meus filhos e não deixar que a ideia de que "eu é que sei o que está certo" se sobreponha.

6. Aproveitar todos os momentos com os meus filhos, sem julgamento, crítica ou irritabilidade, quer esses momentos sejam bons ou menos bons.

7. Viver com AMOR.

Vá treinando aqui a sua lista de intenções. Sugiro que depois a copie para uma folha de papel e afixe num lugar visível por onde passe diariamente.

A MINHA LISTA DE
INTENÇÕES:

Mikaela Övén

A MINHA LISTA DE
INTENÇÕES:

Educar com Mindfulness

REFLEXÃO MINDFUL

Para iniciar da melhor forma esta caminhada pela Parentalidade Consciente, comece por questionar o que está fazendo e o que quer fazer. A melhor forma para dar os primeiros passos é (re)ativando o detetive que há em você.

Reflita sobre as seguintes questões:

1. Em que fase de desenvolvimento se encontra o meu filho?
2. Os valores da Parentalidade Consciente (o igual valor, a autenticidade, o respeito pela integridade e a responsabilidade pessoal): o que significam para mim?
3. Que outros valores considero importantes? Como é que os pratico e como é que os quero praticar?
4. Quais têm sido as minhas intenções? Quais serão a partir de agora?

2

Mindfulness, a preparação interior dos pais e educadores

Aprenda a estar 100% presente no tempo que dedica ao seu filho

-----

"Se souberes ser paciente num momento de fúria, terás escapado a cem dias de tristeza."

Provérbio chinês

"Existe um espaço entre o estímulo e a resposta. Nesse espaço reside a capacidade de escolhermos a nossa resposta. E nessa resposta estão o nosso crescimento e a nossa liberdade."

Victor Frankl

Para a criança, cada dia é uma grande expedição científica. E essa expedição é a coisa mais importante, no momento, porque a criança vive no agora. Praticar Mindfulness é inato. Nos primeiros tempos de vida, não fazemos outra coisa a não ser observar o momento presente, o que se passa dentro e fora de nós, sem julgamentos, como se fosse a primeira vez. Esta é a definição de Mindfulness!

A criança está completamente focada no agora... Com vontade, coragem e na posse de cada vez mais informação, explora o mapa do dia a dia. Nós, adultos, ligamos normalmente o piloto automático e agimos como se já conhecêssemos o mapa todo (que grande ilusão!), não tendo presente que tudo o que fazemos será feito pela primeira e última vez... A inspiração que acabou de ter, teve-a pela primeira e última vez. Nunca a tinha tido antes, e nunca mais voltará a tê-la. E esta também. E esta.

O dia a dia de uma criança está repleto de aprendizagens que estimulam o seu desenvolvimento. Acompanhar os pais ao mercado acarreta mil e um possíveis ensinamentos sobre comida e produtos de limpeza, por exemplo. Andar de ônibus pode incluir uma lição de geografia. Ajudar a avó a fazer um bolo é uma lição de culinária. Despedir-se dos pais na segunda-feira de manhã é uma lição de psicologia.

Se nós, adultos, conseguíssemos ter sempre presente a grandeza de cada dia, talvez optássemos muitas vezes por adotar comportamentos diferentes. Se vivesse mesmo este dia como se fosse o primeiro e o último (porque o é!), o que você faria de diferente?

Os nossos filhos sabem viver em consciência e com atenção plena. Sabem, sem os ensinarmos, o que é Mindfulness. E eu lhe falo de Mindfulness porque, na forma como vejo a Parentalidade Consciente, considero o Mindfulness a base de tudo. Mindfulness é a observação, com consciência e atenção plena, de cada momento, sem julgamentos e sem expectativas.

Podemos ir mais além e perceber que o Mindfulness está na base da promoção de qualquer relação saudável. Quando estamos num estado Mindful (nesse estado de atenção e consciência plenas), vivemos no presente e estamos conscientes dos nossos pensamentos e emoções. E estamos igualmente abertos aos pensamentos e às emoções dos nossos filhos. A capacidade de observar a si mesmo, sem julgamento e com compaixão, permite-lhe aumentar a sua presença e abertura perante os outros, respeitando que cada um tem as suas experiências, e que não há duas experiências iguais.

As crianças aprendem sobre si mesmas mediante a forma como nos comunicamos com elas. Todas as palavras que utilizamos para as descrever vão ficar gravadas na sua memória e tornar-se parte da identidade delas. Quando utilizamos o Mindfulness, estamos mais atentos à forma como nos comunicamos e às palavras que utilizamos.

Quando nos preocupamos com o passado ou com o futuro, podemos estar fisicamente com os nossos filhos, mas, mentalmente, estamos muito longe. **Ser um pai/uma mãe Consciente e Mindful significa que temos uma intenção e que nos mantemos conscientes dela quando interagimos com os nossos filhos.**

Educar com Mindfulness

Com o Mindfulness, deixei de ser uma mãe que exercita constantemente a paciência para passar a ser uma mãe que consegue estar presente e apreciar a beleza de qualquer momento, independentemente do que estiver acontecendo. (Claro que, às vezes, eu "perco a cabeça", mas a forma como lido com essa irritabilidade também é diferente!)

Para cultivar o Mindfulness podemos meditar. A meditação Mindfulness já começa a ser uma prática comum em Portugal; aliás, muitas vezes, quando se ouve falar de Mindfulness é, na verdade, de meditação Mindfulness que se está falando. Mas Mindfulness não significa, propriamente, estar sentado no chão com as pernas cruzadas.

Quando tive contato com o Mindfulness pela primeira vez, há pelo menos 15 anos, e quando comecei a praticá-lo, não foi a meditação que fez a grande diferença. Já meditava e já sabia os benefícios que a meditação me oferecia. O que revolucionou os meus dias foram os sete pontos: as sete atitudes de Mindfulness.

Levo estas atitudes comigo para qualquer lado. São a mochila que carrego às costas e onde ponho tudo dentro. São atitudes que o convido a seguir quando interagir com o seu filho, quando falar com ele, quando se deparar com momentos de grande desafio.

Antes de lhe apresentar as atitudes, gostaria de partilhar com você as cinco principais experiências que o Mindfulness me proporcionou e à minha maternidade.

OS 5 ENSINAMENTOS VALIOSOS DO MINDFULNESS

1. **O Mindfulness permite-me viver TODA a experiência com os meus filhos.** As coisas boas e as más. Sem estresse. As coisas grandes e as pequenas. Estou presente para tudo o que aconteça em cada

Mikaela Övén

momento, aceitando que as coisas são como são e que, às vezes, são difíceis. E que mesmo esses momentos difíceis são perfeitos tal como são. E, aceitando esses momentos como perfeitos (na sua imperfeição), tenho uma capacidade muito maior de resolver seja o que for.

2. **A autoaceitação.** Já não me arrependo com coisas que fiz "mal", já não sinto culpa. Aceito a minha imperfeição e sei pedir desculpa sem pretextos. Aprendo e sei que os meus lados menos bons também servem de aprendizagem para os meus filhos. Tenho muitíssimo mais compaixão e amor por mim e, consequentemente, muitíssimo mais compaixão e amor pelos outros.

3. **Confio no meu instinto e valorizo muito menos as opiniões e os medos das outras pessoas.** Com Mindfulness consigo estar mais ligada à minha essência e consigo pensar de forma clara e verdadeira. Sei identificar mais facilmente o que é certo para os meus filhos porque os vejo melhor, como seres completos que já são. E a única diferença entre nós é que tenho mais experiência de vida e isso me dá mais responsabilidades (e não mais direitos).

4. **O Mindfulness deu-me liberdade para viver de forma mais plena cada aspecto da minha vida.** Percebi que não há nada que tenho de fazer, efetivamente. Fez-me compreender que os dias desafiantes são tão bons como os dias cheios de alegria. Todos os dias fazem parte da minha vida, cada um tal como é. Ao jeito de Alberto Caeiro: *"Um dia de chuva é tão belo como um dia de sol; ambos existem, cada um como é"*.

5. **Estou muito mais próxima da minha essência e de quem realmente sou.** Conheço cada vez melhor as minhas histórias e o papel que desempenho nesta vida.

Percebi tudo isto por meio da minha prática de Mindfulness. Tanto com a meditação como com as 7 atitudes. Talvez um pouco mais por meio da prática das atitudes.

Educar com Mindfulness

A MOCHILA COM AS 7 ATITUDES DO MINDFULNESS

- Não julgamento

Quando não julgamos, olhamos para as coisas exatamente como elas são. Sem analisar e sem ativar crenças. Somos testemunhas da vida. Vemos as coisas, os acontecimentos, as pessoas, os pensamentos e as emoções sem avaliar se são bons ou maus. São o que são.

- Paciência

Quando somos pacientes, deixamos as coisas "desabrocharem" a seu tempo. Quando a larva está em metamorfose, não adianta abrir o casulo, porque a borboleta não chegará mais cedo. Ser paciente é saber que cada coisa tem o seu tempo e estar bem com isso. Quando somos pacientes, também o somos com nós mesmos. Estamos em paz com o fluir da vida.

- Mente de Principiante

Quando adotamos uma mente de principiante, deixamos de lado crenças e experiências passadas. Estamos conscientes de que não sabemos como as coisas são agora e olhamos para o que está acontecendo (eventos, pessoas, coisas, emoções e pensamentos) como se o fizéssemos pela primeira vez. Sabemos apenas que cada momento é único e que tudo o que fazemos será feito pela primeira e última vez. Sabemos que, nesta vida, não fazemos nada duas vezes.

- Confiança

Quando praticamos a confiança, confiamos em primeiro lugar em nós, no nosso corpo e nas nossas emoções. Confiamos na nossa autoridade e intuição, mesmo que às vezes erremos. Honramos as nossas emoções e assumimos responsabilidade por nós mesmos e pelo nosso bem-estar.

Mikaela Övén

Confiamos também que está tudo certo, que as coisas não são diferentes neste momento, porque simplesmente não são. Também confiamos na impermanência; no fato de que nada se mantém como é; que tudo é mutável.

- Não esforço

A prática do não esforço pode ser muito desafiante para algumas pessoas. Quando praticamos o não esforço, prestamos atenção à forma como estamos neste momento. Sem pretender mudar nada. Focamos no momento presente sem nos esforçar para atingir um objetivo. Podemos continuar fazendo o que estamos fazendo, mas o nosso estado emocional não está em esforço nem em luta. Imagine que você não sabe onde colocou as chaves de casa. Você as procura por todo lado, mas não as encontra. Começa a sentir-se frustrado, irritado e estressado. E quando é que as encontra? Isso mesmo, precisamente quando para de procurar. Quando deixa de fazer esforço, quando deixa as coisas fluírem.

- Aceitação

Quando aceitamos, estamos em paz com o que é. Vemos as coisas como elas são. Não significa que concordemos ou que aprovemos. A aceitação não é o mesmo que a não ação; muitas vezes chega a ser o contrário, promovendo a mudança. Quando aceitamos, vemos as coisas claramente e conseguimos saber o que fazer.

- Deixar estar/Deixar ir

Quando praticamos as primeiras 6 atitudes, muitas vezes a sétima acontece por si só. Se sentir que tem dificuldade em deixar uma coisa partir, pode ser interessante investigar o que o mantém preso. Prender é o oposto de deixar ir. A questão é que você já sabe (inconscientemente) como deixar ir; é o mesmo que faz todas as noites ao adormecer.

As atitudes não têm necessariamente de ser praticadas por esta ordem. Nem é obrigatório praticar todas. Mas o que tenho descoberto é que estas atitudes, e esta ordem em particular, libertam muito sofrimento, estresse e ansiedade.

Educar com Mindfulness

Com esta introdução em mente, deixo-lhe agora **três desafios** para iniciar a sua prática de Mindfulness (se ainda não está praticando) ou para lhe dar continuidade.

1. Durante os próximos dias, procure estar onde está em cada momento. Tanto quando está com os seus filhos como nos outros momentos. Procure dedicar-se 100% a tudo o que faz. Quando escovar os dentes, escove os dentes – não se distraia pensando no dia de trabalho, por exemplo. Quando descascar batatas, descasque as batatas. Quando vestir o seu filho, vista o seu filho. Observe. Cada vez que se pegar enredado nas histórias da sua mente, redirecione, com gentileza, a atenção para o que está fazendo.

2. Durante a próxima semana, escolha uma atitude para praticar em cada dia. Pode ser pela ordem sugerida ou pela ordem que fizer mais sentido para você. Talvez queira começar pela atitude que lhe parece mais desafiante. Se quiser estender mais o exercício, faça uma atitude por semana, durante 7 semanas.

3. O terceiro desafio é pensar em como poderá aplicar as atitudes de Mindfulness na relação com o seu filho e analisar as suas possíveis implicações (se desejar, pode também aplicar as atitudes em outras relações, próximas ou distantes). O que mudaria com a prática destas atitudes?

SOCORRO, FIZ TUDO ERRADO ATÉ AQUI!

Quando a minha filha nasceu, li muitos livros técnicos, uma vastíssima bibliografia. Inicialmente sobre o desenvolvimento infantil e, mais tarde, sobre educação. Já lhe falei sobre isto quando lhe dei as boas-vindas a este livro. Experimentei muitas coisas, algumas com consciência, outras não. Até que um dia, li o primeiro livro do Jesper Juul. À medida que o lia, as palavras ressoavam em mim. As velhas crenças, os filtros antigos e o meu ego protestavam por todos os lados. Sabia e sentia que o que estava ali escrito era verdade, mas muitas das coisas que o Jesper Juul dizia para não fazermos, eu já tinha feito... e ainda fazia.

Tive de interromper a leitura várias vezes para reorganizar as minhas ideias, para perceber o que poderia fazer a partir daquele momento. Nesse processo começou a crescer em mim a sensação nada agradável de que estava fazendo tudo errado.

Como estamos falando de Mindfulness, e nos encontramos ainda no início desta caminhada, gostaria de prevenir você para uma coisa que sei que possivelmente vai acontecer. Ao ler este livro, é muito provável que você sinta culpa. Foi precisamente isso que eu senti.

Nunca faltou informação sobre parentalidade, sobretudo nos nossos dias. Livros, blogues, pediatras, avós, amigos. Todos querem decretar o que está certo e o que está errado. Ouvimos muitas vozes exteriores. **O Mindfulness convida-nos a ouvir a nossa voz interior e a criar a nossa parentalidade de dentro para fora, e não de fora para dentro.** Neste processo, é natural que você sinta culpa. A verdade é que todos nós, uma vez ou outra, vamos fazer coisas que magoam os nossos filhos. Numa relação próxima, é praticamente inevitável magoarmos o outro. É impossível proteger o seu filho da sua humanidade, dos seus momentos menos bons ou dos momentos em que lhe faltam recursos interiores. **Haverá sempre momentos em que os principais recursos serão uma desculpa e um abraço.** Nestes momentos em que sente que fez algo de errado, você tem sempre a oportunidade de escolher o que fazer com a culpa que está sentindo. As emoções são mensageiras e é uma escolha sua ouvir ou não o que a culpa tem para lhe dizer. Se estiver praticando o autojulgamento, tendo pensamentos como "olha o que você fez", "você é uma péssima mãe", "você sabe que o que fez não está certo", "por que é que você não consegue se controlar?", não está ouvindo a mensagem da culpa. Esse tipo de culpa é péssimo e, quando se torna muito pesada, o inconsciente começa a defender-se e a repetir frases como "ele vai esquecer", "foi com pouca força" ou "dói mais em mim do que nele".

O truque para ouvir a culpa e conseguir deixá-la partir pode passar simplesmente por uma mudança de perspetiva.

Na Programação Neurolinguística existe um pressuposto que nos diz: "Não existe fracasso, apenas *feedback*". Tudo o que vivenciar com o seu filho, neste momento, é *feedback*. A questão é: o que vai fazer com esse *feedback*? Como vai incorporá-lo? O que vai fazer de diferente?

O principal remédio para a culpa é a compaixão. A próxima vez que for desafiado pelo seu filho e se sentir prestes a reagir da forma que não quer reagir, respire fundo e olhe para dentro. Procure recuar ao tempo em que tinha a mesma idade e se comportava de forma semelhante. Tente lembrar-se de como se sentia, no seu interior. Normalmente, quando não conseguimos oferecer aos nossos filhos a paciência, a empatia e o amor incondicional que merecem é porque ainda estamos lidando com feridas da nossa infância. Este autoexame vai permitir-lhe sentir mais compaixão por si mesmo e pelo seu filho.

A COMPAIXÃO É UM REMÉDIO MILAGROSO

Acredito que são muitos os que se questionam incontáveis vezes sobre como ser "um bom pai ou uma boa mãe". Na minha opinião, mais importante do que questionar é ter a intenção de ser o melhor pai/a melhor mãe possível em cada momento. Ser o melhor pai/a melhor mãe não tem a ver com não cometer erros, nem com fazer tudo de uma forma perfeita. Quando somos o nosso melhor, estamos dispostos a admitir os erros e as falhas abertamente. E a ser suficientemente humildes para pedir desculpa quando for necessário. Ser o melhor que podemos em cada momento quer dizer que queremos aprender e crescer. Quer dizer que não nos levamos demasiado a sério.

Assim sendo, o que podemos fazer, na prática, quando sentimos culpa? Quando a culpa aparece, existe, certamente, algum tipo de conflito interno. Lembre-se do pressuposto "não há fracasso, apenas *feedback*". Nesse sentido, a culpa é um mensageiro que merece ser ouvido atentamente. Diz-nos que há uma necessidade que não estamos conseguindo satisfazer – daí a culpa. Use-a como um mecanismo de *feedback*: o que ela está mostrando para você? O que está lhe ensinando? Normalmente, a culpa aparece porque você sente que magoou ou prejudicou alguém. Quando se apercebe disso, já não precisa continuar a alimentar a culpa. Agradeça-lhe e aprenda com o que aconteceu para que, no futuro, possa incorporar essa aprendizagem e deixar de magoar ou prejudicar os outros, alterando o seu comportamento. Neste processo, sinta sempre compaixão por si, libertando-se da culpa depois de aprender com a mensagem dela.

Quando está disposto a aceder a essa compaixão, a aprender e a crescer, a culpa deixa de servir o seu propósito. Todas as emoções têm um ganho secundário e o ganho secundário da culpa é que nos permite, de uma forma temporária, recuperar o nosso alinhamento interno. Como estamos agindo contra os nossos valores, o sentimento da culpa é uma compensação que o nosso inconsciente encontra. Quando para e olha para o seu comportamento sem culpa, consegue realmente fazer algo diferente e criar um verdadeiro alinhamento interno.

CARA A CARA COM A CULPA

Se tiver curiosidade em entender o que os sentimentos de culpa comunicam, na próxima vez que observar esse sentimento, pare e foque-se no seguinte:

Educar com Mindfulness

☞ **O que a culpa está me dizendo? Que tipo de críticas e julgamentos ouço?**

"Devia passar mais tempo brincando com os meus filhos! Ficam tão felizes! Mesmo assim, arranjo sempre desculpas para não o fazer!"

"Não devia ter batido no Santiago por ele não querer ir para o banho. Não devia ter perdido a calma! Digo que quero praticar Parentalidade Consciente, mas não estou conseguindo. Nunca vou conseguir..."

☞ **A culpa está tentando chamar-me a atenção para que necessidade(s)?**

"A conexão e pertença, a ligação que tenho com os meus filhos. A experiência e a novidade."

"Conexão e pertença com o meu filho, e também com outras pessoas que querem praticar Parentalidade Consciente. A segurança e o conhecimento. Há uma necessidade de saber mais, de estudar mais, de falar com mais pessoas."

☞ **O que diz aquela voz que me dá apoio e que justifica os meus atos?**

"Não tenho paciência para brincar ao fim do dia. Preciso de descanso."

"Estava cansada e precisava descansar. O Santiago estava impossível! Ele tem de aprender os limites."

☞ **E essa voz está tentando chamar-me a atenção para que necessidades?**

"O descanso, a segurança."

"A necessidade de saber mostrar os meus limites pessoais; segurança e controle; e a minha necessidade de sentir respeito, reconhecimento e significância."

⇨ O que posso e estou disposto a fazer para satisfazer todas as necessidades?

"Vou sugerir aos meus filhos que joguemos um jogo de tabuleiro em vez de fazermos brincadeiras mais ativas nos momentos em que me sinto demasiado cansada. E talvez lhes diga que preciso de 10 minutos para descansar enquanto eles preparam o jogo."

"Vou praticar mais Mindfulness e inscrever-me num curso de Parentalidade Consciente."

Se sentir que não consegue pensar em formas de satisfazer as necessidades nesse momento, está tudo bem. Deixe o assunto repousar e veja o que acontece.

DEVO FALAR COM O MEU FILHO SOBRE O SENTIMENTO DE CULPA?

Eu acredito que sim! É benéfico para os nossos filhos saberem que estão lidando com pessoas verdadeiras e autênticas! Lembre-se de questionar se há alguma intenção escondida quando fala (está tentando fazer passar a culpa? Está tentando fazer com que as crianças lhe obedeçam?). Estas conversas existem para criarmos momentos de grande aprendizagem. Intensificam a conexão e a pertença e, logo, criam melhores relações. Um exemplo poderia ser:

"Estou me sentindo triste e frustrada neste momento. Percebi que tenho estado muito focada em pôr as coisas aqui em casa para funcionar: os horários de todos, a comida, a roupa, a limpeza. Sair de casa a tempo. Evitar conflitos. Tenho feito isto tudo com a intenção de fazer todo mundo se sentir bem. Mas constato que, à custa disso, tenho-me esquecido de criar tempo para estarmos juntos, para falarmos sobre as nossas vidas e os nossos pensamentos. Tempo para estar e ser, e não só fazer... Gostaria muito de saber o que você pensa sobre isto. Quer me contar?"

Educar com Mindfulness

REFLEXÃO MINDFUL

Na Parentalidade Consciente utilizamos o Mindfulness para nos preparar interiormente para o novo papel a desempenhar na nossa vida. A sua prática é a principal ferramenta ao nosso dispor para nos sentirmos bem e para incentivarmos estados emocionais que promovam uma boa interação com os nossos filhos.

Reflita sobre as seguintes questões:

1. Como executo as tarefas rotineiras no meu dia a dia?
2. Em que situações já me sinto mais Mindful? O que faço para me sentir assim?
3. Como vou integrar mais Mindfulness na minha vida?
4. Que atitudes de Mindfulness são mais importantes para mim neste momento?
5. De que coisas sinto culpa? Como vou gerir essa culpa?

3
Meditação Mindfulness para pais e educadores

Os pensamentos e as emoções são apenas visitas

Como você já sabe, para se praticar Mindfulness não é obrigatório meditar. No entanto, a meditação ajuda. Aliás, acredito que será uma melhor mãe/um melhor pai se meditar. Por quê? Porque o seu estado de consciência faz a diferença. Porque a forma como se sente faz a diferença. Se estiver estressado, acabará tendo filhos estressados. Se andar constantemente preocupado, acabará por ter filhos preocupados.

Se a meditação ajuda a libertar o estresse, como tem sido comprovado em vários estudos, os efeitos na relação que você tem com o seu filho são óbvios. De acordo com o cientista e professor de meditação Thom Knoles, cada vez que se senta para meditar, o seu corpo e a sua mente identificam oportunidades para libertar o estresse que têm acumulado. Quanto mais você permitir essa libertação, mais calmo e mais sereno se sentirá. Além disso, estará dando duas lições muito importantes ao seu filho: assumir a responsabilidade pelo próprio bem-estar e ensinar-lhe um hábito muito saudável.

Cada vez que me sento para meditar, "tiro a temperatura" do meu estado de consciência. Rapidamente vejo as histórias que a minha mente está contando. Muitas vezes, os pensamentos são sobre o futuro ("Quando acabar a meditação, vou preparar as coisas para os meninos levarem amanhã para a escola") ou o passado ("Devia ter dado um outro conselho àquela mãe"). A meditação permite-me observar todos os meus pensamentos de fora. Como se fosse apenas uma testemunha. Ajuda-me a perceber que todos os pensamentos são passageiros. Vêm, ficam um pouco e vão. E, só porque me vêm à cabeça, não significa que correspondam à verdade. Porque os pensamentos são isso mesmo: pensamentos. Durante a meditação faz-se uma seleção natural, sem o meu envolvimento, do que interessa e do que não interessa. A minha mente acalma e instala-se a quietude essencial para que eu possa criar relações conscientes com as pessoas que mais amo.

A meditação nos ensina a entrar no fluir da vida e nos mantém presentes, abertos e aptos para lidar com qualquer emoção que possa aparecer. Quando voltamos constantemente a atenção para a nossa respiração, ou quando focamos num ponto do corpo, ou num som, tornamo-nos presentes, no agora, e conseguimos ver as mudanças inevitáveis da energia, dos pensamentos, das emoções e das sensações.

Através da meditação ficamos mais enraizados, aumentamos o nosso autoconhecimento, o nosso amor-próprio e a nossa autoestima. Tornamo-nos, consequentemente, mães e pais cada vez melhores para os nossos filhos.

INICIAR A PRÁTICA DE MINDFULNESS EM 10 PASSOS SIMPLES

Como referi, não é necessário criar tempo extra para iniciar a prática de Mindfulness. Você pode simplesmente começar a aproveitar o momento dedicado a uma determinada atividade do seu dia, fazendo-a de forma consciente. Todavia, se está curioso em relação ao que a prática de Meditação Mindfulness pode fazer por você, convido-o a experimentar estes 10 passos simples. Mas, primeiro, quero que se comprometa a investir 10 minutos por dia, durante os próximos 21 dias, na sua prática de Meditação Mindfulness.

1. Agende 10 minutos para a sua prática diária. Se for de manhã, coloque o despertador 10 minutos mais cedo. Se for em outra hora, utilize um lembrete do celular.
2. Desligue o celular, ou pelo menos o som e a vibração, e assegure-se de ter um papel e uma caneta à mão.

3. Pense no compromisso que fez consigo mesmo.
4. Sente-se numa cadeira ou no sofá com os dois pés apoiados no chão, ou no chão com as costas contra a parede.
5. Coloque um alarme no celular para tocar em 5 minutos.
6. Comece por reparar na forma como respira. Respire exatamente como está respirando neste momento. Se surgirem pensamentos, deixe-os vir. São como barcos vazios num rio... Passam com a corrente, sem a sua intervenção. Não os afaste nem os agarre. Os pensamentos vêm, ficam um pouco e vão, e a sua mente está apenas fazendo o seu trabalho. Pode esboçar um sorriso (como o Buda ou a Mona Lisa) enquanto deixa os pensamentos permanecerem.
7. Se aparecerem muitos pensamentos, ou se tiver algum espasmo, trata-se apenas do estresse e da tensão se libertando; foque-se na respiração.
8. Se houver um pensamento que se repita muitas vezes, algo que sinta que é importante, tome nota no papel e volte à respiração.
9. Continue observando a respiração, a temperatura do ar a entrar e a sair pelo nariz, a sensação na garganta, no peito, na barriga... o inspirar e o expirar... até ouvir o som do alarme.
10. Sorria e agradeça a si mesmo pelo tempo que investiu em si.

Se quiser, pode aumentar o número de minutos todos os dias até chegar a um tempo que faça sentido para você. Se puder fazer 20 minutos, fantástico. Se chegar aos 10, ou se se mantiver nos 5, está tudo bem!

QUAL A POSTURA CERTA PARA MEDITAR?

Na meditação Mindfulness não existe uma posição obrigatória. Mas estar sentado em meditação não é o mesmo que estar sentado normalmente. A principal diferença é a atenção e a consciência. Adotamos conscientemente uma postura de alerta, embora relaxada, na qual nos consigamos sentir confortáveis, sem nos mexer, durante o tempo necessário. Se sentimos dor ou desconforto, podemos ajustar a posição, sempre com calma, atenção e consciência.

É bom estar numa postura ereta, com dignidade, mantendo a cabeça, o pescoço e as costas alinhados. Assim a respiração flui com mais facilidade e comunicamos sentidos de alerta, de atenção e dignidade ao nosso inconsciente.

Normalmente, praticamos meditação sentados no chão ou numa cadeira. Se escolher uma cadeira, o ideal é optar por uma que tenha as costas retas e na qual consiga ficar com os pés bem apoiados no chão. O objetivo será não encostar as costas, mas ter a opção de fazê-lo, se sentir necessidade. Se escolher sentar-se no chão, é preferível utilizar uma almofada dura que lhe permita levantar as nádegas um pouco (os joelhos devem estar abaixo da linha do quadril). Pode utilizar uma almofada normal dobrada ao meio ou uma almofada específica para meditação (também apelidada de *zafu*).

Existem várias posições com as pernas cruzadas ou com as pernas dobradas (com uma almofada entre as pernas ou um banquinho). Certamente você já percebeu que existem várias posições; se quiser explorar mais este assunto, pode pesquisar informações na Internet, em livros sobre o tema ou pedindo ajuda a pessoas competentes. O mais importante, independentemente da posição na qual está sentado, é a postura em si. Dignidade, paciência e autoaceitação são atitudes-chave. O principal em relação à postura é manter as costas, o pescoço e a cabeça verticalmente alinhados, relaxar os ombros e manter as mãos numa posição confortável (normalmente pousadas no colo).

MEDITAÇÕES MINDFULNESS

Se quiser aprofundar-se ainda mais e/ou experimentar outros tipos de prática, apresento-lhe aqui algumas dicas. À medida que o livro for avançando, você encontrará práticas de Mindfulness que o podem ajudar a integrar as diferentes sugestões que faço. As que apresento não são dirigidas exclusivamente aos pais, embora eu tenha selecionado três que considero particularmente úteis para a viagem parental. Em todas as meditações é importante assegurar-se de que dispõe do tempo necessário, sem perturbações. Desligue o celular. Se utilizar o cronômetro do celular, coloque-o em modo avião. Certifique-se também de que esteja suficientemente confortável. Tenha uma manta extra à disposição, caso seja necessário. Se preferir, você pode ouvir estas meditações (e outras) no *app* Miafulness ou em: www.portoeditora.pt/miafulness.

MEDITAÇÃO BODY SCAN

O Body Scan (a exploração corporal) é, provavelmente, a meditação Mindfulness mais praticada. Permite-lhe estar em contato com o corpo (a maior parte de nós anda muito desligada do corpo) e abandonar a sensação de que tem de fazer determinadas coisas. Para além disso, ajuda-o a libertar as emoções que estão alojadas no seu corpo. Como todas as meditações Mindfulness, o Body Scan também exercita a atenção. Durante a meditação treina-se a atenção mais expandida e a atenção mais focada.

1. Para algumas pessoas, é mais fácil fazer o Body Scan se estiverem deitadas de barriga para cima. Outras preferem estar sentadas. Se estiver muito cansado, é melhor fazê-lo sentado para não adormecer. Feche os olhos devagar.
2. Defina alguns momentos para se conectar com a sua respiração e com o movimento, o ritmo e as sensações no seu corpo. Quando se sentir preparado, dedique toda a atenção às sensações físicas do corpo. Especialmente aos pontos onde existe alguma tensão e onde o corpo está em contato com a cadeira, o chão ou a cama.
3. Durante esta prática não é essencial ficar relaxado ou calmo. Isso pode acontecer ou não. A intenção é que consiga executá-la o

Mikaela Övén

melhor que puder, prestando atenção a todas as sensações que ocorrem enquanto foca em diferentes partes do corpo, em uma de cada vez.

4. Deslize agora a sua atenção pela perna esquerda abaixo e continue pelo pé até aos dedos. Sinta o pé de dentro para fora. Como se estivesse respirando por meio dele. Investigue com curiosidade as sensações que consegue distinguir nos dedos. Talvez o espaço entre eles, o contato, a temperatura... Se não sentir nada em especial, não faz mal. Trata-se apenas de como o pé é para você neste momento.

5. Quando se sentir preparado, foque a atenção na planta do pé esquerdo. Investigue-a com curiosidade de dentro para fora e respire. Observe o contato com o chão, a eventual tensão, todas as sensações que possa ter ou não.

6. Em seguida, concentre-se no pé esquerdo, explorando-o de dentro para fora, como se você e a sua vida estivessem dentro dele.

7. Expire e coloque agora a sua atenção nas canelas, passando depois para a panturrilha, o joelho, a coxa... Explorando sempre da mesma forma.

8. Em seguida, passe para o pé e para a perna direitos, investigando com curiosidade.

9. Depois das pernas, continue para a zona pélvica, costas, abdômen, peito, dedos das mãos, mãos, braços, ombros, pescoço, cabeça e rosto. Em cada área, da melhor forma que conseguir, aplique a mesma atenção plena para examinar as sensações com curiosidade. Ao entrar numa área, inspire e, ao deixar a área, expire.

10. Se sentir tensão ou dor em alguma parte do corpo durante o Body Scan, pode dedicar atenção extra a essa área. Utilizando a respiração, inspire onde sentir tensão e, ao expirar, liberte o que é para libertar.

11. Chegarão muitos pensamentos à sua mente durante a meditação. Eles aparecem, ficam um pouco e desaparecem. É normal, e é o que a mente faz. Quando se encontrar no meio do turbilhão de pensamentos, reconheça-os e deixe-os ir, redirecionando com gentileza a atenção para o ponto do corpo onde deveria estar focado.

12. Quando o Body Scan estiver completo, observe durante alguns minutos as sensações no corpo como um todo, e a respiração que flui naturalmente... Até sentir vontade de abrir os olhos.

MEDITAÇÃO METTA
(meditação de compaixão)

Quando nos permitimos sentir compaixão (como se faz nesta meditação), conseguimos desenvolver simpatia e empatia pelas pessoas com as quais nos encontramos em conflito. O coração humano tem a extraordinária capacidade de se abrir, de segurar e de transformar em compaixão o que nos faz sofrer. Um dos grandes professores de Mindfulness, Jack Kornfield, descreve a compaixão como o movimento de interesse e bondade em resposta às dificuldades de qualquer ser vivo. A compaixão surge quando permitimos que o nosso coração seja tocado pelas dores e necessidades do outro.

Através desta meditação ficamos mais acessíveis, presentes e abertos. Torna-se mais fácil aceitar e pedir perdão.

Para desenvolver a compaixão, você pode fazer esta meditação Metta (*Loving Kindness Meditation*, em inglês, também traduzido por meditação de compaixão ou de bondade amorosa).

1. Sente-se confortavelmente numa posição à sua escolha. O importante é estar numa posição em que consiga manter a atenção e a concentração. Respire suavemente e sinta o seu corpo. Sinta o coração e a vida dentro de si. Sinta quão preciosa é a sua vida.
2. Algum tempo depois, pense em alguém que você ama muito. Visualize essa pessoa, sinta o que sente por essa pessoa. Repare como consegue segurar a pessoa no seu coração. Permita-se tomar consciência do sofrimento dessa pessoa. Sinta como o seu coração se abre naturalmente, enviando conforto, cuidado, e um espaço para partilhar a sua dor, abraçando a pessoa com compaixão. Isto é a resposta natural do coração. E, agora, repita mentalmente: "que

Mikaela Övén

você possa estar livre de dor e sofrimento, que você possa sentir paz, que você possa se sentir amado e acarinhado", enquanto continua a sentir compaixão.

3. Enquanto sente essa grande compaixão, foque em si próprio e repita mentalmente: "que eu possa estar livre de dor e sofrimento, que eu possa sentir paz, que eu possa me sentir amado e acarinhado".

4. Em seguida, visualize mais pessoas que você conhece, uma de cada vez. Mantendo a imagem de cada uma na sua mente, repita: "que você possa estar livre de dor e sofrimento, que você possa sentir paz, que você possa se sentir amado e acarinhado".

5. Agora você está preparado para expandir a sua compaixão ainda mais. Pense em uma pessoa que você mal conhece. Alguém que cruza o seu caminho de vez em quando, um vizinho, o empregado de um café, uma lojista, o motorista do ônibus... Visualize essa pessoa e repita mentalmente: "que você possa estar livre de dor e sofrimento, que você possa sentir paz, que você possa se sentir amado e acarinhado".

6. Imagine alguém que o magoou no passado. Uma pessoa pela qual tem algum ressentimento. Visualize essa pessoa e repita mentalmente: "que você possa estar livre de dor e sofrimento, que você possa sentir paz, que você possa se sentir amado e acarinhado".

7. Permita-se sentir a conexão suave que existe entre a vida e todos os seres, e a forma como consegue segurar tudo dentro da sua compaixão. Sinta a respiração na área do coração, como se conseguisse inspirar e expirar a partir dele. Sinta a compaixão no coração e imagine-se tocando o sofrimento dos outros com a sua expiração inundada de compaixão. Alargue a sua compaixão a todos os seres do mundo, repetindo mentalmente: "que possamos estar livres de dor e sofrimento, que possamos sentir paz, que possamos nos sentir amados e acarinhados".

8. Algum tempo depois, e mantendo a mesma posição, deixe a respiração e o coração descansarem naturalmente como um centro de compaixão no meio do mundo. E, quando se sentir preparado, pode abrir os olhos.

MEDITAÇÃO DA MONTANHA

Esta meditação foi adaptada a partir da *Mountain Meditation* de Jon Kabat-Zinn. Nesta meditação, transformamo-nos na montanha e conseguimos ligar-nos à sua força e estabilidade, como se fossem nossas. Podemos utilizar essa energia para estar em cada momento com atenção plena, abertura e clareza, e para perceber que os nossos pensamentos, preocupações, montanhas-russas de emoções, crises, tudo o que nos acontece, é como o tempo passado na montanha. Percebemos que tudo é passageiro. Tal como a montanha, podemos receber o que chega até nós, centrados e estáveis.

Normalmente, esta meditação é feita na posição sentada, no chão ou numa cadeira (na posição deitada é mais difícil sentirmo-nos como a montanha).

1. Comece sentindo o apoio que tem da cadeira, da almofada ou do chão. Preste atenção ao contato entre você e a cadeira/almofada/chão. Encontre uma posição confortável e estável, equilibrando ombros e quadris. Uma posição alerta com a coluna reta. Pouse as mãos no colo e mantenha os braços para baixo, estáveis e relaxados. Sinta o corpo de dentro para fora. Os pés, as pernas, os quadris, a parte inferior e superior do corpo, os braços, os ombros, o pescoço, a cabeça... E, quando estiver preparado, feche os olhos devagar, direcionando a sua atenção para a respiração, sem alterar a forma como está respirando. Repare nas sensações físicas que o ato de respirar lhe proporciona e em cada inspiração e expiração... Continue respirando exatamente da mesma forma, sem forçar nem tentar mudar nada, permitindo que a respiração flua naturalmente, ao seu ritmo. Tendo a consciência de que a respiração está perfeita e que não precisa fazer nada... Permitindo que o corpo esteja quieto, sentado com dignidade, numa sensação de integridade, no aqui e agora.
2. Permaneça assim durante algum tempo.
3. Lentamente, crie uma imagem na sua mente... visualize uma montanha linda, magnífica... imaginária ou uma que você já conheça. Deixe que a montanha se torne cada vez mais nítida. E, mesmo que não

consiga ter uma imagem concreta da montanha, permita-se senti-la e a sua presença. O topo da montanha quase tocando o céu, e a base da montanha, firmemente apoiada na terra... Repare na solidez, na força... note como é imóvel... e como é bela, de perto e de longe...

4. Observe.

5. Talvez a montanha tenha neve no topo, ou árvores verdejantes, ou rochas de granito nas encostas. Talvez haja água correndo, uma cascata. Talvez tenha vários picos ou só um, espaços verdes ou lagos... Observe atentamente as características da montanha e, quando se sentir preparado, tente trazê-la para dentro do seu corpo. No aqui e agora, una-se à montanha, como se fossem um só. Experiencie a sua solidez, quietude e grandeza. Transforme-se nela.

6. Enraizado na posição sentada, a sua cabeça transforma-se no pico mais alto da montanha, apoiado pelo resto do corpo, com uma vista panorâmica. Os ombros e os braços são as encostas. As nádegas e as pernas são a base sólida, enraizada na almofada, no chão ou na cadeira, experienciando uma sensação de elevação da zona pélvica e da coluna.

7. A cada fôlego, no aqui e agora, transforme-se mais um pouco na montanha, respirando, firme na sua quietude interior, completo naquilo que é. Sinta, além de palavras e de pensamentos, uma presença centrada, enraizada, imóvel...

8. Permaneça sentado, e repare nas modificações da luz, das sombras e das cores à medida que o sol viaja pelo céu. A superfície da montanha está repleta de atividade e de vida... tudo muda a cada momento, mas ela mantém-se na sua quietude.

9. A montanha está sentada, observando e sentindo que, após a noite, vem o dia e que o sol quente é seguido da noite fresca e do céu estrelado... E, no meio desta mudança, deste ciclo da vida, a montanha limita-se a permanecer sentada, experienciando a mudança em cada momento. Modifica-se, mas é sempre e simplesmente a própria montanha. Mantém-se quieta enquanto as estações passam e o tempo muda, a cada momento e a cada dia... conservando-se calma durante a mudança...

Educar com Mindfulness

10. Permaneça.

11. No verão, quase não há neve na montanha. Há apenas alguma nos picos e nas fendas onde a luz do sol não chega. No outono, costuma estar coberta de cores fortes e vivas. No inverno, cheia de neve e de gelo. Na primavera, repleta de vida nova... Em qualquer estação, a montanha pode acolher mau tempo, nuvens, chuva, vento forte. Ao contemplá-la, os seus visitantes comentam que é bela num dia de sol e que, em dias de nevoeiro e de escuridão, não gostam tanto de a visitar. Mas nada disso lhe importa. As nuvens vêm e passam, os turistas podem gostar dela ou não. O esplendor e a beleza da montanha não mudam por causa do tempo ou dos comentários das pessoas. Com ou sem visitas, faça sol ou chuva, seja noite ou dia... a montanha está igual.

12. À semelhança da montanha, podemos sentir-nos centrados, quietos e enraizados perante as mudanças da nossa vida. Nas nossas vidas, e na prática da meditação, experienciamos constantemente a natureza da mudança da nossa mente, do nosso corpo e do mundo exterior. Temos momentos de luz e de escuridão, de atividade e de inatividade, de leveza e de peso, de alívio e de dor... Experienciamos tempestades de várias intensidades tanto dentro como fora de nós. Ao sermos a montanha, ficamos ligados à sua força e estabilidade, adotando-as como se fossem nossas.

13. No tempo que resta, continue esta meditação da montanha, em silêncio, momento a momento, até sentir vontade de abrir os olhos.

Mas é tão difícil praticar a meditação!

Talvez seja difícil iniciar e/ou manter a sua prática. No entanto, se tiver mesmo vontade, sei que vai conseguir. Se sentir muita dificuldade em praticar sozinho, existem vários aplicativos de celular (gratuitos e pagos) que podem ajudar você. Existem também em diversos sites do país vários cursos e grupos de prática que você pode frequentar, oferecidos por diferentes entidades. Os eventos que facilito estão sempre listados em *www.mikaelaoven.com*. O importante é criar a intenção da prática e um compromisso consigo mesmo! Quer ou não quer?

Mikaela Övén

REFLEXÃO MINDFUL

Para criar uma conexão maior com o seu filho, aumente a qualidade da sua presença no tempo que passam juntos. Esta conexão faz maravilhas, desde melhorar o comportamento do seu filho até estreitar a intimidade familiar. Pode treinar esta presença plena e consciente por meio da meditação Mindfulness. Conheça o seu nível de presença neste momento, respondendo ao teste abaixo.

De 1 a 6, pontue cada afirmação de acordo com a veracidade dela para você. Sendo que 1 significa que não se identifica com o que está escrito e 6 que se identifica totalmente.

1. Falo com o meu filho sem parar para olhá-lo nos olhos.
2. Falo mais para o meu filho do que com ele.
3. Dedico muito tempo ao *smartphone* e sinto dificuldade em desligar-me dos emails, do *facebook*, dos *sms* etc.
4. Verifico o meu *smartphone* mais vezes do que é necessário.
5. Estou ansioso/a que chegue o final da atividade que estou realizando.
6. Estou ansioso/a para que chegue o final do dia.
7. Não estou verdadeiramente me divertindo.
8. O meu filho não está se divertindo comigo.
9. Estou com o corpo tenso.
10. Sinto no peito uma respiração superficial.
11. Utilizo mais vezes o não do que o sim.
12. Critico muito.
13. Forço muitas vezes fisicamente o meu filho a fazer coisas (a vestir-se, a entrar no carro, a sair de casa, a comer etc.).
14. Um único momento não tão bom afeta o meu dia todo.
15. Refiro-me frequentemente ao meu filho como "exigente" ou "chato".
16. Sinto muitas vezes que o tempo não é suficiente.
17. Enquanto faço uma tarefa, estou pensando em outra.
18. Quando me dedico ao meu filho, penso nas outras coisas que ainda tenho de fazer.
19. Falo frequentemente de tudo o que tenho para fazer.

Educar com Mindfulness

20. A hora de deitar do meu filho é complicada.
21. Penso muitas vezes que depois desta fase vai tudo melhorar.
22. Sinto quase sempre que falta algo.

Some as suas respostas. Resultados acima dos 88 pontos significam que é urgente fazer mudanças. Resultados acima dos 66 pontos revelam que você deve estar atento e procurar praticar Mindfulness. Resultados abaixo dos 66 pontos demonstram que você já atingiu um estado Mindful superior à maior parte dos pais; boa, continue assim!

4

AUTOESTIMA:
o sistema imunológico social

As crianças são perfeitas como são

"Quanto mais fiel você for à sua voz interior, melhor vai conseguir ouvir o que se ouve no exterior."

Dag Hammarskjöld

"Não existe um comportamento correto ou errado. O que importa é escolhermos entre o medo e o amor."

Gerald Lampolsky, Ph. D.

A forma como os adultos mais próximos se relacionam com a criança define a forma como ela se relaciona consigo mesma. Aquilo que você transmite ao seu filho, com a sua linguagem verbal e não verbal, será aquilo que ele transmitirá a si próprio no futuro. Recorda-se daquela voz que tem dentro da cabeça? A autocrítica que faz? Lembra-se das palavras que utiliza para se descrever? Refiro-me exatamente a essa voz interna que, na realidade, não é a sua voz, mas sim a voz que resulta do modo como os adultos mais próximos se relacionaram e se comunicaram com você na sua infância!

Então, você já começa a perceber que o valor que demonstra ao seu filho que ele tem, a cada momento, será o mesmo valor que ele atribuirá a si próprio. Você deve estar sentindo o peso da grande responsabilidade que tem em mãos, mas pense que, ao mesmo tempo, trata-se de uma enorme oportunidade!

Uma vez, ouvi uma menina de 7 anos explicar que *"os pais não devem ensinar as crianças a serem perfeitas – devem ensinar-lhes que são suficientes exatamente como são"*.

Mikaela Övén

Esta frase fez-me formular a 6ª intenção que redigi na página 49, e que repito aqui: *Vou aproveitar todos os momentos da minha vida com os meus filhos. Os bons e os menos bons, exatamente como são.* E a minha intenção nesses momentos será sempre a de criar as melhores condições para o desenvolvimento de uma autoestima saudável nos meus filhos.

Nesse capítulo, enfatizei o nosso comportamento enquanto pais. Mas acredito que, tal como eu, você também tenha intenções (que, muitas vezes, se transformam em expectativas…) em relação às qualidades/capacidades que gostaria que o seu filho tivesse. Eu, por exemplo, projeto-lhes autoestima, respeito, independência, honestidade, coragem, vontade de explorar o mundo, empatia, compaixão.

A BOA SEMENTE DA AUTOESTIMA

Quando iniciei o meu trabalho na área de Parentalidade Consciente, lecionava muitas vezes um *workshop* intitulado "A Autoestima da Criança"[1]. Na época, obviamente, já tinha uma ideia bem clara da importância de uma autoestima saudável. Mas o que se tornou muito evidente para mim com as inúmeras pesquisas e formações que fiz, com a relação aos meus três filhos, muito diferentes uns dos outros, e com a interação com centenas de crianças e os seus pais, ao longo destes últimos dez anos, foi que tudo começa pela autoestima. **Acredito que sem uma autoestima saudável é muito desafiador desenvolver as outras competências e qualidades de uma forma saudável. Para a criança poder desenvolver empatia, necessita de autoestima; para poder ser respeitadora, precisa de autoestima; para poder ser feliz, precisa de autoestima. No fundo, uma autoestima saudável funciona como um sistema imunológico social.**

---

[1] Este *workshop* foi inicialmente desenvolvido por Jesper Juul e por sua organização, Family Lab International.

Educar com Mindfulness

Uma pessoa com uma autoestima saudável sente-se bem tal como é, com as suas qualidades e defeitos. Sente-se bem quando as coisas correm bem e sabe lidar com as situações que não correm tão bem. Sente-se bem quando as pessoas a tratam bem e sabe lidar com situações em que alguém não a trata tão bem. Tem coragem para experimentar coisas novas e para dar a sua opinião. Não sente receio de se vulnerabilizar.

São muitas as vezes que se confunde sucesso e felicidade com a obtenção de boas notas, um curso respeitado, um emprego de topo, muito dinheiro, um bom carro, uma bela casa, férias de luxo, roupa de marca, experiências extravagantes etc. Quando consideramos que é isto que interessa, quando damos demasiada ênfase ao que temos e ao que fazemos, estamos tentando compensar uma autoestima fraca. Geralmente, educa-se com o foco no exterior e na autoconfiança, enquanto a chave para a felicidade e para uma vida de sucesso é uma autoestima saudável e a crença de que o sucesso pode materializar-se em muitas coisas. Acredito profundamente nisto.

Acredito também que o nosso mundo seria bem diferente se ensinássemos às crianças que elas têm valor apenas pela sua existência, e não pela sua aparência e pelos seus feitos. Para que isto aconteça, o nosso foco, enquanto educadores conscientes, tem de ser a autoestima e não a autoconfiança.

Talvez você esteja se questionando sobre a diferença entre autoestima e autoconfiança. São a mesma coisa? Não, não são. São até muito distintas! Quero que você perceba bem as diferenças, por isso lhe explico mais à frente, da maneira mais simples possível.

Quando falo de autoestima, estou me referindo ao que você é, ao que sabe sobre si e à forma como se relaciona com isso. A autoestima engloba o autoconhecimento sobre as suas capacidades, os seus pensamentos, as suas necessidades, os seus desejos, as suas forças e as suas fraquezas. Tudo o que você quer manter e tudo o que gostaria de mudar. O nível da sua autoestima é determinado pela forma como você se relaciona com este conjunto.

Quanto mais você conseguir aceitar que é como é, que tem valor só pela sua existência, mais saudável será a sua autoestima.

Mikaela Övén

RECORDE A PRIMEIRA VEZ QUE OLHOU PARA O SEU FILHO

Lembra-se da primeira vez que viu o seu filho? Da forma como olhou para ele? O que sentiu? Quando temos uma autoestima muito saudável, conseguimos olhar para nós com igual amor incondicional. E quanto mais você olha para o seu filho com esse "primeiro olhar", mais probabilidade o seu filho terá de crescer com uma autoestima muito saudável. Quanto melhor for a sua capacidade de lhe transmitir a mensagem de que ele tem valor pela pessoa que é, e não pelas coisas que faz ou tem, mais elevada será a autoestima dele.

TER AUTOESTIMA OU AUTOCONFIANÇA?

Se retirarmos o prefixo "auto" das palavras autoestima e autoconfiança, ficamos com estima e confiança. Com esta simplificação, a diferença fica mais clara.

A autoconfiança está relacionada com uma área muito específica. Uma criança pode ser autoconfiante em uma disciplina como a matemática, ou em outra aptidão, como jogar futebol ou tocar piano. Mas ter uma boa autoconfiança em uma área não significa necessariamente ter autoestima saudável. No entanto, quem tem autoestima saudável lida bem com o fato de, em determinadas situações, não se sentir muito autoconfiante. É possível ter muita autoconfiança em uma área e pouca em outra.

Em suma, podemos dizer que a autoestima tem a ver com o que se é e que a autoconfiança está relacionada com o que se faz e o que se tem.

A autoconfiança do seu filho cresce quando algo lhe corre bem, quando ele ganha, quando recebe elogios, recompensas ou boas notas.

Educar com Mindfulness

⇨ Que vestido bonito!

⇨ Você se comportou muito bem!

⇨ Você foi o melhor da turma na prova de matemática, então tem direito a uma recompensa!

Estes são alguns exemplos de frases que podem estimular a autoconfiança da criança. No entanto, ao dizer este tipo de coisas ao seu filho, você não está necessariamente aumentando a autoestima dele, nem é linear que esteja injetando nele uma dose de autoconfiança para que ele se sinta encorajado a, por exemplo, jogar futebol, falar em público ou escrever uma composição. Aliás, até pode resultar no seguinte: se o seu filho não receber um elogio pelo que tem vestido, se você discutir com ele porque se "portou mal" ou se tirar uma nota baixa em matemática, ele vai sentir-se mal. Se ele não tiver uma autoestima saudável (que entre em ação como o tal sistema imunológico), poderá sentir-se péssimo.

Ter autoconfiança numa área específica não contribui grandemente para a aquisição de uma autoestima saudável. Mas ter uma autoestima saudável facilita muito a aquisição de autoconfiança numa área específica.

Imagine que o ídolo do seu filho seja o Cristiano Ronaldo. Ele delira com futebol e diz-lhe que um dia quer ser tão bom como o seu ídolo. Claro que ele vai pedir para você inscrevê-lo no futebol. Inicia-se, então, nos treinos e começam os jogos. Em seguida, ele percebe que há muitos meninos com o mesmo sonho de se tornar o próximo Cristiano Ronaldo. Como muitos são até melhores do que ele, nos primeiros jogos ele quase não joga e fica muito tempo no banco de reservas. Se o seu filho tiver uma autoestima saudável, é provável que fique triste com isso; no entanto, terá a perfeita noção de que continua tendo o mesmo valor como pessoa e encontrará uma forma de lidar com a situação. Tudo indica que manterá a motivação para continuar treinando. Talvez venha a ser um grande jogador ou talvez decida deixar de jogar. Aconteça o que acontecer, o seu filho estará bem, sem ressentimentos. Se tiver uma fraca autoestima, ele se sentirá desiludido, pouco valorizado e, provavelmente, envergonhado. Acreditará que não tem valor como pessoa, e o mais provável é que deixe de jogar.

Mikaela Övén

COMO SE DESENVOLVE A AUTOESTIMA?

Nascemos todos com uma semente de autoestima. O crescimento e o florescimento dessa semente dependem da nutrição que recebe por parte das relações mais próximas. O sol da semente da autoestima é o amor incondicional, a água e o solo são as palavras que a alimentam, e o ambiente são os cuidados que recebe. Quanto menos julgamento e mais aceitação houver, mais bela e enraizada se tornará a flor. Mais forte e profunda se tornará a autoestima.

A criança que desenvolve uma autoestima saudável vive com pessoas que se interessam pelos seus pensamentos, pelas suas emoções, pelos seus desejos e pelas suas necessidades. São pessoas que demonstram respeito, que a *veem* e ouvem. Que reconhecem nela o mesmo valor que reconhecem nos outros. São pessoas que sabem ser autênticas e honestas. A criança que cresce nesse envolvimento sabe que tem valor e que se interessam por ela enquanto ser humano. A criança que tem a autoestima menos saudável duvida do seu valor, e isso, normalmente, é o resultado do que acontece nas suas relações mais próximas (que, provavelmente, mantêm o foco no comportamento e não na essência da criança, dando espaço para críticas desconstrutivas, ironia, castigos etc.).

Em suma, a autoestima a que me refiro é completamente independente dos feitos e do tipo de prestação ou desempenho. Também é independente do que se tem ou possui. Uma pessoa com uma autoestima saudável sente-se bem consigo mesma, independentemente de todo o resto. Pode ficar triste ou contente com aspectos relacionados com o que faz, com o que não tem e gostaria de ter, com a forma como a vida corre, mas, independentemente de tudo isso, continua estando bem consigo mesma. A autoestima mantém-se.

Você gostaria de ajudar o seu filho a sentir-se assim? Então, convido-o a continuar a leitura.

Educar com Mindfulness

SE O SEU FILHO NÃO ESTIVER BEM, COMO PODERÁ PORTAR-SE BEM?

Se você ainda não está muito convencido de que a autoestima é realmente o mais importante, eu gostaria de lhe apresentar alguns exemplos que validam ainda mais a sua relevância.

Como referi anteriormente, uma autoestima saudável ajuda o seu filho a sentir que tem valor pela pessoa que ele é. Ele sabe que não precisa mudar nada para que as outras pessoas gostem dele. Independentemente da roupa que veste, da cor do cabelo, das notas que tem, da posição na equipe de futebol, ele sabe que merece todo o amor do mundo.

Uma criança com uma autoestima saudável tende a ter um comportamento muito mais agradável. **É uma fórmula bastante simples. Quanto melhor me sinto, melhor me comporto. Quanto pior me sinto, pior me comporto. Se não me sentir bem, como vou ter força para portar-me bem?** E aqui reside um dos principais problemas quando focamos em gerir o comportamento da criança, por exemplo, por meio de um castigo. Se castigar a criança, ela não vai sentir-se melhor, vai sentir-se pior. Ao conseguir mudar temporariamente o comportamento dela, você pode estar danificando a sua autoestima para sempre.

Gostaria de partilhar com você uma pequena conversa que tive com o meu filho do meio, quando ele tinha 6 anos. Esta conversa é uma pequena amostra de como a autoestima pode funcionar como um sistema imunológico social.

A grande paixão do meu filho é o futebol e, consequentemente, muitas das conversas dele têm relação com esse assunto. Um dia, ele disse-me:

> Mamãe, imagine se eu fosse jogador de futebol e nenhuma equipe me quisesse! Eu jogaria por qualquer uma, até pelo Manchester City!

> Isso é uma coisa que preocupa você, filho?

> Não. Se ninguém quisesse me comprar, eu jogaria com os meus amigos... Eu quero é jogar!

Mikaela Övén

A ADOLESCÊNCIA, O VERDADEIRO TESTE À AUTOESTIMA

A adolescência é um grande teste à autoestima. Nesta fase da vida, os limites pessoais são testados continuadamente nas relações de amizade e nas relações amorosas. Por exemplo, um jovem com uma autoestima saudável consegue dizer "não" quando os amigos o incentivam a provar uma droga; consegue dizer "não" quando o companheiro quer fazer sexo e ele não; sabe que é amado mesmo quando escolhe não entrar para a faculdade assim que termina o Ensino Médio, como os pais gostariam; sabe que é perfeitamente legítimo escolher não ir àquela festa onde todos os amigos vão estar; sabe que pode ser diferente etc.

Se quiser que o seu filho:

- saiba ouvir os seus desejos e as suas necessidades e agir de acordo com isso;
- proteja a própria integridade;
- seja independente;
- tenha coragem para testar coisas novas e não tenha medo de se vulnerabilizar;
- saiba pensar por ele, e que as ações dele não sejam determinadas por interesses de outrem, ou motivadas para receber recompensas ou evitar castigos;
- não pratique nem seja vítima de *bullying*;
- saiba criar boas relações, baseadas no respeito mútuo, porque entende que todas as pessoas têm igual valor;
- não se compare constantemente com os outros;
- saiba exprimir as suas emoções (boas e más) e não tenha medo de o fazer;

Educar com Mindfulness

> - lide melhor com situações de desafio emocional (divórcio, morte, separação/ausência etc.);
> - se sinta bem com a vida e seja feliz;
>
> então, o seu foco deve estar, obrigatoriamente, no desenvolvimento de uma autoestima saudável.

Todas as sugestões que lhe dou neste livro têm como base a intenção de proporcionar um ambiente que ajude a semente da autoestima a florescer da melhor forma possível. Acredito que a intenção de todos os pais é a mesma. E também sei, por experiência própria, que muitas das coisas que fazemos quando educamos os nossos filhos, infelizmente, têm o resultado oposto!

OS 5 FOCOS DE UMA AUTOESTIMA SAUDÁVEL

A autoestima desenvolve-se nomeadamente por meio das relações mais próximas (com os pais). Nós, pais, temos uma grande tarefa à nossa frente, que eu pretendo ajudar a desempenhar com excelência. Quero, antes de tudo, apresentar-lhe, de uma forma clara e simples, os 5 principais focos que você pode seguir para ajudar o seu filho a desenvolver uma autoestima saudável. Vamos falar de:

AMOR SEM CONDIÇÕES

Quando se fala na relação entre pais e filhos, há uma expressão que é quase sempre utilizada: o amor incondicional. Praticamente todos nós dizemos que sentimos amor incondicional pelos nossos filhos. Poucas são as pessoas que realmente refletem sobre *como* expressam esse amor incondicional, de que forma o transmitem, e como é experienciado pelos filhos. O que é, na realidade, o amor incondicional? É, literalmente, um amor sem condições. No entanto, será que você consegue relacionar-se com o seu filho, ou com qualquer outra pessoa, completamente sem condições? Admito, eu (ainda) não consigo totalmente. Mas a intenção está presente!

Não tenho dúvida nenhuma de que a grande maioria dos pais sente amor incondicional pelos seus filhos. Mas o que sentimos nem sempre é o que fazemos, certo?

Os seus filhos sentem e avaliam o seu amor por meio do seu comportamento e da sua comunicação (as palavras, o tom de voz e também a linguagem não verbal).

Tudo o que você comunica verbalmente e não verbalmente é interpretado (inconscientemente) pelos seus filhos. Quanto mais amor incondicional uma criança sentir, mais a sua autoestima, o seu comportamento e a relação de vocês sairão beneficiados.

Podemos demonstrar o nosso amor incondicional de duas formas: por meio do nosso comportamento e da nossa comunicação.

Podemos dividir a forma como você se relaciona com o seu filho (o seu comportamento e a sua comunicação) em três tipos.

Amor Incondicional

O comportamento e a comunicação que resultam do amor incondicional, e que são interpretados pelos nossos filhos como amor incondicional, revelam um sentido de igualdade. Você, eu, todos temos o mesmo valor. As nossas opiniões, as nossas emoções e sensações, as nossas necessidades e vontades têm todas igual valor. Na relação entre pais e filhos isto não significa que a criança deva conseguir sempre o que quer; significa apenas que a criança sente que é respeitada, vista, ouvida e reconhecida, incondicionalmente.

Uma criança que é tratada com amor incondicional sente empatia, confiança e segurança. Aprende que há uma diferença entre aquilo que ela faz e aquilo que ela é (algo que a criança inicialmente não distingue). Sente que é amada independentemente do comportamento certo ou errado, dos resultados bons ou menos bons na escola ou nos esportes.

Podemos demonstrar o nosso amor incondicional utilizando uma comunicação consciente, reconhecendo, aceitando e confiando na criança. Parece fácil de dizer, mas difícil de conseguir, estará o leitor pensando neste momento. Não entre em pânico! Temos ainda muito espaço neste livro para estudarmos a melhor forma de o fazer.

Amor Condicional

A avaliação, os elogios, os prêmios e as recompensas, as ameaças e os castigos que implicam retirar privilégios (ficar sem ver televisão ou jogar no *tablet*, por exemplo) são ações que o inconsciente da criança vai interpretar como amor condicional. *"Só me amam se..."*

Se você diz ao seu filho que ele vai ganhar sorvete se se portar bem, ou que vai diretamente para a cama se não tomar a sopa toda, está tendo um comportamento que parte de um amor condicional.

As crianças que vivem num ambiente com muito amor condicional tornam-se, muitas vezes, dependentes dos elogios, das recompensas e dos prêmios. Aprendem que a vida é uma competição, querem ser melhores que os outros e sofrem quando não são. É provável que se tornem mais egocêntricas e que se concentrem demasiado no que está certo e errado.

Sem amor

Acredito que a maioria de nós já teve comportamentos que os nossos filhos interpretaram como comportamentos sem amor. Gritos, castigos (*time-out*/isolamento) e palmadas são os principais exemplos. Outros comportamentos isentos de amor podem ser o silêncio, o ignorar, a total ausência e o desinteresse.

Aqueles momentos em que o nosso filho quer a nossa atenção, mas estamos demasiado ocupados vendo o *feed* do *facebook*, também são exemplos de comportamentos que a criança vai interpretar como sendo desprovidos de amor. Podemos ter as melhores intenções, mas o que realmente interessa na relação com a criança é a forma como o inconsciente dela interpreta aquilo que estamos fazendo e dizendo.

Uma criança que cresça num ambiente dominado pelo comportamento com falta de amor pode tornar-se insegura e sentir inferioridade, culpa e vergonha. E, por norma, pode acontecer uma de duas coisas: ou se torna invisível ou se torna excessivamente extrovertida, desafiante e "difícil".

É possível vivermos sempre no amor incondicional?

Claro que são poucas as crianças que vivem num mundo extremo onde existe só um destes tipos de comportamento. Quase todos praticamos um pouco de tudo, em maior ou menor percentagem, e dependendo do nível de consciência e do estado emocional de cada um.

O mais importante é ter sempre em mente que a autoestima do seu filho será determinada pela mescla de comportamentos em que ele cresce. Acredito que sejam muito poucas as pessoas que conseguem viver o amor incondicional plenamente. Nem sei se é desejável! **Não acho que a perfeição seja uma boa lição para os nossos filhos, ao contrário da boa lição que é a vulnerabilidade.**

A questão é que temos sempre a possibilidade de escolher e, se a intenção de realmente praticarmos o amor incondicional estiver presente, a probabilidade de o vivermos aumenta exponencialmente.

Todos nós temos momentos em que o nosso amor incondicional parece ter desaparecido. Machucado por sentimentos de irritação, frustração ou raiva. E não há problema, está tudo bem! Após esses momentos, um pai ou uma mãe conscientes sabe pedir desculpa. E o pedido de desculpa traz incluído um belo truque. Tem um ponto final: "Desculpa.".

Qualquer tentativa de justificar nosso comportamento é dispensável. Ou seja, frases como: "Desculpa, filho, mas a mamãe não teria ficado tão zangada se você tivesse obedecido na primeira vez" não servem de desculpa.

Educar com Mindfulness

Se quiser dizer mais alguma coisa, então diga: "Desculpa, fiquei muito zangada e agora que penso nisso não foi nada justo".

Mostrar aos seus filhos que errar é uma grande dádiva porque lhes permite serem imperfeitos é fundamental para a autoestima e para qualquer relação próxima. E, assim, conseguimos todos ser perfeitos na nossa imperfeição. Lembra-se do que a menina de 7 anos disse? Vou repetir, pois acho que é uma lição fundamental para todos nós:

"Os pais não devem ensinar as crianças a serem perfeitas – devem ensinar-lhes que são suficientes exatamente como são".

ACEITAÇÃO

É importante esclarecer o que é, realmente, a aceitação. É uma palavra fácil de utilizar, mas difícil de aplicar, se não soubermos exatamente o que queremos dizer quando a utilizamos.

Quando falo de aceitação, estou falando de uma constatação de fatos. Quando você aceita, está bem com o que é. Não luta contra o que é porque entra em sofrimento. Quando aceita, está em paz com o fluir da vida.

A aceitação é frequentemente confundida com a aprovação, apesar de serem dois conceitos bem diferentes! Aceitar não significa não agir ou não mudar nada. Pelo contrário, quando você aceita, está, provavelmente, abrindo caminho para ver com mais clareza as alternativas de que dispõe. Acredito até que, para conseguir mudar realmente alguma coisa, você tem primeiro de aceitar a situação que tem à sua frente. Mais ainda, pode aceitar as escolhas que alguém faz, mesmo que não as aprove. Aceitação também não quer dizer gostar, concordar ou desistir. **Quando você aceita, escolhe ver, ter e viver a realidade interna e externa sem tentar fugir, evitar, afastar ou julgar. Aceita que os seus pensamentos, emoções e crenças são o que são, e que são isso mesmo! Aceita que o que acontece à sua volta também é isso mesmo: o que é!**

Em alguns contextos, aceitar significa ter a consciência de que não podemos fazer nada, e de que não vale a pena esforçarmo-nos para mudar alguma coisa. Quando lutamos contra uma realidade que não podemos modificar, em vez de a aceitarmos, aumentamos o nosso sofrimento. Mas o grande paradoxo é que, quando aceitamos as coisas como elas são, e quando nos aceitamos como somos, podemos mudar. É curioso e caricato, não é? Quando você consegue olhar para si e para o que se passa consigo com algum distanciamento, sem julgar e sem tentar mudar, possibilita a mudança. Quando aceita o seu filho exatamente como ele é, incluindo tudo o que ele faz que você não gosta, está criando condições para soluções que apenas observará por meio da aceitação. A aceitação não é nenhuma prestação, não é nada que se "faz", é algo que acontece interiormente quando conseguimos largar a ideia de que algo deveria ser de uma forma diferente.

O oposto da aceitação é a resistência. É quando não queremos ver a realidade como ela é. Quando lutamos contra o que é, a resistência garante sofrimento.

Acredito que a aceitação é fundamental na prática de uma Parentalidade Consciente por várias razões. Aceitar os nossos filhos por inteiro, exatamente como eles são, é absolutamente essencial para uma autoestima saudável.

Repare nestes exemplos, casos reais que tive a oportunidade de acompanhar. Há tempos, uma mãe pediu-me ajuda por causa da filha de 10 anos que estava sendo vítima de *bullying*. Ela já tinha colocado em ação várias estratégias para tentar resolver o problema, incluindo a mudança de escola. Porém, ao fim de um mês na nova escola, a situação repetiu-se. Geralmente, uma criança vítima de *bullying* apresenta problemas relacionados com a autoestima (e o mesmo acontece com crianças que praticam o *bullying*). Como já referi, a autoestima desenvolve-se sobretudo por meio das relações com as pessoas mais próximas (os pais). Neste caso específico, a menina sofre de epilepsia grave. A mãe é extremamente cuidadosa com a filha e as suas intenções são as melhores possíveis, mas, numa das conversas que teve comigo, desabafou que nunca conseguiu aceitar que a filha tivesse este problema, do mesmo modo que não aceita que ela tenha de passar pela experiência de *bullying*. É uma atitude perfeitamente normal em uma mãe que ama a sua filha. A questão é que, apesar de a não aceitação da mãe não se relacionar de forma nenhuma com o amor que nutre pela filha, quando uma criança sente que a mãe ou o pai não aceitam algo nela, a sua autoestima é inevitavelmente afetada. Neste caso específico, a não aceitação do *bullying* (e, claro, o *bullying* em si) agrava ainda mais o processo. A primeira coisa que esta mãe tem de fazer é trabalhar a aceitação dela própria em relação à realidade da filha. Só a partir desse estado ela consegue elaborar novas estratégias, mais conscientes e eficazes.

Outro caso que quero partilhar envolve um menino supostamente hiperativo. A professora do menino queixa-se com frequência aos pais do seu comportamento "hiperativo" e castiga-o repetidamente. Os pais, que querem que o filho obtenha melhores resultados na escola, insistem nestas ordens: "Você tem de ficar quieto na cadeira", "Você tem de se concentrar", "Você tem de fazer isto ou aquilo" etc. Ao mesmo tempo, implementam castigos em casa sugeridos pela professora. Há pouco tempo, o menino (muito inteligente!) perguntou à mãe: "Mamãe, você não gosta de mim como eu sou?". Esta pergunta fez a mãe abrir os olhos e sentir que não estava agindo corretamente.

Em outro plano, a aceitação tem a ver com o nosso bem-estar e com a nossa autoestima enquanto pais (que, obviamente, também afeta os nossos filhos). No primeiro caso que apresentei, a mãe sofria muito com a situação da filha. Como se sentiria ela se simplesmente aceitasse a filha tal como é? Talvez se sentisse mais apta a ajudar se olhasse para a situação sem resistência. Muito provavelmente sofreria menos e se sentiria mais útil e capaz de perceber com mais clareza os recursos que tem à sua disposição.

Em síntese, você poderia aceitar que o seu filho apresenta certas dificuldades, ou que está passando por experiências difíceis, com a certeza de que, ao aceitar essa realidade, estará promovendo um desenvolvimento saudável da sua autoestima, sofrendo menos e tendo melhores condições para ajudar.

Praticar a Aceitação no dia a dia

E não é só em casos "maiores", como os dois acima referidos, que nos beneficiamos muito como mães e pais ao praticarmos a aceitação. Também nos beneficiamos, e muito, em situações mais básicas do dia a dia. Acredito que a aceitação é uma das melhores ferramentas de que dispomos para cuidar do nosso bem-estar emocional e, dessa forma, desenvolvermos boas relações em que a autoestima possa florescer.

Por exemplo, quando você sente que não basta, que é insuficiente, ou quando se sente inadequado ou acha que o seu filho está mal-educado com você... haverá alguma diferença entre aceitar e resistir? Certamente. Vou mostrar-lhe, com exemplos.

- O bebê

Imagine que o seu bebê de 2 meses está cheio de cólicas. Chora incessantemente enquanto você se desespera sem saber o que fazer. Se adotar um estado de resistência, sentirá tensão no corpo e sentimentos como a impotência, a frustração e o desespero. Se optar por um estado de aceitação, sentirá calma, relaxamento e paciência. E que estado permitirá que o choro termine mais rápido? Acredite que, muito provavelmente, será o segundo!

- A criança pequena

Imagine que você deixou, por um instante, o seu filho sozinho na cozinha. Ele tem 3 anos e é muito curioso e aventureiro. Há um armário baixo onde você guarda farinha, que ele decide descobrir. Quando você volta à cozinha, depara com um chão repleto de farinha. Perante este cenário, aceitar significa respirar fundo e observar aquilo que é.

Há farinha espalhada pelo chão da cozinha e, no meio, está o seu filho, todo empanado e com um grande sorriso no rosto. Se você entrar num estado de resistência, o que acontecerá? E se praticar a aceitação?

Num estado de resistência, é provável que a irritação tome conta de você. Pode levantar a voz ou atribuir um castigo ao seu filho. Mas, apesar de acreditar que está dando a ele uma boa lição, você pode estar, na realidade, apenas incutindo nele sentimentos de culpa e de inferioridade (ou seja, danificando a autoestima dele).

Note que o fato de aceitar que a farinha esteja espalhada pelo chão não significa que você não deva transmitir ao seu filho a sua opinião sobre o que aconteceu. Num estado de aceitação, diria algo do gênero: "Estou

Educar com Mindfulness

vendo que você se divertiu muito. Sabe, a farinha serve para fazer pão e, se for espalhada pelo chão, não podemos usá-la para esse fim, e eu não gosto nada de jogar comida fora. E agora vamos ter de arrumar isto tudo".

- O adolescente

Uma outra possibilidade: a sua filha de 12 anos acaba de receber a nota da prova de matemática, que é baixa.

Num estado de resistência, você provavelmente julgará e terá vontade de impor um castigo. O resultado poderia ser este: "Filha, viu isso?! Eu disse para você estudar mais. É sempre a mesma coisa. De castigo, você vai ficar sem o celular durante as próximas duas semanas e vai ter aulas de reforço de matemática".

Uma vez mais, as emoções que essa reação suscitará na jovem não ajudarão a promover um saudável desenvolvimento da autoestima dela.

Comunicando-se por meio de um estado de aceitação, você poderia, por exemplo, dizer: "Nota baixa. Imagino que não era o resultado que você queria. Como posso ajudar você a se prepapar melhor na próxima vez? Talvez tenhamos de alterar alguns detalhes na sua rotina. O que acha?".

Aceitando, a jovem sente-se acolhida e amada, independentemente do resultado do teste, e terá mais força para assumir a responsabilidade pelos resultados futuros, sentindo o total e incondicional apoio por parte dos pais. Num capítulo à frente, você encontrará mais informação sobre esse tipo de comunicação.

Sempre que resistimos ao que é, estamos "perdendo". Porque o que é, é! Como referi acima, quando lutamos e resistimos, entramos obrigatoriamente em sofrimento. E, quando sofremos, ficamos contraídos e fechados, dispondo de menos recursos para resolver a situação. O estado de aceitação, por outro lado, traz relaxamento e abertura. Quando resistimos, ficamos cegos; quando aceitamos, conseguimos ver o todo. Quando resistimos, não conseguimos estar próximos; quando aceitamos, experienciamos uma grande proximidade.

A aceitação produz relaxamento, que facilita o movimento e a mudança. A resistência produz tensão, que os bloqueia.

Como posso praticar a Aceitação?

A resistência manifesta-se sempre em sofrimento (sentimentos de irritação, frustração, medo, raiva, estresse, tristeza etc.). Seja qual for a forma do sofrimento, convido-o a experimentar os exercícios que se seguem sempre que se sentir resistente.

1. Repare no seu corpo, nas emoções e nos pensamentos. Como bate o coração? Qual é a sua postura? Como está o seu rosto? Descreva as emoções que está sentindo. Quais eram os seus pensamentos antes de tomar consciência do estado de resistência? Lembre-se de praticar as atitudes de Mindfulness enquanto faz este exercício; sobretudo o não julgamento. Não há certo nem errado. Há apenas o que está acontecendo dentro de você.

2. Respire. Observe a respiração, enquanto o ar entra e sai. Veja o que acontece no seu corpo e com o seu corpo quando foca na respiração.

3. Repare novamente nos pensamentos que aparecem enquanto você se foca na respiração. Será que ainda há pensamentos resistentes? Observe-os "de fora", como se fossem um filme passando. Mantenha o foco na respiração.

4. Reconheça cada emoção do seu corpo e dê-lhe um nome. "Sinto-me zangada, triste, aborrecida etc.", e sinta a sua respiração ir até ao lugar onde sente a emoção. Aceite a emoção. Observe a forma como a tensão abranda com cada expiração.

5. Aceite a situação! Em voz alta, ou em pensamento, repita: "Isto é o que está acontecendo! E está tudo bem. Quando aceito, aprendo, mobilizo recursos que advêm do amor incondicional. Estou disponível para olhar para esta situação sob várias perspectivas".

6. Sorria.

Educar com Mindfulness

A verdade é que é impossível forçar a aceitação. A aceitação é algo que sentimos. Às vezes, é preciso aceitar que não se consegue aceitar, e isto por si só pode significar já o começo de uma experiência completamente diferente! Ou seja, quando sente que não consegue aceitar uma coisa, pratique a aceitação em relação a esse sentimento. E se está com dificuldade em aceitar este conceito de aceitação, aceite também esse fato!

PRESENÇA

> "O presente mais precioso que podemos oferecer aos outros é a nossa presença. Quando a nossa atenção plena abraça os que amamos, eles desabrocham como flores."
>
> Thich Nhat Hanh

Um dia estava na cozinha preparando o café da manhã dos meus filhos, meu café e a lancheira da minha filha, e verificando meus emails, quando, no meio de todas estas tarefas, meu filho do meio, de 5 anos, veio me contar uma coisa. Tentou falar algumas vezes, mas eu o interrompi seguidamente, até perceber o que eu estava fazendo. Em vez de parar um minuto para ouvir o que ia no seu coração, estava completamente absorvida pelas tarefas matinais: "Já acabou o café da manhã?", "Mas já escovou os dentes?", "Olha que está quase na hora de sairmos!"... De repente, parei, e percebi que o meu comportamento estava desprovido de amor. O meu amor incondicional não estava presente para ouvir o relato dele sobre uma certa estratégia ocorrida num jogo do seu time preferido. Repeti uma lição de vida que ainda, às vezes, preciso relembrar: "Nunca perca um bom momento para ficar calada!". Ajoelhei-me e ouvi cada passo da história. Acho até que poupei tempo e, mais importante, consegui mostrar-lhe o amor incondicional que tenho por ele.

Hoje em dia, há uma característica que está na moda e que é até muito valorizada sobretudo nas mães: é o chamado *multitasking*, ou seja, a capacidade de fazer várias coisas ao mesmo tempo. Embora possa parecer

Mikaela Övén

extremamente útil conseguir fazer várias coisas ao mesmo tempo, essa capacidade é o maior inimigo da presença consciente, o pior adversário da capacidade de estar no "agora".

Para avaliar a qualidade da sua presença, faça o teste que está na página 84, se ainda não o fez.

Essa presença é essencial para a qualidade do relacionamento que você mantém com o seu filho. Para conseguir cultivar essa presença, você provavelmente precisa de prática, como a maior parte de nós. Necessita praticar as suas intenções e os seus valores, de um modo conscientemente presente. E, se for como eu, talvez ainda precise de uns lembretes diários para estar presente em cada momento!

A sua presença está diretamente relacionada com o nível de conexão que tem com o seu filho. E o nível de conexão, tal como a autoestima, relaciona-se com o comportamento que o seu filho revela. Quanto "pior" for o comportamento, pior será a conexão. **Ou seja, você pode melhorar o comportamento do seu filho aumentando simplesmente a sua presença consciente, a sua presença no "agora".** E, neste processo, estará simultaneamente contribuindo para o desenvolvimento da sua autoestima saudável.

É perfeitamente possível aumentar este sentido de presença por meio da prática de Mindfulness, como está aprendendo com este livro. Para estar mais presente quando está com o seu filho, comece por exercitar a sua presença em qualquer momento do dia. Qualquer momento é bom para parar e respirar fundo. Qualquer momento é um bom momento para estar, e para ser quem é. Em qualquer altura pode libertar-se do que mais o distrai: os seus pensamentos.

Quando você pratica Mindfulness, olha para os pensamentos e para as emoções como se fossem barcos num rio. Barcos que são levados pela corrente, enquanto se limita a observá-los do exterior. Vê que são barcos, mas não os atraca nem salta para dentro deles. Limita-se a deixá-los passar sem reagir.

Quanto mais praticar a presença consciente em qualquer momento, mais presente conseguirá estar com os seus filhos, libertando-se das emoções e dos pensamentos. Vai perceber que o fato de ter um determinado pensamento ou emoção não significa que estes correspondam à verdade. Vai

Educar com Mindfulness

tomar consciência de que se trata apenas de algo que está experienciando nesse momento e, assim, criar uma maior capacidade de escolha sobre como agir a seguir. Quanto mais praticar, mais fácil será para você identificar a sua essência, reconhecendo nela uma paz e harmonia inabaláveis, que de nada dependem a não ser da sua permanência no momento presente.

E chega de teorizar sobre Mindfulness. Agora, vou concentrar-me em ensinar-lhe várias dicas para a sua prática. **Isto porque, para mim, o que fez a grande diferença no exercício da parentalidade foi começar a praticar o Mindfulness.** Quando integrei as atitudes que já lhe apresentei, a prática da meditação e os exercícios de Mindfulness, tudo mudou, e para muito melhor, no meu papel de mãe.

Há muitos especialistas na área da parentalidade que consideram os 15 minutos por dia dedicados por inteiro a cada filho como o apelidado "tempo especial". Para muitas pessoas, esse tempo parece ilusório, principalmente para quem tem vários filhos, um trabalho em tempo integral e uma casa para governar. Todavia, pela experiência que tenho, o que mais observo é que, muitas vezes, os pais têm dificuldade em estar 100% presentes, mesmo nesse pouco tempo que têm para estar com os filhos. Há sempre algo em que pensar, algo a planejar, algo a fazer. Há um celular tocando permanentemente, um pensamento recorrente... **O que me interessa aqui, sobretudo, é promover uma presença de qualidade.** Você nem imagina a importância deste tipo de presença no tempo que passa com o seu filho, a cada oportunidade de interação com ele.

Convido-o, por isso, a experimentar incluir algumas práticas simples nos seus dias. Para inseri-las na rotina diária, não precisa criar tempo extra na sua agenda.

Você deve começar por pequenas coisas que não tenham necessariamente a ver com o seu filho; pequenos ajustes de forma a estar mais preparado para seus encontros. Acredite que esta mudança, por meio de práticas simples, pode fazer toda a diferença na sua vida e em todas as suas relações. Se não conseguir arranjar motivação para as colocar em ação por você mesmo, veja se o consegue pelo seu filho. É simples, mas nem sempre fácil. Contudo, garanto-lhe: quanto mais praticar, mais fácil se tornará.

Mikaela Övén

Como praticar a Presença no dia a dia

1. Respire fundo. Preste atenção à respiração, sempre que se lembrar. Cérebros oxigenados funcionam muito melhor e a respiração focada e profunda promove o relaxamento (e não preciso lhe explicar as consequências disso, certo?).

   Escolha um som presente nos seus dias, o toque de uma mensagem escrita, de uma chamada telefônica, do despertador (até pode programar de propósito), dos sinos de uma igreja, da buzina do carro, ou outro som qualquer.

   Sempre que ouvir esse som, pare e respire (inspire e expire), profunda e lentamente, três vezes.

   Se tiver um *smartphone*, há vários aplicativos disponíveis (gratuitos) para criar esse efeito.

2. Uma boa ferramenta que traz sempre com você, tal como a respiração, é o seu corpo. Prestar atenção ao corpo ajuda-o a ficar mais ancorado ao "agora". Por isso, sugiro que, por vezes, quando ouvir o som que escolheu, pare, respire conscientemente e observe a posição do seu corpo. Repare na sensação dos pés contra o chão, e pense: "Estou aqui, agora, neste momento".

3. Tal como falamos no capítulo sobre Mindfulness, outra técnica para aumentar a presença no "agora" é a prática da meditação. Talvez você até já o faz e conhece bem os seus benefícios. Ou então pertence ao grupo de pessoas que acham que "não sabem meditar" ou que têm dificuldade em meditar. Já sabe que para meditar não é preciso estar sentado no chão com as pernas cruzadas, segundo a imagem mais tradicional. Podemos meditar andando, dançando, cantando. Podemos praticar meditação enquanto estamos fazendo qualquer coisa. Ou seja, a primeira boa notícia é que dispomos de muitos momentos nos quais podemos meditar! A segunda boa notícia é que meditar bem ou mal não existe. Só existe meditar, apesar de haver alturas mais desafiantes do que outras.

   Queria convidá-lo a escolher um momento do seu dia. Pode ser quando estiver escovando os dentes, tomando banho, dirigindo, cozinhando ou comendo. Quando fizer alguma coisa, dedique-se inteiramente ao

Educar com Mindfulness

que está fazendo! A respiração é a sua âncora. Observe o que faz tendo em mente as atitudes de Mindfulness (não julgamento, paciência, mente de principiante, não esforço, confiança, aceitação, deixar ir).

Explore brincando e seja curioso. Observe, descreva (sem rotular ou analisar). Tenha em atenção os julgamentos (positivos e negativos) que está fazendo. Esteja presente em cada movimento e em cada fase da tarefa. Sempre que lhe ocorrer um pensamento, lembre-se da metáfora dos barcos. Os pensamentos vão sempre aparecer, mas você pode reconhecê-los e deixá-los passar. Sempre que se sentir ligado a um pensamento, foque-se na respiração e na tarefa. O pensamento vem, fica um pouco, e vai, e você continua fazendo o que está fazendo.

Estar presente ajuda a gerir as emoções

Existe uma tarefa muito importante que você, enquanto mãe/pai, deve desempenhar em prol da educação do seu filho: ajudá-lo e ensiná-lo a gerir as suas emoções. Mas, para conseguir fazer isso, convém primeiro saber lidar com as próprias emoções. Para conseguir estar presente, não se pode deixar levar pelos pensamentos e pelas emoções. Acredite que o Mindfulness vai ajudá-lo. E muito.

No exercício da Parentalidade Consciente é essencial praticar a observação e a reflexão. É preciso criar pausas, momentos em que encontre espaço para sentir e observar o que está sentindo (com todas as atitudes de Mindfulness em mente).

Acha que há alguma emoção que seja sentida exatamente da mesma forma ao longo da vida? Não, certo? As emoções são todas passageiras. Não há emoções iguais nem emoções que fiquem para sempre (até o amor que sentimos pelas pessoas mais importantes na nossa vida vai mudando). Além disso, uma emoção por si só não é positiva nem negativa. O que a torna positiva ou negativa é o que pensamos acerca dela. E, normalmente, o problema são as emoções que acrescentamos à emoção inicial. Ou seja, o problema não é sentir-se triste, mas sim o que pensa sobre o fato de estar triste. E, mais ainda, a vergonha que sente por estar triste.

As emoções são passageiras, e também são mensageiras. O que acontece, na maior parte das vezes, é que não nos damos o tempo necessário para ouvir a mensagem. Passamos da emoção para a ação num instante. Ao praticarmos uma Parentalidade Consciente, procuramos criar um espaço entre a emoção e a ação. Às vezes, respirar fundo é suficiente. E lembre-se de que a sua respiração é uma das melhores ferramentas que você tem ao seu dispor em qualquer situação, e está sempre disponível, com você! Aliás, quando aconselhamos alguém que está estressado a "respirar fundo", não é por acaso... É engraçado como muitas vezes nos esquecemos dessa respiração profunda.

Como gerir as emoções em situações desafiantes

Vou agora lhe apresentar algumas práticas que podem ajudá-lo na gestão das emoções.

Prática 1:
ERA

A primeira prática é inspirada na citação do Victor Frankl, com que abri o capítulo sobre o Mindfulness:

"Existe um espaço entre o estímulo e a resposta. Nesse espaço, reside a capacidade de escolhermos a nossa resposta. E nessa resposta estão o nosso crescimento e a nossa liberdade".

É extremamente simples. Basta decorar esta sequência:

Emoção – Respiração – Ação

Praticando esta técnica, você cria um espaço entre a emoção e a ação, cria liberdade. Liberdade de escolha. Liberdade emocional. Cada vez que sentir uma emoção forte – que, se calhar, o faz querer discutir, gritar, pôr de castigo, bater –, pare, respire e veja o que acontece. Continua com vontade de agir da mesma forma? Tente novamente.

Educar com Mindfulness

Prática 2:
PAUSA

A segunda prática que quero convidá-lo a experimentar é um pouco mais avançada. A PAUSA foi inicialmente inspirada na técnica de Mindfulness RAIN (e desenvolvida pela psicóloga e instrutora de Mindfulness Tara Brach). A PAUSA cria um espaço que nos deixa sentir exatamente o que estamos sentindo, seja o que for. Bom, mau, bonito, feio, muito, pouco...

Necessitamos deste espaço para conseguir aprender o que temos a aprender e fazer as mudanças necessárias. Quando não nos sentimos bem ou seguros do que estamos sentindo, quando temos medo e vergonha do que sentimos, estamos num estado de resistência que provoca as nossas maiores (e piores) reações. Pausas com qualidade criam reações de qualidade que, por sua vez, promovem relações de sucesso e um ambiente excelente para o desenvolvimento de uma autoestima saudável.

A PAUSA ajuda-o a quebrar padrões de reações inconscientes. Ajuda-o a transformar a resistência em aceitação. Permite-lhe aceder a mais recursos interiores para conseguir produzir respostas melhores e mais saudáveis.

PAUSA

PARE e observe. Independentemente do que esteja sentindo (o prazer de olhar para o sorriso do seu filho ou a raiva que sente quando ele faz aquilo que você já lhe pediu mil vezes para não fazer), não reaja com a emoção (não fale/toque/grite... não exteriorize nada!). Repare só no que está acontecendo na sua mente e no seu corpo.

Que tipo de pensamentos lhe ocorrem? Como sente o corpo? Em que parte do seu corpo sente o que está sentindo? Observe sem julgamentos. Sinta o corpo a partir de dentro, da cabeça para os pés (pode praticar isto em momentos calmos para ser mais fácil fazê-lo nos momentos mais turbulentos).

A pergunta-chave é: o que está acontecendo dentro de mim neste momento?

Enquanto pratica, vai reparar que é mais fácil conectar-se com algumas sensações do que com outras. Pode reconhecer a irritação, mas não identificar tão facilmente as reações físicas no seu corpo, como a tensão na testa e em outros pontos. Talvez você perceba que sente estresse quando o seu filho não come, mas não percebe que o que está por detrás desse estresse é o medo de ser uma má mãe/um mau pai.

Seja curioso e direcione o foco para dentro.

ACEITE e reconheça. Lembre-se das atitudes de Mindfulness quando investiga. Não julgue o que descobre. Tenha paciência e observe com uma mente de principiante. Confie que está tudo certo e não faça nenhum esforço para "descobrir coisas". Deixe a consciência fluir no seu interior, para depois poder aceitar (e, no fim, deixar ir).

Olhe para – e receba – o que está sentindo como se se tratasse de um grande amigo que não vê há muito tempo.

Reconheça e aceite o que quer que esteja sentindo no seu interior, com atenção plena e compaixão. Analise a emoção que está experienciando e diga (em voz alta ou só na sua cabeça) algo do gênero: "Eu vejo e ouço você! É seguro sentir o que sinto. É seguro para os outros sentirem o que sentem. Estou cultivando um espaço seguro para sentir enquanto não estou agindo/reagindo pelo que sinto".

UNA-SE com a respiração. Enquanto está observando o que sente no corpo, o que pensa e o que sente emocionalmente, deixe tudo estar exatamente como está. Sinta profundamente o que está sentindo e una-se com a sua respiração. Explore a sensação de respirar. Repare como a respiração alimenta cada célula do corpo, observe o seu ritmo, avalie o espaço que vai da inspiração à expiração. Flua com a respiração no seu corpo. Deixe que a respiração toque na emoção que você está sentindo lá dentro e repare no espaço que há à volta e no espaço que há dentro do que está sentindo.

Como tudo é energia, a forma de sentir pode ser variada... como ondas, como um aperto, com intensidade, com prazer... Seja qual for a sensação, deixe-se estar como se fosse o oceano sentindo as ondas e as correntes que acontecem por si só. Se tiver vontade de gritar, bater, contrariar, chorar, sinta apenas, sem agir. A única coisa que deve

Educar com Mindfulness

fazer é respirar fundo. Deixe-se ficar sentindo o que está sentindo e observe como a respiração ajuda a criar menos tensão e mais espaço.

Fique nesse lugar e veja o que acontece. As ondas e as correntes não o levam a lado nenhum. Não o esmagam. Você é a onda e a corrente. É a corrente e o mar. É a consciência do que está sentindo, o espaço em torno da história e o espaço em torno da emoção. Deixe estar tudo como está e respire, só isso. Uma inspiração de cada vez. Um momento de cada vez. E observe como o sofrimento se desfaz nesse lugar que você está criando.

SAIA. Se está sentindo que precisa de mais espaço, que a situação está fora de controle, retire-se, saia. Tire um *time-out* para si!

No início, você pode sentir que é sufocante ficar no meio das emoções. Pode achar que a situação é desconfortável e ter vontade de parar. E não faz mal. Saia um pouco da emoção e veja se consegue voltar novamente, após ter mantido o foco apenas na respiração.

Você também pode sentir que o lugar onde está não é o ideal para fazer o exercício. Se necessitar de outro local para se sentir seguro, então o procure! Saia de onde está, sente-se, procure o ombro do seu companheiro ou de um amigo, pare o que está fazendo. É seguro deixar o seu filho sozinho onde ele está? Então saia, pode deixá-lo por uns instantes. Ou talvez possa deixá-lo com outra pessoa. Assegure-se de que está assumindo a responsabilidade pessoal. Sem essa responsabilidade pessoal não chegamos a lugar nenhum com a Parentalidade Consciente.

AVANCE quando se sentir preparado para avançar e depois de oferecer espaço suficiente ao que estava sentindo. Talvez tenha percebido a mensagem que a emoção lhe trouxe (por exemplo, o problema não é o meu filho não querer comer, o problema é que eu tenho medo de ser julgada como má mãe se ele não comer). Quando sente que tem respostas novas, ou quando sente que tem calma suficiente, avance e regresse à situação.

E, pronto, fez uma **PAUSA** de grande qualidade!

Quanto mais praticar, mais rápido será este processo. Talvez no início necessite de 10 minutos, mas, com a experiência, é provável que demore apenas 3 minutos, ou até menos!

Prática 3:
PACIÊNCIA

Uma das atitudes que você deve praticar para exercer uma Parentalidade Consciente e estar mais presente é a paciência. Para ajudá-lo a praticar a paciência, vou partilhar com você um exercício muito simples e valioso que pode fazer em diversos contextos.

Pode fazê-lo enquanto está numa fila, à espera de alguém, enquanto o seu filho quer fazer "só mais uma coisa", enquanto espera pelo serviço de apoio ao cliente ao telefone...

Durante o exercício, você deve permanecer em pé. Comece sentindo o corpo e o peso nos pés. Coloque lentamente todo o seu peso num dos pés seguindo o movimento com atenção. Se se sentir mais confortável, pode dobrar ligeiramente os joelhos. Fique com o peso todo no primeiro pé durante algum tempo e, a seguir, transfira o peso para o outro pé, seguindo o movimento com toda a atenção, até o peso ficar todo sobre o segundo pé.

Repita algumas vezes, prestando atenção ao corpo e à mente. É fácil ou difícil estar em contato com o seu corpo, a sua perna e o seu pé? Se for difícil, experimente colocar novamente o peso todo sobre um dos pés. Sinta o peso na perna. Fique algum tempo até sentir o contato. Fique mesmo com o peso na sua perna.

Durante e após o exercício, observe os efeitos que sente. O que acontece no corpo? O que acontece na mente? Existem diferenças? Se não sentir nada de especial, ou se não conseguir definir o que está acontecendo, não faz mal. É o que é para você, nesse momento.

Como referi antes, o que está aqui em causa não é a perfeição! É a vontade de fazer algo diferente. De praticar, situação a situação. A intenção de praticar uma Parentalidade Consciente começa por aumentar a consciência e a compaixão em relação a si mesmo.

Educar com Mindfulness

ELOGIOS E RECONHECIMENTO

Você se lembra de eu ter afirmado anteriormente que o valor que você mostra ao seu filho que ele tem, a cada momento, será o valor que ele atribuirá a si próprio? Uma das principais ferramentas que você tem à sua disposição para ajudá-lo a autovalorizar-se positivamente e a desenvolver uma autoestima saudável é o reconhecimento. E uma ferramenta que não o ajuda é o elogio.

Muitas vezes, entre pais e filhos, os elogios tornam-se uma forma de exprimir amor. Mas os elogios não são amor, são avaliações e julgamentos. Um elogio tem sempre um oposto. Um "portar-se bem" traz consigo um "portar-se mal". Um "bonito" traz um "feio". E, inconscientemente, estes opostos estão sempre presentes.

No nosso coração estão os nossos valores, as emoções e as necessidades. Estão também os nossos sonhos e desejos. Podemos chamar isso de nossa identidade. E temos o nosso corpo, que faz coisas. E ainda as nossas coisas, a roupa e os pertences materiais, por exemplo. Quando você avalia o comportamento, e o que o seu filho faz ("portou-se bem", "que desenho bonito", "que vestido lindo"), não se relacionando com o que o seu filho é, não o está vendo. Está olhando para as camadas do fazer e do ter, e não do ser. E, quanto mais repetirmos este tipo de comunicação, mais a criança vai se identificar com o que faz e com o que tem. Mais afastada ficará do seu centro, da sua verdadeira identidade. Se acreditar que é o que faz e o que tem, vai acreditar que, quando não faz bem, e quando não tem o que deve ter, algo está mal com ela. Talvez consiga reconhecer isso mesmo em si, não?

Não olhe para o que a criança faz ou tem, olhe para o que ela é!

A alternativa ao elogio chama-se reconhecimento. Quando reconhece o seu filho, ele sente-se visto por dentro. Quando reconhece, mostra interesse pela vida interior do seu filho. Quando elogia, comenta o que ele tem ou faz. O elogio (utilizado em excesso, como acontece muito na nossa sociedade) torna a criança dependente da validação externa para o seu bem-estar. O elogio fala do que temos, do aspecto físico, do que fazemos. O reconhecimento mostra de que forma adicionamos valor aos outros. Promove a conexão entre as pessoas envolvidas e permite um conhecimento mútuo mais profundo. O reconhecimento ajuda também a criança a refletir sobre o próprio comportamento. O elogio normalmente fica pelo elogio, e até pode ser um entrave à comunicação. O reconhecimento é amor incondicional e o elogio é amor condicional. E, como já percebemos, para desenvolvermos uma autoestima saudável, o ser interessa mais do que o ter e do que o fazer.

Quero que os meus filhos se sintam valorizados exatamente como são. Independentemente dos seus resultados escolares, das suas prestações desportivas, do tipo de desenhos que fazem, das emoções que sentem. Por isso, o meu maior foco é o que eles são e não o que fazem ou têm.

Deixe-me dar-lhe alguns exemplos:

❌ **Em vez de dizer:**

– Que lindo! Você se vestiu sozinho! Muito bem!

✅ **Pode experimentar:**

– Fico muito feliz por você ter se vestido sozinho. É uma grande ajuda para mim!

❌ **Em vez de dizer:**

– Você jogou futebol tão bem hoje! Foi o melhor!

✅ **Pode experimentar:**

– Gosto muito de ver você jogar futebol, parece que está se divertindo muito!

❌ **Em vez de dizer:**

– Você arrumou muito bem o seu quarto. Linda menina!

✅ **Pode experimentar:**

– Sinto-me muito mais relaxada quando a casa está arrumada. Obrigado por se responsabilizar pelo seu quarto! Como se sente agora com o quarto arrumado, depois do seu esforço?

Educar com Mindfulness

❌ Em vez de dizer:

– Que desenho tão bonito!

✅ Pode experimentar:

– Você desenhou uma grande árvore, com muitas maçãs. Você gosta de maçãs?

Usando estas novas formulações, mostro que estou vendo a criança (pelas observações que faço) e comunico o valor que ela adiciona à minha vida e a forma como me faz sentir. É uma comunicação pessoal e específica que ajuda o meu filho a conhecer-me melhor. Também estou demonstrando que tenho interesse em conhecer mais do que se passa no seu mundo interior.

Mas não devo elogiar nunca?

Acredito que queremos ouvir um elogio (que é uma avaliação) quando estamos sendo avaliados. Mas será que há mesmo necessidade de avaliar as prestações das crianças? A Matilde desenha porque adora desenhar. O Ricardo sobe em árvores porque adora mexer o corpo. A Mariana joga futebol porque acha o desporto muito divertido e adora a interação com os amigos. O Pedro faz trabalhos manuais porque adora inventar coisas novas.

Em 2011, quando escrevi sobre este assunto pela primeira vez, muitas pessoas perguntaram-me se eu nunca fazia elogios aos meus filhos. Naquela altura, já experienciava há alguns anos na minha vida aquilo sobre que escrevia, mas admito que foi um processo e uma mudança para mim e para os meus filhos. Nem sempre consegui ser muito autêntica ao me comunicar. Tinha de fazer algum esforço para evitar o elogio, até que um dia o meu filho do meio (que, naquela altura, era o mais novo), ao ouvir-me falar sobre um desenho que ele me quis mostrar, exclamou: "Ah, mamãe, você não pode só dizer que está bonito?!".

As crianças vão ficar tristes quando se dão mal e vão ficar felizes quando se dão bem, naturalmente. Se as habituamos a elogios constantes por tudo que fazem, tornam-se dependentes de elogios para se sentirem valorizadas: "Portei-me bem, mamãe?", "Você gosta do meu desenho, papai?", "Fui melhor que os outros hoje, não fui?!". Entram numa corrida constante à procura da validação exterior do seu valor, em vez de ouvirem a própria voz interior. Basta estarmos plenamente presentes nos momentos de felicidade e nos momentos de tristeza. Quando o meu filho se consegue balançar num tronco, digo: "Olha, você está se balançando sozinho. É uma sensação engraçada, não é?" e, quando ele cai, digo: "Opa, caiu. Você está bem?".

Como praticar o Reconhecimento no dia a dia?

Para utilizar o reconhecimento como uma ferramenta integrada no seu cotidiano e na relação com o seu filho, para promover uma saudável autoestima e para o ajudar a refletir sobre o seu comportamento, existem algumas coisas a ter em mente. Convido-o a ver esta lista de 7 itens. Durante a próxima semana, para treinar, concentre-se em praticar apenas um deles por dia.

1. Utilize linguagem pessoal. Inicie as frases com: "Eu vejo você", "Eu ouço você", "Reparo que...", seguidas de uma descrição, ou utilize incentivos como: "Conta-me mais sobre...", "O que você vai fazer com...". Se preferir, combine as duas formas: "Reparei que você estava separando os legos por cores e que fez torres de cores diferentes. Esta é azul e esta é vermelha. O que você vai fazer agora?" (Em vez de: "Que torres tão lindas!").

2. Observe e dê *feedback* do processo. "João, você demorou muito tempo fazendo a torre com os legos, estava muito concentrado e se esforçou muito para acabar" (Em vez de: "Muito bem! Conseguiu fazer a torre!").

Há quem defenda que se deve elogiar o esforço da criança. Mas, mesmo assim, é necessário ter cuidado quando queremos desenvolver a autoestima. Há uma diferença entre dar *feedback* sobre (reconhecer) o processo e elogiar o processo. Entre "Lindo menino, você se esforçou muito" e "Vi que você se esforçou

Educar com Mindfulness

muito. Parece-me que fez toda a diferença para você conseguir acabar a tempo". No primeiro exemplo, existe um julgamento, enquanto no segundo comunica-se uma observação.

3. Incentive a criança a falar. As crianças aprendem mais quando falam sobre as suas experiências, explorações e criações. Opte por: "Ah, o que é isso que você criou com os rolos?" (Em vez de: "Que lindo!") "Este desenho tem muitas cores; você quer me contar o que é?" (Em vez de: "Que bonito!").

4. Preste atenção aos detalhes. Quando olha para um desenho que o seu filho fez, ou para uma criação qualquer, repare nas coisas pequenas. As linhas, as formas, as cores e as texturas: "Aqui você utilizou muitas cores no mesmo lugar: azul, vermelho, verde, amarelo... mas aqui só usou uma cor, o azul. E aqui as cores são mais fortes do que daquele lado". (Em vez de: "Que bonito/lindo" etc., claro!) Por exemplo, se a sua filha ganhou a partida de tênis, em vez de apenas elogiar, descreva detalhadamente o que observou: "No início vi que você estava bastante nervosa. Mas depois ganhou aquelas primeiras duas bolas e parecia muito mais relaxada. Você optou por uma estratégia mais ofensiva e a outra menina pareceu surpresa com as suas escolhas".

5. Diga Obrigado! Quando a criança o ajuda, agradeça e explique por que está agradecendo. Deixe a criança saber que está contribuindo para satisfazer as suas necessidades: "Obrigada por você pôr a mesa. Assim consegui acabar o jantar mais rápido". (Em vez de: "Obrigada. Gosto quando você faz assim.)

6. Dê *feedback* "não verbal". Enquanto a criança desce o escorrega, sorria e acene. Quando estiver fazendo os trabalhos de casa, faça-lhe um carinho nas costas.

7. Comente os progressos. Quando a criança conseguir fazer sozinha algo que antes só conseguia fazer com a ajuda de outrem, dê-lhe algum *feedback*: "Ontem você precisou da minha ajuda para amarrar os cordões dos sapatos, mas hoje você já conseguiu amarrar sozinho".

Então, voltando à pergunta sobre se faço elogios aos meus filhos, a verdade é que faço. Isto se tiverem feito um esforço extraordinário relativamente a alguma coisa. Mas o mais provável nesses casos é exclamar: "Parabéns! Que bom que você está tão contente!". Em outras situações, procuro alternativas aos habituais elogios. De vez em quando, ainda me apetece dizer algo positivo em relação à forma como a minha filha se veste e se arruma, por exemplo. Nesses casos, o que procuro fazer, em vez de dizer apenas "Você está muito bonita", é optar por algo como: "Uau! A cor dessa camiseta realça mesmo os seus olhos. É engraçado como cores diferentes às vezes combinam tão bem. Acho que você devia usar essa cor mais vezes!".

A propósito, "repensar" os elogios pode ser um bom exercício também entre casais. Por exemplo, em vez de dizer: "Você cozinha tão bem!", podia experimentar: "Obrigado por cozinhar tão bem! Tenho muita sorte! É fantástico poder contar com um bom jantar ao final do dia". Fica a dica!

Se pensar bem, o que o faz sentir melhor: um elogio ou um reconhecimento autêntico?

CONFIANÇA

Outro ingrediente fundamental para o desenvolvimento de uma autoestima saudável é a criança sentir que os adultos mais próximos confiam nela. Ao confiar no seu filho, nas suas competências e capacidades, está oferecendo um fertilizante fantástico para sua autoestima. O seu papel principal no processo de desenvolvimento talvez não seja educar, mas confiar! Acreditar e confiar que o seu filho nasce, é competente e inteiro faz magia na relação de vocês. Quando manifestamos confiança, o outro tem mais vontade de mostrar que é realmente capaz.

Por outro lado, se comunicar desconfiança e preocupação em relação às competências e capacidades do seu filho, se insistir em intervir e dizer que ele necessita da sua ajuda, ou se revelar uma grande preocupação quando lida com desafios emocionais, está dificultando o desenvolvimento de uma autoestima saudável. E existe o risco de se estar criando uma dependência pouco saudável.

Educar com Mindfulness

Por exemplo, uma criança que pede sempre ajuda para tudo e mais alguma coisa provavelmente foi ajudada em demasia nos primeiros anos de vida. Um adolescente que "precisa" que os pais insistam muito para fazer coisas em casa provavelmente foi criado por pais que acreditavam que era preciso insistir assim para conseguir a colaboração dos filhos.

Se você se encontra numa situação de dependência deste gênero, a única coisa que pode fazer é deixar fluir e confiar que o seu filho tem as competências necessárias.

Permita à criança assumir responsabilidade

Para a criança aprender a ser responsável, é importante que tenha uma autoestima saudável. Muitas vezes, é necessário coragem para poder assumir responsabilidade, e a autoestima é a melhor base para poder ganhar essa coragem. Para poder desenvolver estas qualidades, é essencial confiar e deixá-la assumir responsabilidade pelas coisas em que pode, efetivamente, assumir responsabilidade. Além disso, as crianças têm vontade de dar o seu contributo na família. Querem colaborar porque querem fazer parte e sentir que têm valor para o todo, para a família, que são essenciais. Uma criança que não tenha a oportunidade de contribuir terá dificuldades em desenvolver uma autoestima saudável. Mais ainda, com o tempo, pode vir a desenvolver um ego grande, protestando quando lhe pedem coisas, e querendo ser servida.

Para praticar a confiança, delegue responsabilidade. E delegar a responsabilidade significa abrir mão dela com total confiança. Quando a entrega com confiança, não controla, não comenta, não julga nem avalia. Oferece espaço para a criança sentir a confiança necessária para assumir a responsabilidade.

Mikaela Övén

> **Uma criança (muito antes dos 12 anos) pode/deve assumir responsabilidade:**
>
> - pelo que come
> - pela sua roupa (o que vestir, pôr para lavar etc.)
> - pela sua higiene
> - pelo seu quarto
> - pelo corte de cabelo que quer usar
> - pela escolha dos amigos
> - pelos trabalhos de casa
> - pela preparação do lanche para a escola
> - pela preparação da mochila
> - pelos seus pertences
> - pelo seu dinheiro
> - pelas atividades extracurriculares (escolha e preparação de material)
> - por diversas tarefas que fazem parte do dia a dia da família (levantar e pôr a mesa, fazer listas de compras, limpeza etc.)

A confiança é uma dádiva

A confiança é um presente que você oferece ao seu filho. Ao mostrar-lhe que confia nele, está oferecedo a ele uma oportunidade para explorar e tomar consciência das suas capacidades e limitações. Sem juízos de valor, avaliações, dicas ou comentários. Ao adotar esta atitude, estará, consequentemente, permitindo um bom desenvolvimento da sua autoestima.

Confiar no seu filho é também uma dádiva a si mesmo. Permita-se relaxar, aceitar que cada coisa tem o seu tempo. Como certamente ainda se lembra, confiar é uma das 7 atitudes de Mindfulness.

Educar com Mindfulness

O oposto da confiança, neste contexto, é a preocupação. Todo tipo de preocupação que sinta funciona ao contrário. A preocupação transmite a mensagem "não confio em você" e funciona como um veneno para a autoestima (e também para a curiosidade e a vontade de aprender e explorar).

A preocupação é um veneno para quem é alvo dela e para quem a sente. Quando está preocupado, dificilmente está presente. Está, literalmente, *pré-ocupado*. É desafiante deixar ir os pensamentos e usufruir do aqui e agora. Dito de uma forma simples, a preocupação resulta em que tanto você como o seu filho se sintam mal.

Normalmente exprimimos a nossa preocupação de uma forma verbal, mas também podemos fazê-lo com o paraverbal (o tom de voz) e a linguagem corporal. Podemos dizer: "Sim, pode ser", mas o nosso tom de voz e a nossa linguagem corporal, por meio das rugas na testa, da tensão nos maxilares, da posição dos ombros, podem estar gritando: "Estou muito preocupado!".

Existem várias frases típicas que podemos estar usando na comunicação com os nossos filhos que transmitem preocupação e "não confiança". Frases como:

⇨ **Você vai cair!**

⇨ **Deixa a mamãe ajudar!**

⇨ **Não sei se você vai conseguir sozinho...**

⇨ **Você é muito pequenino para isso!**

⇨ **Você ainda não tem idade para isso.**

Quanto mais utilizar esse tipo de discurso, pior será para a autoestima do seu filho e a relação de vocês.

❌ Se ele desata a correr num chão irregular, em vez de exclamar:

– Você vai cair!

✅ Experimente:

– Você está correndo muito depressa! Me dê a mão, quero correr com você!

Mikaela Övén

❌ Quando o seu filho quer ajudar a pôr a mesa e pega todos os copos ao mesmo tempo, em vez de dizer:

– É melhor eu pegar os copos para não acontecer um acidente!

✅ Você pode experimentar:

– Quantos copos! Pegue um de cada vez.

❌ Quando o seu filho pequeno quer subir as escadas sozinho, em vez de dizer:

– Você é muito pequenino, isso é muito perigoso!

✅ Ou em vez de tirá-lo das escadas... experimente não dizer nada, mantendo-se atento, mesmo atrás dele enquanto sobe.

E confie!

Em que posso realmente confiar?

Existem **três áreas principais** nas quais pode, e deve, confiar:

1. O processo de desenvolvimento natural: a criança vai começar a andar, comer sólidos, deixar a fralda etc. Esta é a área em que é mais fácil confiar. Já leu isso aqui, no início, certo?

2. Nas competências inatas de sentir as mensagens do seu corpo: um bebê recém-nascido está muito ligado ao corpo. É por meio dele que experiencia o mundo e inicialmente não tem pensamentos conscientes que afetem, avaliem, julguem ou comentem essa experiência. A criança sabe quando tem frio ou calor, quando sente medo ou está contente, sabe quando está com fome ou está satisfeita. Desde o nascimento, assume responsabilidade pessoal e comunica todas essas sensações. Não vai deixar de chorar quando sente necessidade de estar ao colo por medo de ser

Educar com Mindfulness

julgada. Não vai deixar de chorar quando está com fome porque ainda não é hora do almoço. Não vai comer mais quando está satisfeita. Não precisamos ensinar nada à criança. No entanto, com o passar do tempo, a criança desenvolve os pensamentos e fica cada vez mais condicionada e, muitas vezes, desligada desta competência inata. Uma das coisas fabulosas que o Mindfulness nos permite é a reconexão com o nosso corpo. Os pais podem assegurar que a criança mantenha essa ligação viva.

3. Nas competências sociais: uma criança vai conseguir fazer amigos mesmo sendo introvertida. Vai aprender a dizer "obrigado", a cumprimentar e a despedir-se de acordo com as normas; vai deixar de levar os carrinhos para a mesa de jantar etc. E isso acontecerá de uma forma mais fluida e natural se a criança não se sentir julgada ou pressionada. A principal ferramenta que você tem à sua disposição neste processo é o exemplo: **você ensina aquilo que é!** Se diz "obrigado" ao motorista, ao empregado e aos seus amigos, o seu filho, com o tempo, também vai dizer "obrigado". Forçar a criança a cumprimentar, despedir-se, dar beijinhos, dizer "obrigado" ou "desculpa", acusá-la de ser "tímida" ou "mal-educada" não vai ajudá-la a ter melhores competências sociais. Vai ensiná-la a mentir, e até pode criar algumas dificuldades em certos contextos sociais.

Gostaria de salientar **dois aspectos** em relação aos quais muitos pais têm uma enorme dificuldade em confiar nos seus filhos:

O frio

Uma criança sente se tem frio ou calor. Só porque você sente frio não quer dizer que o seu filho sinta o mesmo. Aliás, é muito provável que não sinta, pois o metabolismo da criança é diferente do de um adulto. Só porque está frio não quer dizer que ele vá ficar doente. Enquanto nórdica, a minha perceção do frio costuma ser bem diferente da do português, e a minha preocupação com o frio em Portugal é muito limitada. Nos países nórdicos existe uma antiga tradição de fazer sauna. Principalmente no inverno. Mas a tradição também inclui um banho no mar ou num lago (às vezes, pode ser necessário fazer um buraco no gelo) ou rebolar na neve. Quinze minutos na sauna, e 5-10 minutos ao ar livre. Nus. A temperatura da sauna pode rondar os 80-90 °C. E lá fora estão graus negativos, talvez -10 °C ou ainda menos. Para mim isto é que são verdadeiras diferenças de temperatura e frio! Devo confessar que mantive a tradição, quando pequena, e nunca fiquei doente. É um bom exemplo a ter em mente, quando a preocupação apertar! Se o seu filho está com frio, vai assumir responsabilidade por isso, se você o deixar. Está de saída com o seu filho e parece-lhe que está frio lá fora. Em vez de insistir com ele para que vista o casaco, ou em vez de o obrigar a vestir o casaco, pode simplesmente dizer: "Está mesmo frio hoje. Vou vestir o casaco. Vou pôr o seu na minha bolsa e, assim, se você precisar dele, é só pedir".

O comer

É da sua responsabilidade como pai/mãe fornecer comida saudável. É da responsabilidade do seu filho comer. Simples. Mas nem sempre é fácil praticar. Forçar uma criança a comer, para além de não a ensinar a comer bem, vai ultrapassar todos os seus limites. Obrigar uma criança a comer tudo o que está no prato pode significar o primeiro passo para uma futura obesidade (há estudos que demonstram isso mesmo).

Só podemos obrigar uma criança a comer quando temos uma colher e um prato à frente. Um bebê que esteja sendo amamentado assume total responsabilidade pela ingestão do leite da mãe. É impossível forçar um bebê a mamar se ele não quiser. Já pensou nisto? Uma criança criada num país como Portugal provavelmente não vai morrer de fome e quase certeza nunca sentiu fome verdadeiramente. Se o seu filho não come, é porque não sente fome suficiente. Pode confiar. Todas as crianças são diferentes e quem tem mais do que um filho confirma isto muito facilmente. Algumas crianças comem pouco, outras comem muito e tudo. Algumas não comem coisas verdes, outras não querem coisas vermelhas. Algumas querem os alimentos todos separados, outras, misturados. Algumas comem sempre tudo, outras preferem hidratos de carbono numa refeição e proteínas em outra. Algumas não gostam de sopa, outras só querem sopa. E já que estamos falando de sopa... Uma criança consegue perfeitamente viver sem sopa e, na grande maioria dos outros países do mundo, as crianças não tomam sopa e não estão menos bem nutridas que as crianças portuguesas. Embora a sopa seja um excelente alimento, quando bem confecionada, não é essencial. Há muitas formas de ingerir legumes e verduras.

Confie no seu filho e ofereça opções saudáveis (é essa a sua responsabilidade), deixe as suas expectativas e intenções escondidas (muitas mães confessam sentir-se más mães quando a criança não come). Mantenha os momentos das refeições pacíficos, alegres e relaxados, sem tensão, resistência ou conflito. Se a criança não quiser comer, não insista. Não julgue o prato da criança. Deixe-a escolher dentro das opções que tem. Uma criança que só come bolachas só o faz porque há bolachas disponíveis!

Espere!

Há uma palavra que é a melhor forma de pôr em prática a confiança. A Magda Gerber (fundadora da Resources for Infant Educarers, RIE, e especialista em desenvolvimento infantil) costumava dizer que "Espere!" é uma palavra mágica. Ela também defende que a criança está pronta para fazer uma coisa quando realmente a faz. Uma forma diferente de ver as coisas numa sociedade em que muitos querem apressar o desenvolvimento e as aprendizagens das crianças. Temos de esperar pelo quê, então? Apresento aqui uma sequência de 10 situações diferentes em que podemos esperar (inspirada numa lista focada em bebés, da Janet Lansbury, uma educadora parental fantástica e seguidora da Magda Gerber).

1. Espere pelo desenvolvimento das capacidades motoras, da linguagem, da altura certa para tirar a fralda e de outras capacidades associadas ao período pré-escolar. As crianças que estão prontas fazem melhor e, como referi há pouco, pronta quer dizer que a criança começou a fazer determinada coisa.
2. Espere e observe o que a criança ou o jovem está fazendo antes de tirar conclusões. Lembre-se de observar tendo em mente as 7 atitudes. Não julgue, seja paciente, confie e lembre-se que está

vendo o que está vendo pela primeira vez. Não faça comparações e análises. Observe apenas.

3. Espere para entender antes de reagir em relação ao choro do seu bebê ou a uma birra do seu filho pequeno (ou do filho jovem). Pare e observe se está realmente percebendo a necessidade por detrás do comportamento. Saiba mais sobre as necessidades no próximo capítulo. Espere para ver se está efetivamente entendendo a verdadeira necessidade.

4. Espere antes de interromper e intervir e dê a oportunidade ao bebê, à criança ou ao jovem de fazer o que está fazendo até ao fim. Está explorando, desenvolvendo a capacidade de atenção, aprendendo. E refiro-me quer a situações como aquela em que o bebê explora um objeto com a boca, quer a outras que poderão ser perigosas. Só porque a criança pega a tesoura não significa que se vá cortar; só porque o bebê está olhando para as escadas não quer dizer que vá tentar subir. Espere (observe e entenda), seja vigilante, presente e interrompa apenas quando for mesmo necessário. Interromper muito cedo em situações supostamente perigosas comunica preocupação e não confiança. O mesmo se passa quando o seu filho é mais crescido. Espere antes de intervir. A sua presença consciente vai ajudá-lo a reconhecer o momento certo para interromper e intervir.

5. Espere pelas descobertas, deixe a criança descobrir como as coisas funcionam. Jean Piaget dizia: "Quando ensina algo a uma criança, tira-lhe para sempre a possibilidade de o descobrir por si própria". Não mostre ao seu filho pequeno como funciona o brinquedo. Deixe que o seu filho jovem tente perceber como funciona a máquina de lavar roupa, por exemplo. Quanto mais deixarmos a criança descobrir por si própria, mais independente ela se tornará e facilmente aprenderá mais coisas sobre si e sobre o mundo. O resultado será uma criança com mais autoestima e cada vez mais confiante nas diferentes situações que vivencia.

6. Espere que o seu filho esteja preparado. Só porque você gostava de balanço ou de montanha-russa numa certa idade não quer dizer que o seu filho também goste. Só porque gostava de ir à discoteca, e

Educar com Mindfulness

porque os amigos da sua filha o fazem, não quer dizer que ela esteja preparada para o fazer (nem que tenha a mesma vontade). Quando você espera, está dando espaço ao seu filho, e ele se sente aceito e não julgado. Além disso, passa a mensagem de que só devemos fazer aquilo que estamos preparados para fazer – o que pode ser extremamente útil no caso de um adolescente.

7. Espere pela resolução do problema. Observe o que a criança ou o jovem consegue fazer sozinho antes de interromper ou dar conselhos. Quando o bebê começa a tentar dar os primeiros passos e cai, manifestando desânimo, mantenha-se presente e exprima gentilmente o que está observando. Se ele ficar muito choroso, dê-lhe colo e ofereça uma pequena pausa, não o ajude. Quando o seu filho está com um problema de matemática, em vez de o ajudar imediatamente, faça perguntas, incentive-o a fazer novas tentativas. Se ele ficar frustrado, ofereça uma pausa. Se o adolescente exprimir que tem problemas com um professor na escola, fale com ele sobre como pode melhorar a situação, sem a resolver e sem o julgar (conheça mais à frente os obstáculos à comunicação). Deixar a criança resolver os próprios problemas cria resiliência e desenvolve tanto a autoestima como a autoconfiança em situações que se apresentam problemáticas.

8. Espere pela resolução de conflitos, dê oportunidade ao seu filho de solucionar os próprios conflitos com os amigos e/ou entre irmãos. Lembre-se também de que o que para nós, adultos, parece um conflito talvez não o seja. A melhor resolução de conflitos aprende-se experimentando (e observando adultos próximos). Claro que convém intervir se houver perigo iminente de uma criança se magoar, mas normalmente, em situações comuns, podemos, esperar um pouco mais.

9. Espere que as emoções sejam expressas por inteiro para que o seu filho também possa processá-las por inteiro. Não tente protegê-lo das emoções fortes. E também não o julgue. O exemplo clássico é o choro. "Não chore, querido, já passou" ou "Meninos grandes não choram. Não tem razão nenhuma para chorar".

O seu filho precisa saber que há espaço para todas as emoções, sejam elas quais forem. Algumas pessoas têm medo que as crianças sejam manipuladoras, utilizando, por exemplo, as birras como uma forma de conseguirem o que querem, e que se tiverem permissão para se exprimir abertamente não aprenderão a gerir as suas emoções. Acredito que a melhor forma de uma criança aprender a gerir as suas emoções de uma forma saudável (afastar e reprimir emoções não é saudável) é sentir-se segura e ouvida quando as exprime. Quando há espaço para as emoções, estas tornam-se menos carregadas, menos urgentes, menos dolorosas, menos dramáticas. A criança sente-se aceita e, tendencialmente, a vontade de procurar soluções diferentes aumenta. Para além disso, vai desenvolver a empatia e a vontade de assumir responsabilidade pelo seu comportamento. Uma criança a quem, por outro lado, é incutida a ideia de que algumas emoções não são válidas, que não as deve exprimir, sente-se julgada e inadequada. O que, por sua vez, pode produzir outro tipo de comportamentos desafiantes.

Aceitar emoções ajuda-nos a lidar com elas. Resistir a emoções fortalece-as. Esta espera ajuda a criança a aprender que as emoções vêm, ficam um pouco e vão. Integrar esse conhecimento é a chave principal para uma vida emocional saudável. Ter coragem de permitir todo tipo de emoções é essencial para que o seu filho saiba lidar com todas elas. E, consequentemente, é essencial para o saudável desenvolvimento da autoestima dele.

10. Espere pelas ideias do seu filho. O Jesper Juul costuma dizer que, quando o seu filho desabafa: "Não tenho nada para fazer!", responda: "Então estou curioso para ver o que você vai inventar!". Você também pode esperar pelas suas ideias sobre questões familiares, ouvir as soluções que apresenta para os problemas do lar, deixá-lo refletir sobre as consequências etc.

Esperar, relaxadamente e com confiança, vai muitas vezes contra a nossa intuição. Pode realmente ser desafiante e obrigar-nos a um esforço consciente para parar e esperar. Se não houver perigo de vida ou de ferimento grave, espere. Vai ver que vale a pena!

Educar com Mindfulness

Como posso praticar a Confiança no dia a dia

Hoje em dia, um dos motivos para haver tantas pessoas com depressão e esgotamento é o fato de não sabermos identificar precocemente os sinais que o nosso corpo nos dá. E, quando há sinais, não confiamos muito neles... e, a seguir, quando finalmente o corpo consegue ser ouvido, não confiamos que o mesmo corpo que nos soube avisar tem também a capacidade de nos ajudar! Você consegue perceber como esta confiança se perdeu pelo caminho?

Você confia que o seu corpo vai tratar da sua respiração? Do bater do coração? Do metabolismo?... Pode começar por aumentar essa confiança. Podemos treinar a nossa confiança no desconhecido. Aliás, já estamos confiando no desconhecido porque, na verdade, não sabemos muito bem como respirar, certo?...

Quando conseguimos confiar em nós, conseguimos estender essa confiança. Quanto mais confiar em você, mais conseguirá confiar no seu filho.

Vamos reencontrar essa confiança. Podemos desafiar-nos a sentir antes de fazer, em vez de pensar antes de fazer. Gostaria de convidá-lo a praticar isso mesmo, nem que seja apenas como um exercício.

Sente-se confortavelmente. Feche os olhos e foque-se na sua respiração. Não se mexa nem faça nada para respirar. Observe como o seu corpo trata da respiração sozinho e siga as indicações que ele lhe dá. Espere pela inspiração. Espere pela expiração.

Analise como se sente em relação ao chão que o está segurando. Confia nele?

Observe como se sente em relação às diferentes partes do seu corpo. Os olhos? Os ouvidos? O cérebro? As mãos? Confia que fazem o melhor que podem por/para você?

REFLEXÃO MINDFUL

Existem muitos cenários em que você pode ajudar o seu filho a desenvolver uma autoestima saudável. O mais importante é fazer coincidir o sentimento de amor incondicional que tem por ele com um comportamento que o demonstre tal como é. A sua capacidade de aceitar e estar presente será determinante. O reconhecimento e a confiança plena no seu filho farão o resto!

Reflita sobre as seguintes questões:

1. Como avalio a minha autoestima? Eu me estimo ou me julgo?
2. O que faço para compensar eventuais falhas na minha autoestima?
3. O que tenho feito até agora que não beneficia um saudável desenvolvimento da autoestima do meu filho?
4. O que tenho feito que beneficia um saudável desenvolvimento da autoestima do meu filho?
5. O meu comportamento demonstra mais amor incondicional ou condicional? O que faço que não demonstra amor?
6. Quão presente estou?
7. Aceito o meu filho como ele é?
8. Confio plenamente no meu filho? De que forma mostro ou não isso?
9. Reconheço o meu filho? Em que situações posso trocar o elogio pelo reconhecimento?
10. O que vou fazer a partir de agora para promover o desenvolvimento saudável da autoestima do meu filho?

5
Conhecer as necessidades do seu filho é fundamental

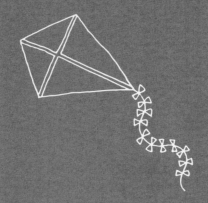

De que o meu filho realmente precisa?

"Quando outra pessoa o faz sofrer, é sinal que também ela sofre e o seu sofrimento transborda por completo. Essa pessoa não precisa de um castigo: precisa de ajuda. É essa a mensagem que está enviando."

Thich Nhat Hanh

Quando você define as suas intenções, tem em sua posse metade da informação necessária para gerir as situações desafiantes que tem com o seu filho. Qualquer mãe ou pai experiencia diariamente desafios. Não há dia em que não sejamos confrontados com algo novo. O primeiro segredo para não nos desesperarmos é praticar Mindfulness. O segundo passa por termos intenções bem definidas que nos possam guiar, e o terceiro, por conhecermos as verdadeiras necessidades dos nossos filhos.

O seu filho comunica as suas necessidades por meio do comportamento. O comportamento dele nunca é o verdadeiro problema. Aliás, você pode olhar para o comportamento como uma solução que ele encontra para exprimir e satisfazer as necessidades. Esta é uma expressão inconsciente da criança, ou seja, ela não está refletindo sobre o seu comportamento em busca de formas para manipular os adultos. O inconsciente da criança está programado para satisfazer as necessidades, e é isso que está acontecendo. Até se conseguir exprimir verbalmente, a criança dispõe apenas do comportamento como modo de expressão.

Mikaela Övén

Se pensar bem, mesmo um adulto com a capacidade verbal trabalhada continua recorrendo ao comportamento para satisfazer as necessidades. E nem sempre da melhor forma. Já se aborreceu alguma vez com o seu companheiro ou companheira e, em vez de lhe falar do coração, de uma forma consciente e respeitadora, começou a acusá-lo/a de não ter tirado a roupa da máquina, de não ter prestado atenção em você, de não a/o ter ajudado, ou por outro motivo qualquer que nada tenha a ver com o que realmente quer comunicar? Então, eu sei. Eu também!

DEVO SATISFAZER O DESEJO OU A NECESSIDADE?

Mas devo dar ao meu filho tudo o que ele quer? Talvez esteja se questionando. Não! De maneira nenhuma! Há uma grande diferença entre um desejo e uma necessidade.

Imagine que você esteja no trabalho e a hora do almoço aproxima-se. Está com muita fome e você quer comer chocolate. Ou seja, tem a necessidade de ingerir alimentos, mas há o desejo de comer chocolate. O que acontece se não comer um chocolate? E o que acontece se não comer nada? Se não comer o chocolate talvez fique insatisfeito, mas se não comer nada pode ficar irritado, cansado e fraco. Provavelmente, sentirá dificuldade em concentrar-se e a sua produtividade baixará.

Com o seu filho passa-se o mesmo: ele pode sentir desejo de tomar um sorvete na hora do lanche, mas isso nada tem a ver com a necessidade de comer. Nesse sentido, se oferecer um pão com queijo ao seu filho, estará satisfazendo-lhe a necessidade, mas não o desejo de tomar o sorvete.

Além disso, muitas vezes as crianças reagem não porque há um desejo insatisfeito, mas antes uma necessidade emocional a ser satisfeita. Exemplificarei melhor esta distinção com casos reais, à frente.

NÃO DEIXE O DETETIVE ADORMECER!

Todos nós estamos programados para satisfazer as necessidades dos nossos filhos. Sobretudo as mães que manifestam, regra geral, uma grande preocupação por decifrar o comportamento (nomeadamente o choro) do bebê.

Como vimos no início do livro, nos primeiros tempos de vida do seu filho, o mais certo é que você se encontre totalmente focado em perceber o que ele quer e necessita. Creio que todos nos lembramos daqueles momentos de desespero em que o bebê não para de chorar enquanto tentamos de tudo, em vão, para conseguirmos compreender a causa.

Em seguida, entramos em outra fase, em que o bebê começa a mexer em objetos nos quais não queremos que ele mexa, a atirar coisas para o chão, a brincar com a comida, a berrar em lugares públicos, a puxar cabelos etc. É neste momento que se enraíza em nós a crença de que é necessário educá-lo para o comportamento certo (ou talvez se enraízem os comentários dos avós e dos amigos sobre o que se deve ou não fazer!). E é aqui que, de repente, o detetive que há em você vai embora.

PISTAS DO TRABALHO DE LUPA DO DETETIVE

As primeiras perguntas a fazer quando há um comportamento "desviante" ou desafiante são as mesmas duas que fazíamos quando a criança era muito pequenina: será que está com sono? Será que está com fome?

Será que o seu filho está fazendo a maior birra de sempre porque está com déficit de sono ou porque se está aproximando a hora do lanche e ele praticamente não almoçou?

O SONO

É importante saber que existem vários estudos que demonstram que uma parte muito significativa do comportamento "indesejado" das crianças acontece devido à falta de sono. Sabia que uma simples hora a menos por noite pode pôr em perigo o crescimento e a capacidade de aprendizagem da criança e influencia igualmente em grande escala o bem-estar e o comportamento dela? Estar informado sobre as horas de sono que a criança tem, e as que deveria ter, é essencial.

Horas de sono

	Tempo total de sono (noite + sonecas)
Recém-nascido	16+
1 mês	15 – 16
3 meses	15
6 meses	14 – 15
9 meses	14 – 15
12 meses	13 ½ – 14
18 meses	13 ½ – 14
2 anos	13 – 13 ½
2 ½ anos	13 – 13 ½
3 anos	12 – 13
4 anos	11 ½ – 12 ½
5 anos	10 – 12
6 – 12 anos	10 – 12
12 – 18 anos	8 – 10

Para esta tabela, consultaram-se várias fontes, entre outras: Elizabeth Pantley, *"The No-Cry Sleep Solution"*, McGraw-Hill.

Estando consciente de que estas duas necessidades, a fome e o sono, estão asseguradas, pode passar ao patamar seguinte: as necessidades emocionais. (Se quiser saber mais sobre como podemos aplicar os princípios da Parentalidade Consciente em situações desafiantes provocadas por estas necessidades, consulte o último capítulo.) Há muitas formas de as identificar. Existem, aliás, várias teorias que podem nos ajudar a compreendê-las. Ao longo do meu trabalho com inúmeras famílias, tenho-me guiado por uma teoria que envolve quatro tipos de necessidades emocionais. Escolhi esta porque é muito simples, útil e eficaz. Tenho constatado que observar as crianças à luz destes filtros simplifica a vida de todos os pais. É uma generalização, mas permite aos pais libertarem-se do estresse e da ansiedade, ao mesmo tempo que aumenta o leque de opções de intervenção. Ao conhecer as principais necessidades emocionais do seu filho, você se sentirá mais capaz de lidar com os diferentes desafios que terá de enfrentar. É um conhecimento igualmente útil para todos os profissionais que lidam com crianças no seu dia a dia, como professores, educadores de infância, médicos ou enfermeiros.

COMO IDENTIFICAR AS NECESSIDADES EMOCIONAIS DO SEU FILHO

Ao entender as principais necessidades emocionais do seu filho, você se tornará mais capaz de ser o pai/a mãe de que ele precisa. Conseguirá fazer escolhas e opções muito conscientes no que diz respeito à forma como exerce a sua parentalidade, optando por estratégias alinhadas com as suas verdadeiras intenções, tendo sempre em mente um saudável desenvolvimento da autoestima da criança.

Para poder distinguir as principais necessidades emocionais do seu filho, você tem de o conhecer bem. Vou ajudá-lo pelo caminho descrevendo quatro tipos de energias diferentes das crianças. Todas elas têm todas as necessidades emocionais. No entanto, é possível conseguirmos identificar algumas como mais fortes ou evidentes. É particularmente importante satisfazê-las para o bem-estar da criança. Quando não estão satisfeitas, encontramos evidentes reflexos desta carência no comportamento dela. A criança terá no seu perfil as principais necessidades que correspondem à sua energia, mas isso não impede que apresente um comportamento resultante da falta de uma necessidade emocional típica de outra energia.

Para decorar mais facilmente as energias, utilizo uma cor para cada uma, seguindo a sugestão do Pedro Vieira[2], autor do modelo LASEr. Lembre-se de que estas crianças não são reais, são meras representações exageradas das necessidades, para que possamos estudá-las mais facilmente.

O MODELO LASER

A Criança com energia Vermelha

Uma criança com energia vermelha adora elogios. Pode ser competitiva e valorizar muito o fato de ser a melhor a fazer algo. Sabe o que quer, pode parecer egoísta em determinados contextos, gosta de estar no centro das atenções etc. Pode ser uma criança que nos pergunta se gostamos dela, do desenho que fez, da sua construção com os legos etc.

Nas brincadeiras ela é quem manda e, normalmente, fica triste se as coisas não ocorrem como ela quer. Quando se brinca de "casinha", a criança vermelha quer ser o pai ou a mãe, manifestando uma personalidade forte. Muitas vezes, as brincadeiras envolvem espetáculos para exibir aos adultos.

As principais necessidades da criança vermelha são a **Importância** e o **Reconhecimento**. Essa criança tem uma forte necessidade de se sentir especial, única, importante e desejada. A importância e o reconhecimento têm a ver com a valorização pessoal. Podemos preencher essas necessidades desenvolvendo a autoestima e a autoconfiança. Volte ao capítulo dedicado à autoestima para relembrar estes conceitos.

A Criança com energia Laranja

Uma criança laranja gosta de ir a locais desconhecidos e de conhecer pessoas novas. Normalmente não é tímida, fala bastante e conta muitas

---

[2] Pedro Vieira é *coach*, autor, formador e palestrante. Você pode saber mais sobre o seu trabalho em *www.pedrovieira.net*.

Educar com Mindfulness

histórias (encadeando uma atrás da outra). Esta criança dá-se bem em ambientes confusos, gosta de explorar e de inventar brincadeiras.

A criança laranja não gosta muito de brincar sozinha. Faz amigos com facilidade no parque infantil e envolve outras crianças nas suas brincadeiras. É a criança que sobe em lugares impossíveis e descobre tudo. Magoa-se muitas vezes, mas esquece-se facilmente do que aconteceu. É uma criança que tem dificuldade em ficar sentada fazendo a mesma coisa durante muito tempo e encaixa uma brincadeira atrás da outra. Ir a um parque de diversões é, provavelmente, o paraíso!

As principais necessidades da criança laranja são a **Experiência** e a **Novidade**. A diversidade, as experiências novas, divertidas, surpreendentes, às vezes, "perigosas" e/ou desafiantes são importantes para o bem-estar das crianças que gostam de ter estímulos diferentes daqueles a que estão habituadas. Nas crianças pequenas esta energia pode estar muito ativa.

Podemos satisfazer estas necessidades por meio das brincadeiras. Principalmente se forem ao ar livre, ativas e desafiantes. Estas necessidades estão relacionadas com o desconhecido, a mudança e os novos estímulos.

A Criança com energia Azul

Para a criança com energia azul é importante ter rotinas. E, se sair da rotina, é essencial informar a criança com antecedência. A criança azul vai perguntar quem é que vai buscá-la na escola e o que vai acontecer a seguir. Quer saber quanto tempo falta para algo e, normalmente, revela um comportamento desafiante em situações novas ou com pessoas desconhecidas. Pode parecer introvertida e pouco faladora, não gosta de ser o centro das atenções e adora ler muitas vezes o mesmo livro. Também pode passar muito tempo focada numa só tarefa e entreter-se bem sozinha. Gosta de aprender coisas novas e procura obter um conhecimento profundo sobre determinados assuntos.

Se a criança azul gostar de carrinhos, é natural que os queira organizar por cores, tipos e tamanhos. É provável que memorize as marcas e as características próprias de cada carro. Se gostar de cães, vai querer aprender muito sobre eles. Se tiver algum ídolo, vai tentar saber tudo sobre a personagem, em detalhes. Pode demorar mais a começar a brincar com outras crianças, e as brincadeiras (pelo menos inicialmente) serão mais calmas.

As necessidades principais da criança azul são a **Segurança** e o **Conhecimento**. Aliás, todos os seres humanos precisam de algum nível de segurança e conhecimento para que possam sentir bem-estar. Ter certezas e sentir segurança é um estado mental confortável. Estamos seguros de que, por exemplo, podemos evitar a dor e obter prazer. É a necessidade de ter uma certa ordem e algum controle sobre a vida.

Podemos satisfazer estas necessidades tendo muitas rotinas. É importante explicar o porquê das coisas, contar o que vai acontecer. Devemos também respeitar o tempo que a criança azul demora a adaptar-se a situações novas.

A Criança com energia Verde

A criança com energia verde valoriza muito a vivência familiar. Adora ter a família toda reunida. É física, gosta de abraços e de carinho. Quer que todo mundo se sinta bem, fica triste quando vê pessoas tristes e preocupa-se muito com o bem-estar dos outros.

É provável que a criança verde goste de brincar de "casinha". Gosta que as crianças brinquem todas juntas. Mas é igualmente provável que, desde cedo, estabeleça uma relação mais próxima com alguns amiguinhos, que valoriza muito. Sofre se, por algum motivo, a conexão com esses amigos é quebrada. Gosta da natureza e de brincar com animais.

As necessidades da criança verde são a **Conexão** e a **Pertença**. Precisa particularmente dar e receber amor. Há vários tipos de amor: incondicional, condicional, entre amigos, de paixão e de desejo. O que quero salientar aqui é o amor incondicional que nos ajuda a sentir conexão e pertença, e do qual muitos sentem falta. O desejo de nos comunicar, de nos relacionar e de receber amor das pessoas que nos rodeiam. A forte vontade de sentirmos proximidade e união. E assegurar essa proximidade e união é a forma como a criança verde satisfaz as suas necessidades emocionais. A presença plena dos cuidadores é fundamental para ela.

Educar com Mindfulness

Utilize esta tabela para conhecer melhor o seu filho. Aprenda estratégias proativas e saiba quais as perguntas que você pode fazer para o ajudar adequadamente.

Tabela LASEr

VERMELHA	LARANJA	AZUL	VERDE
DESCRIÇÃO			
Confiante, líder, persistente, forte.	Divertida, exploradora, simpática, bem-disposta.	Minuciosa, intelectual, analítica.	Emocional, meiga, pensadora.
NECESSIDADES PRINCIPAIS			
Reconhecimento & significância	Experiência & novidade	Segurança & controle	Conexão & pertença
RÓTULOS			
Exigente, rude	Hiperativa, intensa	Crítica, tímida	Demasiado sensível
ESTRATÉGIAS PROATIVAS			
Delegue responsabilidade e promova a independência. Reconheça-a muito.	Faça surpresas. Envolva-se nas brincadeiras (as mais loucas), divertam-se juntos. Assegure-se de que cria atividades ativas e divertidas.	Ofereça rotina e planejamento. Informe sempre sobre os acontecimentos da família. Ofereça estímulos intelectuais e mostre interesse por eles.	Tenha um momento diário de conexão. Mostre e diga que a ama. Envolva-a nas tarefas de casa.
PERGUNTAS QUE POSSO FAZER EM SITUAÇÕES DESAFIANTES			
Assumo responsabilidades que são do meu filho? Estou dando a ele independência suficiente? Tenho reconhecido as contribuições do meu filho?	Estou controlando demasiadamente o meu filho? Estou exageradamente preocupada com ele? Tem havido muita rotina? Quando foi a última vez que rimos muito?	Será que o meu filho precisa de mais tempo sozinho? Tem havido muitas novidades? Tem havido estímulo inteletual suficiente?	Temos passado pouco tempo em família? O meu filho sente-se visto e ouvido? Será que a vida ultimamente tem sido demasiado intensa? Quão presente tenho estado nos momentos com o meu filho?

A mudança de energia

Por vezes, as principais necessidades emocionais mudam com o tempo e com a fase de desenvolvimento da criança; em alguns períodos, por exemplo, pode parecer que as necessidades de experiência e novidade sejam mais importantes do que as de segurança e controle. Porém, normalmente, conseguimos ver o padrão das necessidades principais se observamos mais atentamente. Por exemplo, uma criança azul pode demonstrar um comportamento laranja se tiver as necessidades de segurança e controle asseguradas.

Quando o pai/a mãe tem outra energia

Muitas famílias são compostas de uma mescla de energias. Um pai vermelho, uma mãe azul e crianças verde e laranja podem ser uma realidade familiar. Muitos dos conflitos que surgem na família devem-se aos choques entre energias. Se nós, pais, soubermos qual é a nossa energia dominante e as nossas necessidades-base, e se soubermos o mesmo em relação aos nossos filhos, poderemos aumentar a nossa flexibilidade comportamental para com eles. Quando tem essa informação, como mãe ou pai, você pode agir proativamente sem impor a sua visão do mundo. Por exemplo, se eu for uma mãe vermelha e o meu filho for azul, podemos ter alguns conflitos em situações que envolvam pessoas novas. Eu quero que o meu filho cumprimente as pessoas de uma forma confiante, enquanto ele prefere esconder-se atrás das minhas pernas. Ou não consigo entender por que o meu filho fica tão nervoso antes de subir ao palco para participar no espetáculo da escola. Se eu for um pai verde e tiver um filho vermelho, talvez o julgue um pouco rude com as pessoas quando ele diz o que pensa. Se eu for uma mãe laranja e tiver um filho azul, é provável que o meu filho queira fazer brincadeiras calmas e tranquilas e a mim só agrade praticar *surf*. Isto são apenas alguns exemplos. Claro que há muitos mais. A ideia aqui é utilizar este conhecimento como um filtro para aperfeiçoar o seu trabalho de detetive.

Educar com Mindfulness

Casos reais de crianças LASEr

- **Joana**

Joana, de 1 ano, está mexendo na TV. O pai ralha com ela e até lhe dá uma palmadinha leve na mão: "Joaninha, não se mexe na TV! "Joaninha".

Além do fato de, nesta idade, Joana não conseguir processar o "não", o pai não está pensando na necessidade que Joana está satisfazendo ao mexer na TV. Uma necessidade que talvez nada tenha a ver com a TV em si!

Joana tinha o desejo de mexer na TV, mas as suas necessidades-base provavelmente seriam a experiência e a novidade. Por outro lado, a necessidade do pai estava, certamente, ligada à segurança (de manter a TV intacta).

Quando agimos pensando nas necessidades, podemos, por incrível que pareça, satisfazer as necessidades de todas as partes envolvidas na situação.

Neste exemplo, o pai podia ter deixado a menina explorar a TV sob supervisão para se certificar de que não a estragaria. O pai podia explicar o que é uma TV, que é frágil, que se liga aqui, que ali tem um botão etc. Esta estratégia poderia satisfazer perfeitamente a necessidade de Joana de explorar a TV e ela nunca mais voltaria a mexer nela. Claro que, se as necessidades de experiência e novidade que Joana tem forem muito fortes, é provável que ela queira explorar a TV mais algumas vezes.

Uma outra opção poderia ser desviar a atenção de Joana e dar-lhe outra coisa para explorar, uma vez que era tão importante para o pai que ela não mexesse na TV. Aliás, numa situação em que não existe a possibilidade de a criança mexer (porque o adulto tem medo de que o objeto se estrague ou porque existe algum perigo envolvido), é importante afirmar que não se devem manter à vista, ou em locais de fácil acesso para uma criança de até dois anos e meio, objetos que não possam ser explorados!

- **Tiago**

A mãe vem buscar Tiago, de 5 anos, da escola e vão os dois ao hipermercado. Tiago está reclamando e não quer ir às compras com a mãe. Começa a dizer que quer brinquedos novos e a mãe diz que não. Chora e grita enquanto a mãe ralha com ele dizendo-lhe que tem de ficar calado, que não se grita assim no hipermercado e que, se não se portar bem, o Papai Noel não lhe vai trazer brinquedos.

A mãe está muito preocupada com a forma como Tiago se comporta em público e o seu foco está totalmente direcionado para a correção do comportamento dele. Se olharmos antes pelo filtro das necessidades, o que podemos observar?

Sabendo que o mais certo é ter passado o dia todo sem a mãe, é muito provável que Tiago tenha uma grande necessidade de conexão (e até que acuse algum sono) quando exprime o desejo de receber alguns brinquedos. No entanto, o seu "mau comportamento" não tem origem no fato de não lhe darem o que quer. Olhando também para as necessidades da mãe, percebemos que, provavelmente, estão relacionadas com a segurança e com o controle – a mãe quer ter a certeza de que há comida na mesa mais tarde. Se a mãe, em vez de focar em corrigir o comportamento de Tiago, reconhecesse que ele está exprimindo as necessidades de conexão e de pertença, poderia envolver o filho no ato das compras. Poderia, por exemplo, incentivar Tiago a segurar a lista (talvez até ter pedido a sua ajuda para fazê-la no dia anterior, desenhando as coisas a comprar). A mãe poderia também valorizar a ajuda de Tiago e mostrar que ele é uma peça fundamental para poderem encontrar as coisas, empurrar o carrinho, pagar etc. Se a mãe sabe que Tiago é um menino cujas necessidades principais estão relacionadas com a conexão e a pertença, pode procurar dar-lhe um abraço, um beijo, um carinho, falar sobre o seu dia... tudo enquanto faz as compras que tem de fazer. Se a mãe não conseguir assegurar a satisfação das necessidades-base do Tiago nesta situação, deve questionar-se se é totalmente necessário fazer compras naquele momento ou se pode haver outra solução (comprar comida no *drive thru*, comprar apenas o essencial, fazer compras *online* etc.).

- Isak

Vou agora dar um exemplo em que, após alguma reflexão, se percebe que não foram as necessidades principais que causaram um comportamento desafiante. Esta situação aconteceu na minha família durante um fim de semana prolongado que decidimos passar fora de casa, numa visita a Óbidos.

Logo na primeira tarde do passeio, o meu filho mais novo começou a ter um comportamento muito desafiante que afetou o ambiente de toda a família. Fingia que não nos ouvia, aborrecia os irmãos, dizia que não queria dormir no hotel etc. Resumindo, estava ficando "impossível de aturar". Até eu e o pai finalmente decidirmos pensar sobre o que estava causando aquele comportamento. Após uma curta reflexão, percebemos que não tínhamos explicado bem a ele o que estávamos fazendo ali ou como seria o fim de semana. Como Isak tem as necessidades de novidade e experiência bastante acentuadas, não nos tínhamos lembrado de lhe assegurar as necessidades de segurança e conhecimento. Posto isto, sentamo-nos todos para falar sobre o fim de semana.

Definimos um plano em conjunto sobre o que se iria passar, onde iríamos comer e dormir, o período ideal do dia para irmos à piscina do hotel e para passearmos pela muralha de Óbidos etc. Passamos um fim de semana fantástico. Se tivéssemos focado apenas em corrigir o comportamento do Isak, como acha que teria corrido a viagem?

QUANDO DECIFRAR A NECESSIDADE É AINDA MAIS DESAFIANTE QUE O PRÓPRIO COMPORTAMENTO!

Para a maioria das pessoas é relativamente fácil avaliar as necessidades-base do seu filho apenas com a ajuda da descrição acima. Mas existem exceções em que os pais sentem que essa avaliação é desafiante. Não é obrigatório identificá-las; podemos sempre ter em mente os quatro grupos. Mas o trabalho de detetive torna-se mais simples e focado se o conseguir fazer. Se tiver dificuldade em chegar a uma conclusão, para treinar a capacidade de identificar as necessidades-base ou as necessidades por satisfazer numa certa situação do seu filho, consulte a tabela da página 145 e faça estas perguntas:

Mikaela Övén

- Quando o meu filho me apresenta os maiores desafios, o que **observo?** (observe com as atitudes de Mindfulness em mente)
- **Que necessidades estão em falta?**
- Quando é que o meu filho está realmente bem? (para poder perceber quais as necessidades preenchidas)
- Que tipo de brincadeiras ele prefere?
- Do que ele gosta mais?
- São brincadeiras calmas ou mais ativas?
- As conversas do meu filho são estruturadas ou ele fala de muitas coisas diferentes ao mesmo tempo?
- Ele destaca-se a si mesmo, ou também fala muito dos outros?
- De que formas o meu filho procura preencher as suas necessidades?
- De que formas tem preenchido ou não essas necessidades?

MAS ELE TEM DE SABER O CERTO E O ERRADO. NÃO PODE TER TUDO O QUE QUER!

Uma criança que se sente respeitada e que tem as suas principais necessidades emocionais preenchidas, para além de ter todas as condições necessárias para se "portar bem" e sentir-se feliz enquanto se "porta bem", tem facilidade em seguir regras e normas e em respeitar os outros. Não precisamos ensinar ativamente o "certo e o errado"; as crianças veem isso todos os dias pelo nosso exemplo. Se é errado bater, nós não batemos; se não se deve gritar, nós não gritamos; se não é para roubar, nós não roubamos; se não se dizem asneiras, nós não dizemos. Se é para dizer "olá" e "obrigado", fazemos o mesmo e as crianças nos imitam.

Deste modo, a criança adquire as condições propícias para desenvolver a empatia e a inteligência emocional e social. Não porque tenha tudo o que quer, mas porque tem tudo de que necessita – que é onde reside a principal

Educar com Mindfulness

diferença que muitos adultos não conseguem ver. Mas não se preocupe, você será capaz de ter esta percepção, sobretudo depois de ler o que vou escrever a seguir sobre a diferença entre desejos e necessidades.

SEJA UM DETETIVE DE REFERÊNCIA

Todas as crianças (e todos os adultos) precisam que as necessidades emocionais sejam de uma maneira ou de outra satisfeitas; a forma como isso é feito será relevante para definir a experiência e o perfil do seu filho. O modo como as necessidades da criança são preenchidas será determinante para a construção da sua autoestima, identidade e experiência de vida. Quando o seu filho crescer, vai, cada vez mais, procurar suprir essas necessidades sozinho. Há casos em que os adolescentes tentam satisfazê-las de formas menos saudáveis. Por exemplo, que necessidades poderá querer satisfazer um adolescente que começa a fumar? Poderá tratar-se de um problema de conexão. Talvez comece a fumar para poder conectar-se com outros adolescentes que fumam (e, de certa forma, também consigo mesmo, por meio da respiração e da forma como fuma). Uma forma mais saudável de lidar com a necessidade de conexão seria, por exemplo, praticar algum esporte coletivo, meditar ou fazer exercícios de respiração profunda.

Você só conseguirá ajudar o seu filho a satisfazer as suas necessidades de forma saudável se souber que necessidades são essas. E, para isso, tem, obrigatoriamente, de olhar para além do comportamento e manter essa observação atenta durante algum tempo.

Em vez de corrigir o comportamento, descubra a causa. Se identificar as necessidades-base do seu filho, conseguirá atuar de uma forma realmente proativa. Pode evitar certos ambientes, situações, comportamentos, e manter com ele uma relação que satisfaça melhor as necessidades de ambos!

Mikaela Övén

OS 6 PRESSUPOSTOS FUNDAMENTAIS PARA ENTENDER O COMPORTAMENTO

Quando nos desabituamos do trabalho de detetive, entender comportamentos pode ser verdadeiramente difícil. A boa notícia é que, como sempre, quanto mais praticarmos, mais fácil será!

Deixo-lhe aqui alguns pressupostos que devem estar presentes se você pretende entender o comportamento e procurar soluções para lidar com ele.

1. Todo comportamento existe para satisfazer necessidades.

   Acredito que tudo o que faço tem o propósito de satisfazer algum tipo de necessidade. O mesmo se aplica a você. E tudo o que o seu filho faz serve, igualmente, para satisfazer algum tipo de necessidade!

   Quando escrevo este livro, faço-o porque tenho a necessidade de contribuir para a construção de melhores relações entre pais e filhos e também porque sinto necessidade de ser ouvida e reconhecida.

   Se você está lendo este livro, provavelmente terá necessidade de saber lidar melhor com os conflitos que tem com o seu filho, de se sentir mais seguro no exercício da parentalidade ou de se conectar de uma forma mais próxima com ele.

   Quando o seu filho faz uma grande birra porque não quer vestir a roupa que você escolheu, talvez possa ter a necessidade de sentir mais controle sobre a própria vida.

   Em suma, a pergunta-chave a fazer é a seguinte: *qual é a necessidade que a criança está procurando preencher por meio do seu comportamento?*

Educar com Mindfulness

2. O mapa não é o território.

Quando você tem dificuldade em compreender as possíveis intenções e necessidades que o seu filho tem por preencher, a melhor coisa a fazer é tentar colocar-se no lugar dele. Quando utiliza o pressuposto de que o mapa não é o território, entende que não há uma verdade ou realidade absolutas. A nossa realidade é completamente subjetiva e, para encontrarmos soluções para eventuais conflitos, é essencial que você perceba que a realidade do seu filho é diferente da sua.

A pergunta a fazer é: *Qual é o mapa do meu filho?*

3. A intenção de um comportamento é sempre positiva.

Aceitar este ponto pode ser um grande desafio. Mas convido-o a fazer o exercício de o aplicar. É bom lembrar que "o mapa não é o território" e que a intenção é positiva, do ponto de vista do mapa da criança.

Quando uma criança bate em outra, aparentemente parece não haver nada de positivo neste gesto. No entanto, se utilizarmos os pressupostos aqui apresentados, vamos conseguir ver além do que está visível. Provavelmente, a criança que bate tem maior necessidade de conexão. Talvez tenha uma necessidade de ser vista e reconhecida ou de sentir mais segurança e controle. Não estou dizendo que a estratégia escolhida é a mais acertada (além disso, a estratégia de uma criança é quase sempre escolhida inconscientemente). Todavia, olhando para as coisas desta forma, temos a oportunidade de encontrar estratégias alternativas, e mais positivas, para satisfazer a mesma necessidade.

Ou seja, quando procura perceber a intenção do comportamento, nunca deve concluir que "ele quer aborrecer" ou "ele quer magoar"... Aliás, se perceber que chega a estas conclusões, pare e dedique mais tempo à reflexão. Pode questionar-se sobre o seguinte: *"Por que será que está com vontade de aborrecer? Qual é a intenção positiva deste comportamento?"*

Mikaela Övén

4. Existem sempre estratégias para satisfazer cada necessidade. Quando me limito a dizer à criança que está batendo que não pode bater, ou colocá-la de castigo porque bateu, o que ela vai perceber é que a sua necessidade não pode ser preenchida e que o que está sentindo não tem valor. O que, frequentemente, leva a mais conflitos, porque a criança mantém a necessidade. Imagine que a criança na situação acima, em vez das necessidades propostas, estivesse com fome, ou seja, com a necessidade de se nutrir, e a outra criança tinha um pão. A primeira criança bate na segunda porque quer o pão. Aí o seu foco deixaria de ser único, e passaria por repreender a criança porque bateu e por satisfazer a necessidade de nutrição.

   Consequentemente, terá de fazer a pergunta: *"De que estratégias disponho para satisfazer a necessidade em questão?"*.

5. Com flexibilidade posso satisfazer as minhas necessidades e as necessidades do meu filho. Sim, é mesmo possível, desde que não acredite que tudo tem de ser sempre feito à sua maneira, e quando quer. Imagine que estão chegando em casa após um longo dia de trabalho. Antes de dar início à logística do jantar, você gostaria de ficar sentado na sala conversando um pouco com o seu companheiro. As crianças estão cheias de energia e começam a pular e a gritar em plena sala. Um cenário prontinho para criar conflitos... Se olhar de imediato para as necessidades presentes, tanto as suas como as das crianças, consegue ver que você tem necessidade de calma enquanto elas têm necessidade de contato e diversão.

   Se está consciente disto, pode perguntar-se: *"Que soluções podem existir para satisfazer as necessidades de todas as pessoas envolvidas?"*.

   Talvez as crianças possam brincar em outro lugar da casa ou lá fora.

Educar com Mindfulness

> *Talvez você e o seu companheiro possam conversar em outro lugar.*
>
> *Talvez você e o seu companheiro possam dar um pequeno passeio.*
>
> *Talvez vocês possam todos dar um passeio.*
>
> *Talvez as crianças estejam dispostas a fazer uma brincadeira mais calma.*
>
> *Etc.*
>
> Se utilizar uma solução que não funciona, provavelmente significa que ainda existem necessidades por satisfazer. Em minha casa, por exemplo, são muitas as vezes que as crianças me seguem e ao meu companheiro para onde quer que decidamos ir conversar... o que provavelmente quer dizer que existem necessidades de conexão e pertença que não estamos satisfazendo. Então, temos de pensar em outra solução. Será que conseguimos manter a nossa conversa com uma brincadeira mais tranquila ao lado? Será que podemos todos ver televisão durante algum tempo? Ou entrar na brincadeira durante 15 minutos para depois podermos ter algum sossego? Será que podemos falar durante 15 minutos e depois participar da brincadeira?
>
> 6. Resistência é sinal de falta de conexão.
> Se a criança continua a resistir à sua mensagem ou a você, essa resistência impede a solução da situação. Se o seu filho continua resistindo, é sinal de que ainda não conseguiu gerar o nível de confiança suficiente para que a sua comunicação seja apreciada sem ruído. Se utilizar este pressuposto, faça a si mesmo a pergunta: "O que posso mudar na minha comunicação para gerar mais conexão?" ou "O que posso fazer de forma diferente?".

São estes os 6 pressupostos que o convido a explorar, para alimentar a curiosidade, a paciência e a presença. E vai correr tudo bem, com certeza!

Mikaela Övén

TODOS NÓS TEMOS NECESSIDADES

E, claro, convém também perceber quais as suas necessidades-base (como mãe/pai, companheiro, pessoa) e de que formas as está preenchendo.

Porque se tem necessidades em carência vai ser muitíssimo mais desafiante estar disponível para ajudar a satisfazer as necessidades do seu filho. É natural que nos primeiros meses de vida o foco principal esteja totalmente centrado nas necessidades do bebê. Mas, passado algum tempo, é essencial começar a pensar em preencher as suas necessidades. E a boa notícia é que é perfeitamente possível. A estratégia que mais resultados me tem proporcionado na satisfação das minhas necessidades-base é a prática de Mindfulness. Esta prática permite-me preenchê-las na totalidade, sem precisar depender de outras pessoas.

Eu tenho três filhos. Todos têm todas as necessidades (tal como eu!), mas os três têm combinações diferentes. A minha filha mais velha é vermelha e verde: precisa sobretudo de reconhecimento e conexão; o meu filho do meio é azul e verde: precisa mais de certeza e de conexão; e as necessidades-base do meu filho mais novo são a experiência e a conexão, sendo ele laranja e verde. Para exprimir a sua energia laranja em situações novas, precisa ter as necessidades azuis bem preenchidas; tal como se demonstrou no exemplo de Óbidos. Isso quer dizer que a forma como lido e me relaciono com cada um deles é um pouco diferente. No entanto, como expliquei anteriormente, mesmo tendo estas necessidades principais identificadas, às vezes podem reagir por carência de outras. A minha filha pode criar um drama porque está à procura de segurança; o meu filho do meio pode demonstrar frustração porque necessita de reconhecimento; o mais novo pode sentir-se inseguro numa situação em que sente necessidade de mais segurança e controle.

Eu, como mãe, tenho a tarefa, umas vezes mais fácil do que outras, de desvendar as necessidades-base em geral e também as necessidades específicas de cada situação.

Educar com Mindfulness

Como mãe ou pai (e como pessoa adulta próxima da criança), você pode fazer uma diferença enorme na vida dela, ao educá-la tendo sempre em mente as necessidades. Este trabalho de detetive é valioso, a curto e a longo prazo. Quanto mais as atender, maior será a conexão com o seu filho e mais ele colaborará positivamente com você, contribuindo ativamente para a relação de vocês, que sairá mais forte. Por conseguinte, a capacidade de entender e sentir empatia pelas necessidades dos outros se desenvolverá.

As necessidades saudavelmente preenchidas proporcionarão um saudável desenvolvimento da autoestima, tornando o seu filho mais seguro, confiante, independente e feliz.

Num dia à tarde eu estava em casa tentando trabalhar, enquanto a minha filha de 11 anos choramingava. Queixava-se que não tinha nada para fazer, que se sentia irrequieta, que isto e aquilo... Eu sentia-me cada vez mais irritada, não conseguindo manter o fio condutor do meu trabalho. Não parei um momento para perceber a real necessidade da minha filha, nem para procurar uma solução. Até o momento em que exclamei: "Você pode me deixar em paz por um momento, por favor? Estou tentando trabalhar!". Ao que a minha filha respondeu: "Mas, mamãe... você sabe muito bem que eu tenho uma grande necessidade de conexão... tenho saudade de você!".

À medida que o seu filho for crescendo, será mais fácil dialogar e encontrar formas alternativas de ele próprio lhe comunicar as suas necessidades (vamos aprender a fazer isso, daqui a pouco, com a ajuda da comunicação consciente). Se você tem um filho com mais de 6-7 anos, aconselho-o vivamente a partilhar com ele este conhecimento, pois lhe será muito útil para conhecer melhor a si mesmo e para compreender as suas necessidades e as dos outros.

Mikaela Övén

REFLEXÃO MINDFUL

Estar atento e satisfazer as necessidades do seu filho é fundamental. Isto não significa atender a cada desejo dele. Significa pegar na sua lupa de detetive, investigando bem a energia do seu filho e as necessidades principais dele. Não esquecendo nunca que a satisfação das próprias necessidades também não pode ser esquecida.

Reflita sobre as seguintes questões:

1. Que energia eu tenho? Quais são as minhas principais necessidades?
2. De que forma respeito e satisfaço as minhas necessidades?
3. De que forma desrespeito as minhas necessidades?
4. Qual é a energia do meu filho? Quais são as suas necessidades principais?
5. De que forma as respeito e satisfaço?
6. De que forma o meu filho procura preencher as suas necessidades?
7. De que forma as desrespeito?
8. O que acontece quando não estão preenchidas?
9. O que vou fazer agora para melhor satisfazer as minhas necessidades e as necessidades do meu filho?

6

Uma comunicação consciente fortalece o bom relacionamento familiar

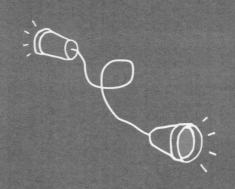

Comunicar a partir do interior

Uma grande parte da nossa comunicação é inconsciente. A principal diferença entre você e o seu filho é que você pode escolher que a sua comunicação passe a ser consciente, enquanto o seu filho (dependendo da idade que tem, claro) ainda não tem essa opção.

A comunicação é a chave para toda colaboração. É impossível não nos comunicarmos e, quanto mais conscientes estivermos do processo de comunicação, mais fácil será passarmos a mensagem e estarmos alinhados com a nossa intenção. Quando você está consciente da sua comunicação, está consciente do que comunica. Não me refiro apenas às palavras que utiliza, mas também à forma como o faz: o tipo de frases que usa, o tom de voz ou a linguagem corporal. Todos estes fatores são determinantes para a relação que você mantém com o seu filho!

Mais uma vez, por trás da forma como comunicamos estão os nossos valores e as nossas intenções. Sem que estes estejam bem definidos e servindo de base, você não pode saber como (e o que) quer comunicar. Pessoalmente, quando me comunico com os meus filhos, quero que o igual valor, a autenticidade, o respeito pela integridade e a responsabilidade estejam sempre presentes. Isso não quer dizer que o consiga sempre, mas é essa a minha intenção.

Para mim, **a comunicação consciente começa com o igual valor e o respeito mútuo. Respeito-me e respeito a criança. As nossas necessidades, emoções e opiniões têm igual valor. Por exemplo, a minha intenção não é impor o que acho certo, mas comunicar o que é certo para mim numa**

dada situação. A opinião da criança sobre o que eu comunico tem o mesmo valor que aquilo que eu comunico, e as emoções dela em relação ao assunto têm o mesmo valor que as minhas. Tenciono estar sempre aberta para ouvir o que a criança sente e pensa, e quero ter sempre isso em conta (se vou realmente fazer algo ou não já é outra história). Para se comunicar conscientemente não tem necessariamente de dar razão à criança, mas pode aceitar e respeitar que o que ela está dizendo e sentindo tem o mesmo valor intrínseco que aquilo que você diz e sente.

Quanto mais autoconhecimento você tiver, mais fácil será comunicar quem é e quais as suas necessidades, limites, emoções, opiniões... Será mais fácil porque, graças a esse autoconhecimento, você estará perfeitamente consciente desses elementos. Quando você se comunica a partir do seu interior, consegue ultrapassar os filtros que foram criados a partir do exterior (por meio da educação que os seus pais, a escola e a sociedade lhe deram). E, quanto mais a sua mensagem estiver ancorada no seu interior, mais clara fica.

Ou seja, a comunicação consciente vem de dentro, é ponderada e intencional.

CUIDADO COM OS DUPLOS SENTIDOS!

Muitas vezes passamos mensagens "duplas", incongruentes. Normalmente, estas situações acontecem quando as emoções e o intelecto não estão alinhados. Comunicamos uma coisa com as palavras e outra com a voz e a postura corporal. Quantas vezes queremos transmitir uma mensagem e acabamos exprimindo outra completamente diferente por palavras. Alguma vez você já cruzou os braços, com um ar cabisbaixo, e

Educar com Mindfulness

disse com um tom irritado: "Não, não, está tudo bem", quando, na realidade, não estava?

Há vários estudos que mostram a prevalência da comunicação não verbal sobre a verbal, no caso de mensagens incongruentes ou desalinhadas. Ou seja, quando o corpo diz uma coisa e as palavras dizem outra, vale mais – para o receptor – a mensagem do corpo. Esta informação é particularmente importante quando estamos nos comunicando com crianças.

Quando um adulto comunica mensagens duplas e incongruentes, as crianças ficam inseguras. As crianças inseguras tendem a reagir de várias maneiras. Por exemplo, quando o seu filho se recusa a ouvi-lo, pode estar questionando-se se você está sendo incongruente e comunicando mensagens duplas. Pergunte-se se você está mesmo alinhado com o que está dizendo. As mensagens duplas e incongruentes também ocorrem muitas vezes na sala de aula, quando o professor tem dificuldade de lidar com uma turma de alunos irrequietos. Talvez o professor tenha a intenção de mostrar autoridade com as palavras e com o tom de voz, mas emocional e sentimentalmente esteja sentindo cansaço, medo, estresse etc. Você ganha sempre quando alinha a sua comunicação. **Uma comunicação congruente é uma comunicação alinhada, autêntica e consciente.** A insegurança criada por uma comunicação incongruente resulta, normalmente, em resistência. Ou seja, quando você diz um não que é incongruente, a resistência será maior do que quando comunica um não congruente.

Quando o seu filho ouve uma mensagem e sente outra, cria um conflito interior. Fica inseguro em relação à sua capacidade de interpretação. Se a criança estiver exposta a muitas mensagens duplas, deixará de confiar nos seus sinais interiores e perderá contato consigo mesma. O seu filho, até ter cerca dos 10 anos, tende a confiar muito mais em você e em outros adultos do que nele próprio. **Para aprender a interpretar a comunicação dos outros e a confiar em você e nos seus sinais, é essencial que você, como adulto e pessoa mais próxima do seu filho, comunique com autenticidade e integridade. É essencial ter a coragem de ser honesto e vulnerável. É fundamental ser congruente.**

Mikaela Övén

A COERÊNCIA É UM MITO, A CONGRUÊNCIA, UMA META

Ouvimos muitas vezes o conselho: "Você tem de ser coerente!". Quando ouço isso, sorrio. É capaz de ser o conselho mais dado e menos seguido! Em geral, nós, pais, não somos exemplos de coerência (normalmente, os conselhos que nos são dados só se referem à coerência/consistência em relação à forma como nos relacionamos com as crianças). Na nossa vida, em diversas situações, somos muitas vezes incoerentes, mas existe a ideia de que temos de ser coerentes com as crianças, impondo limites, regras e nãos, mesmo que estejamos sendo incongruentes e pouco autênticos. Para mim, não se criam relações dessa maneira. Se experienciássemos, efetivamente, a coerência, nunca poderíamos nos divorciar, por exemplo. Quantas vezes você disse que ia começar a fazer exercício regularmente ou uma dieta e desistiu após algum tempo? Os exemplos da nossa incoerência no dia a dia são imensos. Daí a importância de trabalharmos a nossa congruência.

Sermos congruentes é termos o comportamento e a comunicação completamente alinhados com o nosso interior. Sinto o que digo, e faço o que sinto e digo. Ser coerente tem a ver com lógica e consistência: faço as coisas porque parecem lógicas (porque disse que ia fazê-las) e porque quero ser consistente. Faço o que digo (ou o que disse no passado), mas, possivelmente, estou agindo contra o que sinto. Se sou congruente, nem sempre faço a mesma coisa. Possivelmente, até faça algo ao contrário do que tinha dito antes... Talvez eu diga que tomo café todos os dias de manhã, mas, um dia de manhã, acordo indisposta e decido não tomar. No dia em que não tomo estou sendo inconsistente e incoerente.

Transportemos agora estes conceitos para o mundo da família. Por norma, jantamos na cozinha. Talvez até exista uma regra em casa que diz que se janta na cozinha. Se um dia não quiser jantar na cozinha e quiser deixar os meninos comerem em frente à televisão, estou sendo incoerente e quebrando uma regra. Se me guio pela congruência, vou deixar os meninos comerem na frente da televisão, sem qualquer problema.

Educar com Mindfulness

Imagine que ontem eu disse que hoje era indispensável as crianças estarem na cama às 21h. Mas às 20:55 liga uma tia minha que vive na Austrália, com quem já não falo há muito tempo. Provavelmente, vou deixar as crianças deitarem-se após o telefonema sem me preocupar com a coerência.

As crianças reparam logo quando se é incongruente. Quando você diz "não" apenas por achar que deve ser coerente e consistente. Se esse "não" for incerto ou se, na realidade, não for assim tão importante para você, está sendo incongruente. É muito provável que haja uma forte resistência a esse "não" incongruente.

Não pretendo ser coerente nem consistente. Pretendo, em primeiro lugar, ser congruente. Se eu e o meu marido habitualmente não fazemos amor às quintas-feiras porque ele chega muito tarde em casa, não vamos deixar de o fazer se estivermos com vontade só porque é quinta-feira. Imagine que ontem planejamos que hoje seria um bom dia para arrumarmos a garagem porque as crianças estariam todas fora de casa em atividades e seria uma boa oportunidade para pôr tudo em ordem. Entretanto, temos uma súbita vontade de fazer amor! É pouco provável que continuemos arrumando a garagem só porque ontem decidimos que era o que íamos fazer... Claro que é preciso bom senso. Se para amanhã estiver planejada uma festa para qual é necessária a garagem, talvez dê prioridade à arrumação (ou arranje uma forma de fazer as duas coisas!). É com o nosso exemplo que ensinamos esse bom senso às crianças. Não estou dizendo que você não deva ser coerente, mas também não o aconselho a ser. O meu intuito é convidá-lo a refletir sobre as vezes que sente que é realmente importante ser coerente (e aí também está sendo congruente) e quando está tentando ser coerente à custa do bem-estar da relação.

Posso ser congruente, coerente e consistente ao mesmo tempo, claro. Mas acredito que, quando não está sendo congruente, está danificando a relação.

Gostaria também de esclarecer que ser congruente não implica necessariamente fazer apenas o que quer fazer no momento. Por exemplo, para muitas crianças as rotinas são importantes, principalmente se tiver um filho "azul". Para ele, sair da rotina pode ser muito confuso. Ser congruente é ser consciente e ter em mente as suas intenções. Se você não quer tratar de uma parte da rotina da criança que valoriza muito essa rotina, como pai/mãe consciente a sua intenção de satisfazer as necessidades do seu filho é mais importante do que a vontade do momento, o que o torna congruente. Está consciente do fato de que preferia fazer outra coisa, mas assume total responsabilidade pela sua escolha (e não deposita essa responsabilidade na criança).

O MINDFULNESS ENRIQUECE EXPONENCIALMENTE A COMUNICAÇÃO

É, então, mais do que certo que são muitas as vezes que temos a intenção de comunicar uma coisa e acabamos por transmitir outra completamente diferente. Como vimos, acontece sobretudo quando há um desalinhamento interno. Mas também acontece quando carregamos emoções e pensamentos de uma situação para a outra. Já lhe aconteceu ter um dia ruim no trabalho e estar ansioso pelo final do dia para ver os seus filhos, mas, quando finalmente estão juntos, tudo parece correr mal? Uma das principais razões pelas quais isto acontece é a nossa incapacidade de deixar no trabalho o que aconteceu; as emoções e os pensamentos envolvidos, embora sendo do passado, são carregados para o momento atual. E assim você não consegue estar totalmente presente ao se comunicar com o seu filho. E essa presença é absolutamente essencial...

Há algumas coisas que você pode fazer para evitar situações deste gênero. Pode criar pequenos momentos meditativos durante o dia, quando passa de uma atividade para outra. Pode, simplesmente, parar e respirar, o que já vai fazer uma diferença muito grande!

Quando vou buscar os meus filhos na escola, vou de carro. Depois de estacionar não saio imediatamente do carro. Fico alguns minutos apenas respirando. Procuro criar espaço em mim para toda a energia que sei que vem aí e deixo o que aconteceu durante o dia onde deve estar, no passado. Assim posso estar 100% disponível e presente para os meus meninos (quase sempre).

Educar com Mindfulness

COMO PRATICAR UMA COMUNICAÇÃO CONSCIENTE E MINDFUL

ESTRATÉGIAS PARA CONSEGUIR SER OUVIDO

Eram quase 8 horas e ainda não tínhamos saído de casa. Para chegarmos a tempo na escola, temos de sair às 7:50. Além disso, eu tinha uma aula de ioga à que também queria chegar a tempo. Os meus filhos estavam cansados, lentos e eu não parava de disparar ordens: "Acabe de comer!", "Arrume as suas coisas!", "Apressem-se!". Todos resistiam às minhas ordens, sobretudo o filho mais novo. Fingia que não me ouvia, fazia tudo ainda mais lentamente, e eu estava prestes a explodir. Levantei a voz e ralhei com ele, algo que o fez baixar o olhar e os ombros, calçar os sapatos e ir para o carro. Estávamos mais de 10 minutos atrasados. Já no carro, passado algum tempo, o meu filho mais novo quebrou o silêncio e disse: "Mamãe, você ainda gosta de mim?". Senti os meus olhos marejados, percebi que tinha sido muito pouco razoável e pouco clara e específica na minha comunicação. Dei-lhe a mão e pedi-lhe desculpa.

Muitas vezes, quando falamos com os nossos filhos ou com outras crianças, somos pouco claros ao transmitir o que queremos e falamos na terceira pessoa. Exprimimo-nos com frases do gênero:

Mikaela Övén

É uma comunicação impessoal e muito menos eficaz do que quando falamos por meio do EU, das nossas necessidades e vontades. O psicólogo americano Thomas Gordon desenvolveu o conceito do "I-Message" (Mensagem-EU), em que o foco está em mim como adulto e no que eu quero, sinto, necessito e penso, e não na criança e no que ela está fazendo. O processo de Thomas Gordon também tem muitas semelhanças com a Comunicação Não Violenta desenvolvida por Marshall Rosenberg. Estes conceitos são a base do que chamo de Linguagem Pessoal.

Este tipo de comunicação vai resolver todos os seus problemas de comunicação com os seus filhos? Não! Mas comunicar-se por meio de uma linguagem pessoal tem várias vantagens. Entre elas:

- É uma forma de o adulto descrever a sua experiência sem culpar a criança (a culpa é uma das piores emoções que há, porque danifica a autoestima).
- Aumenta a probabilidade de a criança ouvir o que o adulto está dizendo, uma vez que se procura falar de uma forma simpática. E, consequentemente, aumenta a probabilidade de ela colaborar.
- Ajuda a criança a compreender que o seu comportamento tem consequências para outra pessoa (as emoções e as experiências do adulto). Ou seja, ajuda a desenvolver a empatia.
- Ensina à criança uma boa forma de comunicar as suas necessidades/os seus sentimentos/as suas emoções.
- Diferencia a pessoa do comportamento (muito importante para a autoestima).
- Transmite uma informação clara sobre o que o adulto quer e não quer.
- A criança fica conhecendo melhor o adulto.

Educar com Mindfulness

Praticar a Linguagem Pessoal

No exemplo que apresentei, se, em vez de me ter rendido ao estresse, tivesse utilizado uma linguagem pessoal, não só teria respeitado os meus filhos como também, provavelmente, teria saído mais cedo de casa. *Numa outra situação, em que dispunha de mais recursos, utilizei a linguagem pessoal e a conversa foi a seguinte: "Meninos, podem ouvir-me só por uns instantes, por favor? É importante para mim. Estamos 10 minutos atrasados e estou ficando muito estressada. Quero chegar a tempo à minha aula de ioga e isso só será possível se sairmos dentro de minutos. Escovem os dentes, peguem suas coisas e vão imediatamente para o carro, ok? Quem chega primeiro?".*

Em menos de 5 minutos já estávamos no carro.

Normalmente, a Linguagem Pessoal segue esta estrutura:

1. **Conecte-se.**

   Respire, "ouça" para dentro e assegure-se de que tem uma conexão mínima com a criança. Ela não precisa necessariamente olhar para você, mas tenha certeza de que o está ouvindo com resistência mínima.

2. **Descreva a situação (aquilo que é um problema para você).**

   Seja objetivo e descritivo, não julgue. Apresente fatos sem os avaliar.

3. **Descreva como a situação o faz sentir (a emoção).**

   Diga quais as emoções que associa à situação e explique como se sente ao constatar os fatos.

4. **Descreva por que sente o que sente (a necessidade/o desejo).**

   Procure explicar qual a necessidade ou o desejo por trás do seu problema, isto é, as razões que o levam a sentir o que está sentindo. Seja autêntico. Nunca é a situação em si que lhe provoca sofrimento. O verdadeiro problema é o que sente e pensa em relação à situação. O que sente e pensa está ligado à necessidade que tem por preencher.

Mikaela Övén

5. **Explique o que quer/não quer de uma forma específica e clara (ou faça uma pergunta ou um pedido e/ou estabeleça uma consequência).**

Se tem uma solução para o seu problema, apresente-a e faça o seu pedido (que deve ser razoável, utilizando o bom senso!). Se quer que seja a criança a apresentar uma solução, pergunte-lhe qual poderia ser. Se sente que algo não pode acontecer até esta situação estar resolvida, apresente uma consequência (que deve ser consciente e não pode ser uma ameaça ou um castigo!).

No meu exemplo, o que fiz foi, em primeiro lugar, estabelecer alguma conexão com as crianças ("Meninos, podem ouvir-me só por uns instantes, por favor? É importante para mim"). Depois, descrevi a situação ("Estamos 10 minutos atrasados") e como me sentia em relação a ela ("Estou ficando muito estressada"). Expliquei que estava ficando nervosa porque queria chegar a tempo à minha aula de ioga (a principal razão do meu estresse estava relacionada com a vontade que eu tinha de fazer a aula de ioga e não com o fato de os meninos poderem chegar atrasados à escola), para depois fazer um pedido específico sobre o que queria naquele momento ("Escovem os dentes, peguem suas coisas e vão imediatamente para o carro").

Podemos utilizar o modelo da Linguagem Pessoal em todo tipo de situações do nosso dia a dia. Aqui vão mais alguns exemplos.

Rita quer que o filho lave o prato e copo quando termina as refeições. O filho, uma vez mais, deixa tudo na mesa e vai para o quarto fazer os trabalhos de casa (TPC). Rita vai até ele e diz-lhe:

– Olá, filho, está tudo bem? (conexão)

– Olha, há um copo e um prato com restos de comida na mesa da sala (descrição da situação). Sinto-me frustrada quando vejo as coisas assim (emoção), porque gosto mesmo de ver a sala arrumada (necessidade/desejo).

– Gostaria que você arrumasse as suas coisas quando terminasse as refeições. Você pode, por favor, arrumar as coisas na cozinha quando acabar os trabalhos de casa? (Um pedido razoável; o que o filho provavelmente não acharia razoável seria, por exemplo, pedir-lhe que interrompesse os TPC.)

Educar com Mindfulness

Podemos começar a utilizar este modelo de comunicação desde muito cedo. Aliás, quanto mais cedo melhor. É uma excelente ferramenta para criar relações mais próximas. Se começar a utilizá-lo muito cedo, estará ensinando ao seu filho uma ferramenta excelente para ele se exprimir. Se nunca se comunicou desta forma, não se preocupe que nunca é tarde demais! Porém, prepare-se para algumas reações iniciais. Uma vez, uma mãe com quem trabalho contou-me que, ao tentar praticar a Linguagem Pessoal, o filho lhe disse: "Ah mamãe, não vai começar a falar assim outra vez, vai?".

É importante lembrar que numa relação não podemos ser pedagógicos nem utilizar métodos. Se utilizar esta sequência como se fosse um método, o seu filho não vai aceitar, porque não lhe vai parecer natural. Mais da metade do sucesso tem a ver com a autenticidade. **É essencial que sinta o que está dizendo, ou seja, não pode falar só a partir da mente, tem de falar com a mente e com o coração.** Quando não somos autênticos na forma como nos comunicamos, corremos o risco de passarmos mensagens incongruentes e acusatórias com uma boa dose de culpa para a criança. Se a criança se sentir acusada ou sentir incongruência, vai, consequentemente, criar resistência.

A COMUNICAÇÃO DEVE PARTIR DA NOSSA VONTADE E NÃO DAS EXPECTATIVAS DOS OUTROS

> Quero que a minha filha mais velha durma sozinha.

> Mas já não sei o que fazer. Tentei de tudo. Até prometi que lhe compraria um presente, mas nem isso deu resultado.

Mikaela Övén

Como a mãe revelava a necessidade de a filha dormir sozinha, em vez de falar em estratégias para o conseguir, incentivei-a a pensar numa forma de comunicar à filha isso mesmo. Falamos sobre a importância da linguagem pessoal, e a mãe pensou na seguinte abordagem:

– Filha, é um problema para mim ter de colocar você para dormir todos os dias. Você já tem 9 anos e é hora de começar a dormir sozinha. Todas as crianças da sua idade já o fazem e eu quero que você faça também a partir de agora.

A mãe não parecia muito convencida quando dizia a frase. Pedi para que a escrevesse e olhasse de novo para ela. Percebeu imediatamente que estava passando muita culpa à filha ("é hora de começar a dormir sozinha", "todas as outras crianças"). Faltava também a emoção por trás do problema. Mas a mãe não estava conseguindo chegar lá. Procurei ajudar. "Você fica frustrada?", "Fica irritada ou estressada?", "Você se sente zangada?"... Não, nada disso correspondia ao que a mãe sentia. Pedi-lhe que fechasse os olhos por um momento, que respirasse fundo e procurasse ouvir o que o coração lhe dizia sobre "o problema". Passado algum tempo, a mãe abriu os olhos e, com uma expressão de surpresa, disse: "Mas eu GOSTO de fazer a minha filha dormir! Sinto-me mesmo bem ao fazê-lo e é um bom momento.... Todo mundo me diz que ela já deveria ir dormir sozinha, mas, na realidade, para mim não é um problema".

Às vezes comunicamos coisas que não vêm do coração, mas sim das expectativas que achamos que os outros têm. Comunicamos aos nossos filhos coisas com as quais não estamos bem alinhados, e só o fazemos porque achamos que deveríamos fazê-lo. Você não deve utilizar a linguagem pessoal para comunicar algo em que, na realidade, não acredita ou que vai contra a sua intuição. Empregar a linguagem pessoal de uma forma incongruente também não funciona.

É importante perceber que **não há certo nem errado**. Pôr para dormir uma menina de 9 anos não é certo nem errado. **É o que é. E cada relação tem a sua solução.** Também não quer dizer que, daqui a algum tempo, esta mãe não mude de opinião em relação ao assunto. Mas só quando isso acontecer é que vai conseguir passar a mensagem de uma forma autêntica, e o resultado, certamente, será muito diferente.

Estratégias para resolver os problemas de comunicação

Nos momentos em que você sente que há problemas para resolver (por exemplo, em situações em que o seu filho experiencia conflitos com os amigos ou na escola, ou em situações desafiantes em que recorria imediatamente aos castigos), costumo recomendar o recurso àquilo a que chamo de comunicação consciente. Quando você a utiliza, comunica com consciência, presença e fazendo escolhas Mindful e alinhadas com a sua intenção.

Às vezes se diz que "temos de estar completamente presentes para o outro poder ouvir a si mesmo". **Quando você usa uma comunicação consciente, está com o seu filho de uma forma Mindful, com presença e consciência, e ele consegue ouvir-se, e mais facilmente conseguirá encontrar as próprias respostas, sem conselhos ou orientações.** Você vai ensinar a criança a assumir responsabilidade ao mesmo tempo que facilita um bom desenvolvimento da autoestima, confiando na capacidade que ela tem para resolver os próprios problemas. Esta é a meta da comunicação consciente.

Esta comunicação é especialmente útil quando o seu filho apresenta um problema, ou quer partilhar alguma coisa, ou quando você sente que é importante levantar uma certa questão. O modelo contém 6 passos (sendo que os 4 primeiros fazem parte de qualquer tipo de comunicação com a criança). **Utilize o que faz sentido para você e tenha sempre presente a sua intuição e a sua intenção.**

Mikaela Övén

OS 6 PASSOS PARA UMA COMUNICAÇÃO CONSCIENTE

Com estes 6 passos quero ajudá-lo a criar um bom diálogo com o seu filho. No entanto, se ficar muito preso ao modelo ou se não houver autenticidade da sua parte, esse diálogo, como já vimos, não irá estabelecer-se.

1. Conexão
Mais uma vez, a conexão que você tem com o seu filho num determinado momento é essencial para conseguir comunicar-se com ele. Se não houver uma conexão mínima, ele vai resistir às suas tentativas.

2. Escuta Atenta
Utilize as atitudes de Mindfulness. Esteja presente por inteiro, com a mente aberta. Liberte-se dos seus filtros, das crenças e das ideias preconcebidas. Ouça mesmo o que está ouvindo. Encontre-se com o seu filho exatamente onde ele está neste momento. Ouça com os olhos (observe a linguagem não verbal), com os ouvidos (as palavras e o tom de voz) e com o coração. Ouça também com a sua intuição e o intelecto. Escute sem julgar, com paciência e com uma mente de principiante. Lembre-se de que, mais do que a sua capacidade de ouvir e observar, de ler e compreender sinais, o importante é a sua presença, empatia e interesse genuíno pelo que diz o seu filho. Mantenha-se presente, atento e verdadeiramente curioso!

Para poder escutar de uma forma realmente atenta é importante perceber se está ouvindo com alguma intenção escondida. Está ouvindo para solucionar? Está ouvindo para mostrar que tem razão? Está ouvindo para, mais tarde, dar uma lição? Nesta fase, a única intenção que deve ter é escutar! Qualquer outra intenção é dispensável e interferirá na relação com o seu filho. Reflita bem sobre se tem alguma intenção escondida!

Lembre-se também de que nunca poderá conhecer na totalidade a realidade do seu filho. Pode apenas interpretar a mensagem dele a partir da sua realidade. Por isso, é útil procurar clarificar o que o seu filho está dizendo/contando com frases do gênero: "Se entendi bem... É isso? Parece-me que... Está certo? Você quer dizer que...?".

3. Ouvir emoções

Quando você consegue ouvir as emoções do seu filho, consegue conectar-se melhor com ele (e espelhar as suas emoções).

As emoções são isso mesmo: emoções. **As emoções apenas SÃO!** Não são boas nem más, nem positivas nem negativas. Pode ser mais desafiante lidar com algumas emoções do que com outras. Mas essa dificuldade não se deve à emoção em si, mas à forma como nos relacionamos com ela. As emoções são uma ferramenta extremamente útil que o nosso sistema tem para se comunicar conosco. E quanto mais conseguimos nos comunicar verbalmente o que estamos sentindo (sem julgamentos, sem inibições), mais permitimos que os outros nos conheçam, mais podemos conhecer a nós mesmos, mais conexão criamos (para dentro e para fora) e mais agradáveis serão os nossos encontros (conosco e com os outros).

Se você quer mesmo conectar-se e conhecer o seu filho, tem de ouvir os seus pensamentos e emoções numa atitude aberta de curiosidade. São eles que comunicam a experiência que o seu filho está tendo no momento!

Uma criança que saiba comunicar as suas emoções sente-se mais segura e consegue fortalecer a autoestima. Para a criança poder comunicá-las, tem de ter palavras para fazê-lo e sentir que é seguro comunicar, seja qual for a emoção.

Quando o meu filho do meio fez 4 anos, marcamos a primeira consulta no dentista. Durante a viagem de carro até lá, ele me fez muitas perguntas. Saímos do carro e começamos a dirigir-nos ao consultório. "Quanto falta?", perguntou o Erik. "É ali à frente", respondi. "Ah mamãe... Acho que ainda não me sinto preparado."

O que fiz? Poderia ter dito: "Você é um menino grande! Seja corajoso!", ou "Não seja medroso, vamos lá!", ou até: "Não tenha medo, querido. O dentista é muito simpático. Depois a mamãe te dá um presente!" Ou podia ter feito uma ameaça.

Em vez disso, perguntei-lhe se queria conversar um pouco antes de entrarmos. Ele disse que sim e falamos sobre o que significava para ele não se sentir preparado. Menos de 5 minutos depois, ele disse: "Agora estou preparado!", e entramos.

Se o Erik não soubesse descrever o que estava sentindo nem sentisse que seria seguro exprimir os seus sentimentos, o que acha que poderia ter acontecido? Muito provavelmente, uma valente birra à porta do dentista.

4. Reconhecer emoções

Ao reconhecer as emoções do seu filho, você está nomeando as emoções que acredita que ele está sentindo. Ajude-o a aumentar o vocabulário para que ele seja capaz de descrever as suas emoções. O seu filho vai compreender melhor o que se passa no seu interior e você o conhecerá melhor.

Você pode reconhecer as emoções fazendo perguntas ou afirmações:
"Você ficou triste porque o João não quis brincar com você?"
"Você parece triste."
"Você está frustrado com o trabalho de casa?"
"Você parece irritado."
"Você ficou contente quando conseguiu subir a torre?"
"Isso me parece muito assustador. Foi?"
"Você ficou surpreso com o resultado?"

É provável que o seu filho lhe dê algum *feedback*, esclarecendo-o. Se você notar que ele aceita tudo o que lhe diz, então tenha muito cuidado com a linguagem não verbal. Não faça demasiadas

Educar com Mindfulness

perguntas, pois podem obstruir o fluxo, e preste atenção nos obstáculos de comunicação descritos na página 181. Não tenha medo do silêncio, dê tempo à criança para se exprimir.

Se está numa situação em que é preciso agir ou encontrar alguma solução, avance para os dois últimos passos.

5. Procurar alternativas e soluções e avaliar as consequências

Quando é hora de procurar alternativas e soluções e de avaliar consequências, a sua principal tarefa não é solucionar, é orientar! É preciso fazer perguntas:

"Como você poderia fazer?"
"Você quer pensar em outra forma de fazer isso?"
"Já pensou em alguma solução?"

Se a criança tiver dificuldade, pode dar sugestões:
"Será que você poderia..."
"Você acha que poderia funcionar...?"
"Fazer x seria uma boa alternativa?"

Não imponha as suas sugestões. Se for preciso, deixe-o ponderar sobre o assunto durante algum tempo. Cada alternativa terá consequências. Analise-as com a criança:
"Fazendo isso, o que você acha que aconteceria?"
"Como seria então?"

Se quiser ajudar a criança a ganhar mais confiança e a desenvolver a autoestima, e se quiser promover a responsabilização, então é essencial deixar o seu filho ser o dono do problema!

6. Acompanhar

Passado algum tempo (dependendo de cada situação), é hora de fazer novas perguntas.
"Você já decidiu o que vai fazer?"

Ou, se o seu filho já tiver optado por alguma ação, pergunte-lhe o que aconteceu. Pode sempre falar com ele à luz das novas aprendizagens.

Mikaela Övén

OS 4 PASSOS PARA UMA COMUNICAÇÃO CONSCIENTE COM CRIANÇAS PEQUENAS (2-4 ANOS)

Embora seja possível utilizar a fórmula da comunicação consciente desde muito cedo, existe uma versão reduzida que podemos utilizar com crianças menores. Esta estratégia é muito útil naqueles momentos em que a criança fica muito frustrada por não conseguir fazer uma determinada coisa, como abotoar o casaco, abrir uma lata, construir uma torre com os legos etc. Quando o seu filho está desanimado e começa a fazer uma birra, ou quando está no meio de uma birra, torna-se difícil, ou mesmo impossível, assegurar que haja uma boa conexão antes de se comunicar com ele. Nestas situações é importante demonstrar empatia. Ajude a criança por meio dos seguintes passos:

1. Reconheça – mostre que sabe que a criança está frustrada, procure encontrar uma palavra para descrever a emoção que pensa que ela esteja sentindo e reconheça a situação que criou o estado emocional dela. Exemplo: "Vejo que você está desanimado. Não está conseguindo montar a torre dos legos como quer?", "Você se chateou com o seu irmão e jogou o carro no chão?". Ou, se estiver algo fora do controle, faça um mimo na criança, reafirmando: "Eu sei, eu sei...", calmamente.

2. Confirme – procure um confirmação da criança. "Você parece zangado. Está?", "O seu irmão não te deixa brincar com o carro e agora você está irritado, é isso?"

3. Faça uma pausa – não tenha medo do silêncio, dê à criança a oportunidade de falar antes de continuar. Não precisa proteger o

Educar com Mindfulness

> seu filho da emoção forte que ele está sentindo. Pode ser que ele esteja libertando tensão e estresse acumulados. Respire, confie e tenha paciência.
>
> 4. Apresente opções – ajude o seu filho a passar do plano emocional para o racional, focando na solução dos problemas. As três opções mais universais são: "Você precisa de uma pausa/quer fazer outra coisa?", "Quer tentar novamente?" ou "Precisa de ajuda?".

QUAIS SÃO AS MINHAS INTENÇÕES QUANDO ME COMUNICO?

Quando nos comunicamos com crianças (e, na realidade, com qualquer pessoa), como já vimos, é útil fazermos algumas perguntas sobre **a intenção da nossa comunicação**. Quero frisar uma vez mais a importância de não comunicar com intenções escondidas. Pergunte a si mesmo se quer influenciar a criança a tomar determinada decisão ou se quer que ela seja capaz de tomar as próprias decisões e assumir a responsabilidade (e as consequências) delas. Será que quer praticar o respeito mútuo ou será que é mais importante ter razão?

Utilizar a comunicação consciente é uma boa estratégia quando a sua intenção é orientar, dar apoio, promover aprendizagens úteis e incutir a responsabilidade pessoal. Além disso, ajuda a criar bons encontros e boa conexão. É também uma ótima ferramenta para quem, por exemplo, tem uma criança com baixa autoestima, uma vez que a ajuda a refletir em vários níveis, a conhecer-se melhor e a dar mais valor a si mesma.

Mikaela Övén

Pôr as emoções em palavras

Para a criança ter palavras que lhe permitam exprimir emoções, é necessário que você também as tenha para exprimir as suas. Reflita sobre quantas palavras você utiliza para descrever o que sente.

Faça uma lista das palavras que você costuma utilizar para descrever as suas emoções. Quantas palavras tem a lista? Se tem menos de 10, a tarefa é aumentar para 30. Faça uma lista para descrever emoções agradáveis e outra para emoções desagradáveis.

OS PRINCIPAIS OBSTÁCULOS À COMUNICAÇÃO

A minha filha estava descrevendo uma situação que ocorrera na escola durante o dia. Estava bastante perturbada, frustrada e irritada. Sentia-se injustiçada. Enquanto a ouvia falar, foram-me ocorrendo vários pensamentos com soluções para o problema que, visto de fora, me parecia ser de muito fácil resolução. Quando ela parou para respirar, eu lhe disse: "Filha, você quer saber o que eu faria nessa situação?". E ela exclamou, sem hesitar: "Não!". Sorri, abracei-a e continuei ouvindo o resto da história.

Eu e a minha filha fizemos um acordo há alguns anos. Eu só dou conselhos se ela pedir. Sinto-me muito bem com esse acordo, porque sei que dar conselhos que ninguém pediu é um obstáculo à comunicação. **Além dos conselhos, outros obstáculos são as ordens, o menosprezo, a interrogação, a distração, o sarcasmo, a ironia, a análise psicológica exagerada, a moralização, o "sabe tudo" e as explicações em demasia.** São obstruções à comunicação que não lhe permitem conhecer a vida interior do seu filho e que lhe fazem perder imensa informação útil em relação a ele. Quando a comunicação não flui, não podemos criar conexão e proximidade, logo não podemos criar boas relações.

Educar com Mindfulness

Em primeiro lugar, para poder haver sucesso na comunicação, como já se reforçou, tem de haver uma boa conexão. E, muitas vezes, nós, adultos, perdemos grandes oportunidades de **contato e conexão** com as crianças.

Os principais obstáculos a uma comunicação consciente

Exemplo	Intenção positiva do adulto	O que a criança ouve (inconscientemente)	Alternativa
obstáculo: ORDENAR/MANDAR			
"Você tem de fazer...", "Pare com isso imediatamente..."	Controlar a situação, criar soluções rápidas.	Você não tem o direito de decidir como resolver os próprios problemas.	Linguagem pessoal
obstáculo: ACONSELHAR			
"Acho que você deveria...", "Por que não faz...?"	Influenciar/ajudar a criança por meio de argumentos e/ou opiniões.	Você não consegue encontrar as próprias soluções.	"Hummm...", "Quer me contar mais sobre isso?"
obstáculo: MENOSPREZAR			
"Não é assim tão ruim!", "Isso já passa!", "Você ainda é muito pequenino para perceber."	Retirar a dor da criança, fazê-la sentir-se melhor.	Você não tem o direito de sentir o que está sentindo. O que você está sentindo não faz sentido. Você não consegue lidar com coisas desagradáveis.	"Você ficou mesmo triste!", "Vejo que você está perturbado."
obstáculo: DISTRAIR			
"Não vamos nos preocupar com isso agora. Vamos falar de outra coisa...", "Olha ali que engraçado..."	Proteger a criança do problema.	Não acredito que você consiga lidar com esta situação o tempo necessário para encontrar uma solução.	"Isso preocupa você?", "Você quer falar mais sobre isso agora?"
obstáculo: ANALISAR			
"Acho que você disse isso porque...", "Você está fazendo assim porque está inseguro..."	Analisar o comportamento da criança, explicar os seus motivos e oferecer aprendizagens.	Eu sei mais sobre você do que você mesmo.	"Você não se sente bem com o que aconteceu?"

(continua)

Mikaela Övén

(cont.)

Exemplo	Intenção positiva do adulto	O que a criança ouve (inconscientemente)	Alternativa
obstáculo: MORALIZAR			
"O mais certo seria...", "Isso não se faz..."	Mostrar à criança a maneira certa de lidar com o problema.	Você não sabe o certo e errado. Quando faz isso, não tem valor.	Linguagem pessoal
obstáculo: SABER TUDO			
"A solução é muito simples. Olha aqui!", "Você não entende que é assim que se faz?"	Mostrar à criança que a mãe/o pai são um recurso para a resolução de problemas.	Eu sei, você não sabe.	"Quer ajuda?", "Que tal pensarmos os dois numa solução?"
obstáculo: SARCASMOS/IRONIA			
"Agora seu mundo caiu, não é?", "Como você já tem 10 anos, acha que sabe tudo, certo?" "Coitadinho de você..."	Mostrar à criança que o comportamento é inadequado.	Você é ridículo. Assim não tem valor.	Linguagem pessoal

Quando a minha filha tinha 9 anos e estava treinando a tabuada, chegou um dia em casa muito triste. Tinha havido uma espécie de concurso na escola relacionado com a tabuada, chamado "Tabu". Explicou-me que cada criança só tinha uma hipótese de acertar e que ela dera a resposta errada.

O que seria mais normal comunicar nesta situação?

> Não faz mal, filha! Você acerta na próxima! Deixe pra lá!

ou

> Não acertou? Mas você já sabe a tabuada! Tem de estudar mais!

Educar com Mindfulness

Ambas as frases seriam certamente ditas com as melhores intenções, mas representam grandes obstáculos à comunicação, ao contato e à conexão com a criança, uma vez que nenhuma das opções dá abertura à continuação da conversa! Eu perderia a oportunidade de criar mais contato entre mim e a minha filha e de aprender mais sobre ela, e ela também perderia a oportunidade de aprender mais sobre si mesma.

Estes exemplos não ajudariam a criança a lidar com a emoção do fracasso porque não haveria um verdadeiro diálogo. Uma alternativa poderia ser:

> **Como é que você se sentiu quando isso aconteceu?**

ou

> **Parece-me que você não se sentiu bem nessa situação...**

NÃO EXISTEM CRIANÇAS RESISTENTES, APENAS ADULTOS INFLEXÍVEIS

A comunicação acontece num encontro entre duas ou mais pessoas. No fundo, quando você fala com o seu filho e não recebe nada em troca do outro lado, não está conseguindo se comunicar. São muitas as vezes que não obtemos o resultado pretendido com a nossa comunicação. Quando isso acontece, costumo lembrar-me de algo que aprendi com a Programação Neurolinguística: *não existem audiências resistentes, apenas comunicadores inflexíveis*.

Isso quer dizer que é essencial ter em mente que, quando o seu filho (a sua audiência) não ouve o que você está dizendo, ou quando você não obtém o resultado pretendido com a sua comunicação, tem de encontrar outra forma de comunicar e de aumentar a sua flexibilidade para conseguir chegar aonde quer chegar.

Mikaela Övén

Para criar um bom encontro/diálogo é preciso que o seu filho se sinta ouvido e reconhecido por meio da sua presença e empatia. Quando a emoção difícil é reconhecida, pode ser transformada e, assim, desfazer-se. A criança aprende a não se identificar com essa emoção e com a situação que a criou. Quanto mais deixar que o seu filho sinta o que está sentindo, e quanto mais presente estiver nesses momentos, mais inteiro e mais aceito o seu filho se sentirá. E, a propósito, é exatamente igual no seu caso: quanto mais se permitir sentir o que está sentindo, melhor se sentirá. A prática de Mindfulness vai ajudá-lo e muito.

AS CRIANÇAS PRECISAM MESMO DA IMPOSIÇÃO DE MAIS LIMITES?

Acredito que a frase mais usada quando se fala em parentalidade é: "As crianças precisam de limites!". E todo mundo concorda: "Precisamos impor mais limites às crianças", "Hoje em dia, as crianças não respeitam os limites". E por aí vai.

O que se discute poucas vezes são os limites que as crianças precisam. E como é que se "impõem limites"? Em primeiro lugar, na Parentalidade Consciente não impomos limites, comunicamo-los, procurando encontrar a forma mais clara, autêntica e respeitadora de o fazer. Mas quais os limites que comunicamos?

Habitualmente, fala-se em limites sem se especificar em que consistem. Na Parentalidade Consciente, podemos dizer que há dois tipos de limites: os gerais e os pessoais.

Limites gerais

Vamos começar pelo mais "fácil": os limites gerais. No fundo, os limites gerais são as normas e regras geralmente aceitas na(s) comunidade(s) onde nos movimentamos: na família, na escola, no clube desportivo etc.

Educar com Mindfulness

Como pais, é uma ótima ideia pensarmos um pouco sobre os limites gerais que queremos que sejam válidos também na nossa família. Dessa forma, conseguimos verificar se estamos realmente de acordo com eles e se os conseguimos defender caso seja necessário. Algumas pessoas podem dar o nome de regras a este tipo de limites. Prefiro evitar a palavra "regra" neste contexto. "Regra" é uma palavra com uma conotação um pouco negativa para as crianças que já estão num sistema educativo. Uma regra é abstrata e pode ter uma lógica que a criança não entenda. A quebra de uma regra normalmente implica algum tipo de castigo, e a experiência geral que as crianças têm com as regras é bastante negativa. Tenho reparado que evitar a utilização da palavra regra no contexto familiar facilita a criação de boas relações. Contudo, os limites continuam a existir e temos de saber quais são.

Há alguns anos havia um maior acordo sobre os limites gerais que reinavam (eram nomeadamente impostos pela Igreja). Hoje em dia não é assim tão simples. Não é suficiente dizermos "isso não se faz". **Basta as crianças ligarem a televisão, irem à casa de um amigo ou adquirirem conhecimento sobre outras culturas em viagens, por exemplo, para saberem que diversas coisas "se fazem" de muitas maneiras diferentes.** Em algumas casas não se toma sopa, em algumas culturas come-se com as mãos, em alguns países é falta de respeito tirar os sapatos na casa de outras pessoas, em outros é falta de respeito não os tirar etc.

Podemos utilizar a palavra "limites" para descrever as rotinas, as tradições, as tarefas e os deveres na família. Algumas famílias têm limites muito rígidos (por causa da logística familiar, da religião, de crenças pedagógicas, por insegurança dos pais etc.) e outras famílias escolhem ter limites mais indefinidos.

Muitas vezes se diz que a criança precisa de mais limites quando está sendo muito "desafiante" ou "difícil", ou quando se "porta mal". Talvez essa seja a resposta mais óbvia quando os pais sentem que perderam o controle. Mas, pelo que sei, não há grandes estudos que demonstrem que seja, de fato, a melhor solução. As crianças têm uma capacidade de adaptação enorme e, no fundo, querem sempre colaborar e satisfazer as pessoas que mais amam e as pessoas das quais são completamente dependentes. Uma criança "malcomportada" colabora quando nos diz que há algo que não está bem. Quando, como mãe ou pai, sinto que estou perdendo o controle, posso perguntar-me se será realmente necessário impor mais limites gerais e regras ou se posso seguir por uma via que possibilite mais contato e fomente uma boa relação, o que nos leva até aos limites pessoais.

Limites pessoais

Numa família existem muitos limites pessoais que correspondem aos limites individuais de cada membro que a compõe. A melhor forma de exprimirmos os nossos limites é por meio da linguagem pessoal. Quando recorremos a esta linguagem, para além da estrutura sugerida, para exprimirmos os nossos limites pessoais, podemos utilizar frases como "Eu quero/não quero", "Isto sou eu", "Isto é importante para mim" etc. Quando os comunica desta forma, está sendo claro, direto, autêntico e específico. O seu filho não tem dúvidas sobre quem é e o que quer ou não (o que cria segurança, mesmo que a criança não esteja gostando do que está sendo comunicado). Assim, podemos criar conexão e traçar o caminho para a verdadeira colaboração. **A linguagem pessoal é uma língua carinhosa, quer digamos sim ou não!**

AS CRIANÇAS NÃO TESTAM OS LIMITES, PROCURAM CONEXÃO

Diz-se muitas vezes que as crianças "testam os limites" e tentam manipular os pais. Eu acredito que as crianças procuram conectar-se com o adulto. Jesper Juul costuma dizer que, na verdade, o que estão fazendo é perguntar: "Mas quem é você, afinal?". Na vida de uma criança que continuamente "teste os limites", é provável que os adultos não se estejam exprimindo de uma forma autêntica, levando-a a sentir-se insegura. Ou seja, a criança necessita conhecer os limites específicos deste adulto. Uma criança que não conheça os limites dos pais poderá tornar-se insegura, excessivamente passiva ou hiperativa. E todas estas características são sinais de que a criança está sentindo-se sozinha. Está procurando conexão. Uma conexão que se cria quando há contato pessoal e autêntico, que não se pode criar com regras nem limites abstratos e impostos.

Educar com Mindfulness

Imagine que tem um companheiro/uma companheira que nunca lhe disse o que queria ou não queria, que nunca lhe falou sobre os seus sentimentos e emoções, que não se abre e que, às vezes, berra: "Não! Já chega!" quando está, de uma forma persistente, tentando perceber o que se passa no seu interior. Vivem juntos e há uma grande parte dele/a que desconhece. Como se sentiria? Contente? Valorizada/o? Você se sentiria próximo dessa pessoa? Sentiria que a relação de vocês teria futuro? Passado algum tempo, acha que ficaria com mais ou menos vontade de colaborar com ele/a?

MAIS CONGRUÊNCIA E MENOS RIGIDEZ

No entanto, não podemos limitar-nos a comunicar "Eu quero..." ou "Eu não quero...". Tem de haver um sentimento por trás, temos de ser nós a falar, e não a pedagogia. As crianças sentem imediatamente a diferença.

Quando falamos em limites pessoais, é importante termos em mente os nossos valores (principalmente o igual valor) e, quando os comunicamos, temos de ser autênticos. O que, mais uma vez, me leva ao assunto da consistência e da congruência.

Diz-se muitas vezes que as regras devem ser "as regras", que não as podemos quebrar e que não deve haver exceções, caso contrário, as crianças ficam confusas, acham que a regra não é a regra etc. Para termos uma boa relação com os nossos filhos, não podemos nos esconder atrás de uma regra ou de um limite rígido. É muitíssimo mais importante a criança saber quais são os meus limites agora, neste momento, de acordo com o meu estado emocional. Hoje estou muito cansada, não quero ouvir barulho em casa e não quero construções de castelos na sala. Em outro dia não há problema nenhum!

Quando você procura impor um limite para ser consistente, mas por dentro não está sendo congruente, o seu filho sente imediatamente esse desalinhamento. E, como deve imaginar, a probabilidade de a criança colaborar com você diminui muito. A sua incongruência cria resistência no seu filho. Essa resistência transmite: "Mas você tem mesmo certeza? Há algo aqui que não parece certo". Trabalhe a sua congruência para ter diálogos de qualidade em casa.

Mikaela Övén

DEVEMOS EXPLICAR TUDO, TIM-TIM POR TIM-TIM, À CRIANÇA?

Há uma vertente que defende que se deve explicar sempre tudo à criança. Mas há coisas que, além de poderem se tornar obstáculos à comunicação, não se consegue mesmo explicar. Contudo, se não o comunicar, não estou assumindo a minha responsabilidade pessoal. Posso, por exemplo, dizer: "Não quero isso agora e não sei por quê". Quando comunico, não procuro impor nada, não procuro justificar, não culpabilizo... Digo as coisas como elas são para mim, não invento (não minto) e assumo a minha responsabilidade. Pode ser desafiante para a criança, pode ficar frustrada, mas é mais fácil para ela aceitar e respeitar. **A criança não respeita os limites por causa dos limites em si ou porque os pais sabem argumentar bem. Respeita a pessoa que tem os limites!**

Quando você consegue comunicar os seus limites pessoais de uma forma direta, autêntica e respeitadora, está dando um exemplo ao seu filho, que lhe pode ser muito útil no futuro quando se deparar com possíveis situações em que tenha de tomar decisões que envolvam álcool, drogas, criminalidade etc.

COMO DIZER "NÃO"

O que me leva à questão do "não". As crianças não precisam ouvir "nãos", precisam ouvir "nãos" autênticos e congruentes! "Nãos" verdadeiros que vêm do coração dos pais têm poder. Ensinam coisas aos filhos. Esses "nãos" são, obrigatoriamente, um "sim" a quem os diz. Os "nãos" baseados em normas e regras impostas por outros, os "nãos" que você diz porque acha que é o que deveria dizer, os "nãos" que diz só porque certas pessoas estão presentes... Esses "nãos" não valem nada, só servem para enfraquecer a relação que você tem com o seu filho! Os "nãos" que você quer que o seu

Educar com Mindfulness

filho saiba dizer no futuro são os autênticos, não são esses. Quer utilizar os "nãos" que permitam manter uma relação forte. A verdadeira dificuldade dos pais hoje em dia não é tanto aprender a dizer "não", é aprender a dizer sim a si mesmos, tanto quando dizem "sim" como quando dizem "não"!

Há uma grande diferença entre dizer "não" a um desejo e dizer "não" a uma necessidade emocional da criança. Na maior parte das vezes, a criança exprime os seus desejos e não as suas verdadeiras necessidades. Normalmente, atrás do desejo está uma necessidade emocional. Cabe a você enquanto mãe/pai descobrir qual a necessidade que se esconde atrás do desejo.

Como já vimos, a criança pode ter o desejo de tomar um sorvete, mas sem a necessidade de se nutrir. No entanto, quando a criança expressa a vontade de tomar um sorvete, também pode haver uma necessidade emocional escondida. Passo a exemplificar.

O Rafael me procurou porque estava com alguns problemas com a filha, a Ritinha, de 4 anos. O Rafael e a mãe da Ritinha separaram-se há um ano. Foi uma separação relativamente tranquila, mas o Rafael passa pouco tempo com a filha. Como está muito tempo fora, a trabalho, só a vê dois fins de semana por mês. Têm sido momentos muito conflituosos entre os dois. O Rafael acha que a Rita está muito mimada e acusa a mãe de lhe fazer as vontades todas, de lhe dar tudo o que ela quer e de não lhe impor limites.

O Rafael partilhou uma situação recente para exemplificar.

"Estávamos passeando na praia e aproximava-se a hora de jantar. Passamos por um café que tinha o cartaz dos sorvetes na porta. A Rita adora sorvete e me pediu um. Não se calava. Eu tentei explicar calmamente que não podia, que estava quase na hora do jantar e os avós ficariam tristes se ela não comesse. Ela desatou a chorar. Acabei por segurá-la com força enquanto ela esperneava. Disse-lhe que se não se calasse não iríamos ao cinema no dia seguinte, como tínhamos combinado. Ela não quis saber. Manteve o comportamento e acabei lhe dando uma palmada. Ela parou e eu a coloquei no chão. Baixou a cabeça e os ombros... estava chorando de uma forma diferente... E foi aí que senti que precisava mesmo de ajuda."

Mikaela Övén

Continuamos a nossa conversa discutindo as intenções do Rafael como pai, algo sobre o qual ele nunca tinha pensado. Uma das coisas que referiu é que queria estar mesmo presente para a filha quando estava com ela. Depois, falamos sobre as coisas realmente importantes para a filha. Quem é a Rita e que necessidades tem? O Rafael concluiu rapidamente que a Rita tem uma forte necessidade de conexão e de pertença. A pergunta seguinte foi:

– Utilizando este conhecimento como um filtro, quando pensa na situação do sorvete, o que vê?

– Vejo que ela tinha o desejo de tomar um sorvete e que eu quebrei a conexão, algo que é extremamente importante para ela... Algo que é muitíssimo importante, agora que passamos tão pouco tempo juntos.

– Então o que você poderia ter feito?

– Podia ter dito que não na mesma hora, mas procurando manter a conexão...

– Isso mesmo...

A Rita pode perfeitamente viver sem o sorvete, mas, se não sentir conexão, a autoestima dela e a relação com o pai sofrerão danos. A criança não está consciente disso, mas é importante estarmos nós, pais, atentos. Suponho que neste preciso momento você esteja pensando: "Pois bem, mas como se faz?". Vou sugerir uma alternativa à situação do Rafael. Uma opção que diz "não" ao sorvete, mas que mantém (e aumenta) a conexão com a Rita.

– Pai, quero um sorvete!

– Você gosta muito de sorvete, não gosta?

– Siiim, adoro!

– Eu também, mas não tanto como você! Se você pudesse, tomaria sorvete todos os dias, não?!

– Sim, mas a mamãe não deixa!

– Certo. Temos de ter algum cuidado com o que comemos. Além disso, acho que é bom guardarmos coisas boas para ocasiões

Educar com Mindfulness

especiais. Como amanhã, por exemplo, quando formos ao cinema, em vez de pipocas poderíamos tomar um sorvete! Nunca tomei sorvete no cinema.
– Boa ideia, papai!

E se a Rita não aceitasse? Se o Rafael comunicar de uma forma presente e autêntica (sem a principal intenção de conseguir que a Rita aceite o "não" ao sorvete), duvido que seja muito problemático. Mesmo assim, ela pode protestar.

– Mas quero um sorvete agora, papai!
– Qual é o sabor de que você gosta mais, Rita?
– De chocolate!
– Ah, boa. Eu também gosto muito desse sabor, mas o meu preferido é o de baunilha. Agora não vamos tomar sorvete. É esse que você vai escolher amanhã?

E se a Rita continuar muito insistente? Reconheça cada emoção da criança.

– Mas eu queeeeero!
– Eu sei, filha, você quer muito um sorvete. E como não vou comprar um, você está ficando muito irritada.

Se quiser dizer "não", lembre-se das suas intenções. Claro que é ótimo quando os nossos filhos aceitam prontamente os nossos "nãos"! Mas, assim que aprenderem a aceitá-los, também temos de aceitar as suas reações aos nossos "nãos". São reações normais, a que têm direito. Não existe nenhuma fórmula que garanta que os seus filhos aceitem os "nãos" sem reação. Mas quanto melhor conseguir assegurar a necessidade por trás do desejo, quanto mais presente estiver e quanto mais praticar a aceitação em relação à reação do seu filho, mais fácil será e melhor correrá.

A propósito, tenho certeza de que consegue imaginar situações no futuro em que "não aceitar um não como resposta" pode ser uma grande qualidade.

Mikaela Övén

QUAIS SÃO OS MEUS PRÓPRIOS LIMITES?

Como mãe/pai, os seus limites são compostos do que você herdou da sua família e da infância. Tudo o que você foi aprendendo, lendo, vendo na televisão, ouvindo em conselhos etc. Muitas vezes, os verdadeiros limites estão escondidos naquilo que você julga que deveriam ser os seus limites.

Numa família, cada adulto tem de pensar bem sobre os seus limites. Quais são, verdadeiramente, os meus? Quais são os que me servem e os que são importantes para me sentir bem comigo e com as crianças (e com o meu companheiro)? Quais são os limites que, na realidade, não fazem sentido?

E se os limites que são mais importantes para mim não forem os mesmos que os do meu parceiro? Se não conseguirmos estar de acordo em relação aos limites gerais na família, então devemos sentar-nos e conversar, esclarecendo as crenças que existem em relação aos limites. Não quer dizer que tenhamos de chegar a uma conclusão, mas acredito que o diálogo é essencial para que os valores propostos possam ser postos em prática. Os limites pessoais são, muitas vezes, diferentes. E não há problema nenhum. As crianças lidam muito bem com isso e é uma aprendizagem muito útil saber que pessoas diferentes têm limites diferentes e que para respeitar o próximo tenho de saber respeitar os seus limites. Por exemplo, quando eu era pequena sabia muito bem que estando só a minha mãe em casa não havia problema nenhum em ouvir música muito alto. No entanto, quando o meu pai estava, tinha de baixar o volume porque sabia que ele ficava aborrecido. Sabia que o meu pai não se importava que montássemos o castelo na mesa da cozinha, mas que a minha mãe ficava muito estressada quando fazíamos essas brincadeiras fora do quarto.

Certamente, você vai experienciar situações com o seu filho em que não saberá de imediato quais são os limites. Assim sendo, pode parar e pensar sobre:

⇨ **Qual é a minha intenção?**

⇨ **Como chego lá sem ferir a integridade do meu filho e mantendo o respeito por ele?**

⇨ **A minha intenção, aquilo que eu quero, é adequada a uma criança desta idade?**

Educar com Mindfulness

Quando a criança entra na adolescência, a questão dos limites intensifica-se. A base é a mesma, mas precisamos envolver mais o jovem e estar preparados para mais argumentação.

A Maria tem 14 anos e foi convidada para uma festa de um amigo cujos pais vão estar fora.

– Mãe, no sábado o Tiago vai dar uma festa em casa. Posso ir?

– Não sei...

– Todos vão!!!

– Todos?

– Sim! A Ana, a Teresa, a Diana, o Nuno, o Diogo... Os pais deles deixam!

– Ah, ok. Sabe, eu não conheço o Tiago nem os pais dele, e não me sinto muito confortável com a ideia.

– Ah mãe!?!?!...

– Maria, pelo que percebi você quer muito ir à festa. E, neste momento, não me sinto confortável com a ideia. Você se importa que eu fale primeiro com os pais do Tiago?

– Ah mãe, por quê?! Não é nada de especial. Não é preciso!!!

– Pode não ser, Maria, mas sinto que para mim é importante trocar pelo menos algumas palavras com eles, e depois você e eu voltamos a falar, pode ser?

– Ok...

A Maria pode não ficar completamente satisfeita com a conversa, mas também não foi julgada, foi respeitada. A mãe exprimiu os seus sentimentos no momento e reconheceu os sentimentos da filha. Não é preciso haver uma resposta imediata. E só porque houve esta conversa não quer necessariamente dizer que a Maria vai poder ir à festa. Mas, durante o processo, todos os valores que tenho mencionado foram respeitados. Acredito que este é um procedimento muitíssimo melhor para ambos os lados do que muitos outros que, certamente, você consegue imaginar por meio deste exemplo.

E OS LIMITES PESSOAIS DO MEU FILHO?

Todas as crianças até uma certa idade sabem manifestar muito bem os "nãos"! Não destrua essa capacidade! O "não" do bebê é o choro. Mais tarde, quando a criança começa a falar, a linguagem é muito autêntica e específica: "Quero um sorvete", "Não quero comer a cenoura!", "Não quero!", "Quero!". Mas, com as nossas boas intenções no que diz respeito à educação, ajudamos as crianças a desaprender essa valiosa forma de comunicar, por meio da culpa e da vergonha. Julgamos e castigamos as crianças quando expressam as suas necessidades e os seus desejos. Nós as rotulamos como sendo do contra, mal-educadas etc., quando estão se exprimindo de uma forma autêntica. Imagine como tudo seria mais fácil se conseguíssemos dizer, sem rodeios, o que queremos e o que não queremos!

Já falamos muito sobre os limites dos adultos. Parece-me um bom momento para falarmos dos limites das crianças. Porque as crianças também os têm. Muitas vezes confundimos a expressão dos limites da criança com "birras". Uma criança que faça uma grande birra no meio de um centro comercial às 22h talvez esteja comunicando (inconscientemente) o seguinte: "Este é o meu limite. Estou muito cansada. Não me sinto bem no meio desta gente toda!".

Existem algumas áreas específicas nas quais nós, adultos, temos tendência para desrespeitar repetidamente os limites das crianças. Gostaria de salientar as mais óbvias.

> **• Primeiro contato com pessoas novas**
> Algumas crianças demoram mais tempo para começar a interagir com pessoas novas. Escondem-se atrás das pernas dos pais ou fogem... Você desrespeita os limites da criança quando a obriga a cumprimentar uma pessoa. A melhor (e única) forma que tem de ensinar "boas maneiras" ao seu filho é sendo um excelente exemplo.

Educar com Mindfulness

• Contato físico
Um limite que muitas vezes é desrespeitado pelos adultos. Algumas crianças gostam mais e têm mais facilidade em estabelecer contato físico do que outras. Algumas gostam de abraços a qualquer hora, outras só se for por iniciativa própria. Quando obrigamos uma criança a dar um abraço ou um beijinho quando ela não quer, estamos desrespeitando os seus limites (e, a propósito, uma dica importante: saber dizer "não" ao contato físico quando não o queremos é extremamente importante!).

• Barulho e ambientes confusos
Para algumas crianças, muito barulho e muito alvoroço faz-lhes confusão! Respeitar os limites da criança significa não a obrigar a permanecer neste tipo de ambientes contra a vontade dela.

• A roupa
Quando você obriga o seu filho a vestir uma roupa que ele não quer vestir, está desrespeitando os limites pessoais dele. Pergunte-se por que razão é tão importante que ele vista o que você quer.

A ideia aqui é que temos de estar atentos aos limites das crianças. Quanto mais a criança sentir que estamos respeitando os seus limites, mais vontade terá de colaborar conosco e de ajustar os seus limites. Uma criança que sente que os seus limites (e a sua integridade) estão constantemente sendo desrespeitados vai, provavelmente, encontrar formas mais desafiantes de os defender (birras, gritos, agressão etc.).

Os limites da criança estão intimamente ligados à sua personalidade e às suas principais necessidades emocionais. Por exemplo, a criança azul se sentirá mais desconfortável em situações que envolvam a presença de pessoas novas e a criança vermelha vai sentir-se muito desrespeitada se a obrigarmos a vestir roupa que ela não quer. Além da fome, do sono ou de outras necessidades por preencher, será que você está desrespeitando os limites dela?

COMO EVITAR QUE A CRIANÇA FIQUE CONFUSA?

O que confunde é a incongruência. E pode também ser confuso quando um adulto procura ser congruente com o seu interior, mas, ao mesmo tempo, não está se comunicando conscientemente com a criança. Quando há comunicação consciente e congruência, a probabilidade de haver confusão é mínima.

O que tenho experienciado no meu trabalho com a Parentalidade Consciente é que as crianças aprendem que existem limites gerais, normas, leis e regras da sociedade, e seguem-nos sem grande dificuldade quando se sentem respeitadas e envolvidas. As regras impostas não levam as crianças a pensar. Limitam-se a segui-las com medo das consequências de não as seguirem. As crianças que estão habituadas a respeitar os limites pessoais das pessoas à sua volta desde pequenas (e quando os adultos com quem se relacionam respeitam também os delas) tendem a ser muito empáticas e a perceber melhor os sinais e as emoções dos outros. E, ao mesmo tempo, não sentem mais dificuldade em seguir regras do que as outras crianças (podem é ter uma tendência maior de as questionar se não fizerem sentido para elas). Lembre-se de que as crianças aprendem nomeadamente por imitação. Se o seu filho o vê quebrando regras, o que vai aprender sobre as regras? Nós, adultos, quebramos regras diariamente (os limites de velocidade, atravessamos a rua sem ser na faixa de pedestres, não pagamos contas em dia etc.). Torna-se pouco eficiente falar na importância de seguir regras quando os exemplos que as crianças têm são contraditórios.

Podemos pensar de novo nas nossas intenções. O que é mais útil para a criança no futuro? Todas as pessoas têm limites diferentes (até em momentos diferentes). É melhor a criança conviver apenas com um tipo de limites (regras) ou aprender que todos somos diferentes e o que realmente interessa é saber respeitar as pessoas com as quais convive? Você acha que a criança que respeita as pessoas saberá respeitar as regras que lhe serão comunicadas? E ao contrário?

DEVEMOS CASTIGAR?

Um dos métodos de educação mais utilizados são os castigos. Dão-se castigos e põe-se de castigo. Utilizam-se castigos para punir a criança por algo que ela fez de errado. Retira-se o brinquedo favorito ou isola-se a criança num lugar (o chamado *time-out*).

Isolar a criança é um ato psicologicamente violento (e contra a convenção das crianças das Nações Unidas). A questão é: pode dar resultado, mas à custa de quê? Este procedimento não trata o verdadeiro problema. Como você já sabe, o comportamento não é o problema. Por exemplo, ao colocar o seu filho de castigo por ter batido em alguém, está ferindo a autoestima dele e perdendo a oportunidade de perceber por que é que ele fez o que fez. Não estará pondo à disposição da criança alternativas ao comportamento dela nem a ensinando a lidar com as próprias emoções. Também não a ajudará a solucionar os seus problemas nem as situações que criou. Isolada, a criança não vai pensar no que fez. É muito mais provável que pense que a pessoa que a pôs de castigo não gosta dela como é, ou que essa pessoa não se interessa por ela e, por conseguinte, sentirá que tem menos valor do que os outros. E, pior ainda, poderá ficar pensando em formas de se vingar no futuro. Com certeza não vai pensar: "Essa pessoa adulta tem toda razão. Eu fiz uma besteira, não deveria ter feito aquilo e na próxima vez vou me comportar. Eu mereço estar aqui sozinha e me faz bem pensar no que fiz".

Sabia que as crianças com menos de 4/5 anos não conseguem entender a razão do castigo? Não conseguem processar a causa e o efeito. Simplesmente porque o cérebro delas não está suficientemente desenvolvido para tal.

O lado esquerdo e o lado direito do cérebro operam essencialmente de forma independente, o que as impede de pensar de uma forma muito lógica e com compaixão. Para elas, o impulso e a emoção governam e, com o tempo e o nosso apoio empático, desenvolverão essas capacidades. Ou seja, a criança não vai começar a "se comportar" porque percebeu o que fez de errado; vai "se comportar" apenas como estratégia de sobrevivência, por ter medo do abandono que é ativado quando está isolada.

É muito provável que as crianças mais velhas se revoltem contra os pais excessivamente controladores que não as deixam pensar por elas próprias. Utilizar técnicas como o *time-out* pode levar a adolescentes que se isolam e se desconectam completamente dos pais. A solução está em tentar manter o diálogo e trabalhar a relação! Os castigos são uma solução temporária que pode funcionar a curto prazo. Para ajudar o seu filho a desenvolver maturidade emocional, liberte-se da sua necessidade de controle total, dos julgamentos e das crenças, e pratique uma comunicação consciente!

Retirar-lhe o brinquedo favorito ou proibi-lo de fazer uma coisa de que ele gosta como castigo também pode ter efeitos muito adversos e ineficazes a longo prazo. Principalmente porque essas atitudes não vão ensinar o seu filho a assumir responsabilidade, mas, sim, a obedecer para conseguir ter de volta o que perdeu. Talvez você esteja se perguntando o que poderá, então, fazer. Ele não deveria sentir as consequências dos seus atos?

Existem vários tipos de consequências e, neste contexto, é importante esclarecermos as diferenças.

Eu costumo dividi-las em três grupos:

1. Consequências naturais
2. Consequências conscientes
3. Castigos

Educar com Mindfulness

CONSEQUÊNCIAS NATURAIS

As consequências naturais são as que acontecem sem a intervenção de ninguém.

Exemplo: Miguel quer pular na poça de água, mas está sem galochas.
Consequência natural: Miguel molha os sapatos e tem de andar com os pés molhados.
Exemplo: Sara não quer levantar cedo para ir à escola.
Consequência natural: Sara vai chegar atrasada.
Exemplo: João não quer comer na hora do almoço.
Consequência natural: Vai sentir fome antes do lanche.

Para as consequências naturais poderem se transformar em momentos de aprendizagem, temos de evitar proteger a criança ou fazer comentários como: "Eu te disse que estava frio", "Eu avisei que você ia se molhar" etc. Em vez disso, podemos servir de suporte empático e demonstrar a nossa compaixão, sem resolver a situação e sem criticar.

Ao Miguel podemos dizer:
"Você ficou mesmo molhado. Qual é a sensação de ter os pés cheios de água?"

À Sara podemos dizer:
"Você chegou atrasada, foi? Mas conseguiu pegar o segundo ônibus?"

Ao João podemos dizer:
"Seu estômago está roncando. Quanto barulho! Talvez você possa beber um copo de água para ver se aguenta até a hora do lanche".

Existem, claro, situações em que não podemos deixar as consequências naturais acontecerem. Por exemplo:
- Quando as consequências poderiam ser muito graves (a criança corre atrás da bola que correu para a rua etc.);

- Quando a consequência acontecerá passado muito tempo (não quer escovar os dentes, está sempre querendo comer doces etc.);
- Quando uma terceira parte será afetada (jogar bola perto das janelas do vizinho, quebrar os brinquedos de um amigo etc.)

Nestes casos, é melhor desenvolver consequências conscientes.

CONSEQUÊNCIAS CONSCIENTES OU CASTIGOS?

Talvez você já tenha ouvido falar de consequências lógicas. Deixei de utilizar essa expressão há algum tempo simplesmente porque via que muitas pessoas escondiam nela os castigos com uma lógica muito forçada. Para reforçar a importância de evitar castigos, prefiro falar em consequências conscientes.

Uma consequência consciente acontece quando alguém intervém na situação e decide (de preferência em conjunto com a criança) qual a consequência que haverá. Utilizamos consequências conscientes para ajudar a criança a perceber o que é a responsabilidade e a desenvolvê-la. Uma consequência consciente está relacionada com a situação ou com o comportamento de uma forma lógica. Não existe para julgar o comportamento da criança, mas, sim, para fazer bem e remediar a situação. O seu objetivo não é castigar, mas contribuir para o desenvolvimento emocional e comportamental. Nunca pode ser uma reação de um adulto zangado e frustrado. Alguns autores argumentam que as consequências lógicas são experienciadas pela criança da mesma forma que um castigo. Por isso, o que pretendo promover é uma consequência consciente que ajude a criança a resolver uma situação enquanto sente que tem apoio emocional (e prático) de uma pessoa adulta que está presente para ajudar e ensinar, e não para julgar e castigar – promovendo assim, também, uma conexão mais próxima com o adulto.

Educar com Mindfulness

CONSEQUÊNCIA CONSCIENTE	CASTIGO
Tem ligação lógica com o comportamento/situação.	Não tem ligação lógica com o comportamento/situação.
Promove responsabilidade.	Promove obediência.
Deixa a criança fazer escolhas de acordo com as suas experiências.	A criança fica dependente de outra pessoa para saber o certo e o errado.
Deixa a criança ser o dono do problema e da sua solução.	Faz com que a criança tenha medo, levando-a, muitas vezes, a negar o que fez.
Promove a verdade.	Promove a mentira.
Aumenta a conexão.	Desconecta.
Aumenta a consciência da criança.	Mantém a criança ignorante.
A criança sente-se apoiada.	A criança sente-se julgada e castigada.
A criança sente-se amada, apesar do seu comportamento.	A criança sente que não é amada.
Tem as necessidades psicológicas em foco.	Ignora as necessidades psicológicas.
Pode ajudar a desenvolver a autoestima.	Fere a autoestima.

Exemplos:

Henrique (de 3 anos) não quer escovar os dentes.
Consequência consciente: *Henrique não vai poder comer doces.*
Castigo: *O Henrique não vai ouvir história antes de dormir.*

Eva (de 6 anos) quer ficar vendo televisão durante mais 20 minutos para assistir ao programa até ao fim.
Consequência consciente: *Não há tempo para a história ao deitar (só para o abraço e o beijinho).*
Castigo: *Não vai poder ver mais o programa no futuro.*

Ana (de 10 anos) tem muita dificuldade em levantar-se de manhã.
Consequência consciente: *Ana começa a deitar-se meia hora mais cedo (decisão tomada após ter explorado algumas hipóteses diferentes com os pais).*
Castigo: *Ana não vai poder utilizar o computador.*

Rui (de 8 anos) e Tiago (de 9 anos) brincam com o papel higiênico no banheiro da escola.

Consequência consciente: *Rui e Tiago arrumam e limpam o banheiro (decisão conjunta).*

Castigo: *Rui e Tiago têm de ficar na sala da Diretora durante a tarde.*

Rita (de 12 anos) quebra a janela do vizinho.

Consequência consciente: *Rita vai com o pai falar com o vizinho e procurar uma solução.*

Castigo: *Rita não pode ver televisão durante duas semanas.*

PASSOS PARA A ATRIBUIÇÃO DE CONSEQUÊNCIAS CONSCIENTES

Chegamos em casa tarde depois do treino da minha filha. Ela queria o celular, mas não o encontrava. Procurou por todo lado e chegou à conclusão de que devia ter caído quando ela entrou no carro. Ninguém estava contente. Eu tive de conter o meu instinto de criticar a minha filha pelo descuido e mordi a língua quando ela me disse: "Não precisa falar assim. Não vê que já estou completamente desesperada?". Voltei rapidamente ao meu centro. O "castigo" emocional que a minha filha, que à época tinha 10 anos, já estava vivendo era muito grande. Naquele momento, limitei-me a estar com ela. Não precisava salientar que tinha razão quando a alertara para guardar melhor o celular. Aliás, ela mesma acabou por dizer, entre lágrimas: "Ah, mamãe, você tinha mesmo razão". Dei-lhe um abraço e respondi: "Não se trata de ter razão ou não. É uma questão de assumirmos a responsabilidade por aquilo que acontece na nossa vida. Entendo que você está sofrendo muito com esta situação". Antes de decidirmos o que aconteceria a seguir, resolvemos esperar dois dias para ver se o celular aparecia.

Como não apareceu, nós nos sentamos para conversar. Debatemos qual seria a consequência consciente do acontecimento (a consequência natural já era estar sem celular). Falamos em antecipar o presente de Natal, esperar até o Natal... até chegarmos à conclusão de que a minha filha poderia assumir algumas tarefas em casa, que não faziam parte das tarefas normais, mas para as quais precisávamos de ajuda e estaríamos

Educar com Mindfulness

dispostos a pagar. Por sugestão dela, decidimos que ela lavaria os carros e reorganizaria a sala no porão. Após terminar as tarefas, receberia o dinheiro para poder comprar um celular novo. Ficou algumas semanas sem celular até conseguir concluir as tarefas todas.

Além de ser uma consequência consciente, serviu para satisfazer as necessidades de significância e reconhecimento que a minha filha tem. Ou seja, não reforçou as sensaçãos de culpa e vergonha que nela já eram muito fortes. Quando a consequência contribui para essas sensações de culpa e vergonha, é experienciada como um castigo e há uma quebra de conexão. Quando trabalhamos com as consequências conscientes, tendo em mente as necessidades do nosso filho, promovemos a conexão. Este tipo de consequência promove igualmente a responsabilização e a reflexão sobre a situação.

COMO DEFINIR EM CONJUNTO COM O SEU FILHO AS CONSEQUÊNCIAS?

O ideal é envolver sempre a criança quando queremos utilizar consequências conscientes e, dependendo da maturidade dela, podemos começar a fazê-lo quando a criança tem cerca de 3 anos.

1. **Peça ajuda à criança**

   Arranje um tempo para se sentar com ela, sem interrupções, sem televisão, sem celular, sem jogos, sem trabalhos de casa etc. Um tempo para se criar um diálogo autêntico e honesto. Também é importante que seja um tempo em que emoções como a raiva ou a frustração não estejam presentes, nem de uma parte nem de outra. Se não tiver as condições certas, escolha outro momento.
   Exemplo possível de diálogo:

> Inês, eu fico muito estressada com as nossas manhãs e gostaria de evitar isso. Parece-me que você tem dificuldade em levantar cedo. O que você acha que deveríamos fazer quando você não se levanta e adormece outra vez?

Mikaela Övén

Normalmente, as crianças conseguem pensar em boas soluções. Deixe-a pensar e não ajude no início. Mantenha-se presente e não tenha medo do silêncio! A probabilidade de a criança colaborar no raciocínio aumenta quando se sente parte do processo e quando a opinião dela também conta e é respeitada.

2. **As consequências devem ter lógica**
   Será que as consequências têm uma ligação lógica com o comportamento/a situação? Se não conseguirem pensar numa consequência aparentemente lógica, o que poderia ser uma consequência verdadeiramente consciente?

3. **Apresente escolhas que sejam viáveis para você**
   Se desde o início você sentir que não vai conseguir deixar de ter a roupa do seu filho espalhada pelo quarto sem ser você a arrumar e a lavar, então não apresente essa alternativa. Se sentir que a hora da história à noite é muito importante para você e para a relação de vocês, então não apresente como consequência a inexistência da hora da história.

4. **Procure integrar necessidades**
   Veja se você consegue integrar a satisfação das principais necessidades emocionais que a criança tem na consequência consciente. Pode também ter em mente a necessidade por trás do comportamento que está levando à consequência. Desta forma, você reforça as emoções positivas, e não as negativas (culpa, vergonha, medo – inimigos da autoestima), e diminui o risco de o seu filho sentir a consequência como um castigo. A consequência pode ajudá-lo a sentir-se importante? A sentir conexão? A sentir mais segurança? A aprender algo novo?

5. **Mantenha-se alinhado com o que vocês definiram**
   Se definiram que a criança tinha de pôr a própria roupa para lavar, então não diga: "Você se lembra de que combinamos que eu só lavaria a sua roupa se você a colocasse no cesto... Então, da próxima vez não vou lavar mesmo". Assim você perde credibilidade, revela

Educar com Mindfulness

desconfiança e a situação tende a piorar. Se sentir que é preciso lembrar a criança, experimente dizer: "Vou lavar roupa agora. Você tem alguma coisa que ainda não esteja no cesto da roupa suja?". Não julgue, não dê lições.

É importante referir que é permitido mudar de ideia. Se já não se sentir bem com o que foi decidido, pode dizer: "Estive pensando e acho que não faz sentido..." ou "Estive pensando e gostaria....". Mudar de ideia não tem mal nenhum! Lembre-se de que o mais importante é ser congruente!

6. **Sem expectativas**

Evite ter a expectativa de que a criança vai seguir o que foi decidido sem explorar a sua validade/seriedade. Quando a criança explora, está aprendendo sobre ela mesma, sobre você e sobre o mundo.

7. **Dê uma segunda oportunidade**

Se temos como objetivo o desenvolvimento da responsabilidade, temos de deixar as crianças aprenderem com os seus erros. Ou seja, após ter experienciado uma consequência consciente, podemos começar de novo. As emoções e as atitudes presentes são o amor, a compaixão e o carinho. Se a criança "falhar", não precisa de aborrecimento e desilusão.

Se as coisas estiverem correndo bem, comunique essa mensagem à criança, não com elogios, mas com *feedback* genuíno e pessoal. Fale a ela sobre aquilo de que você está gostando, descreva o que sente e explique por quê!

Por exemplo:

> **Fiquei contente quando cheguei em casa e vi que você tinha posto a roupa toda para lavar. Gosto quando as coisas estão organizadas e sinto-me muito mais relaxada.**

Mikaela Övén

> Sinto-me mais tranquila quando você utiliza o capacete ao andar de *skate*. Assim sei que, se você cair, estará com a cabeça protegida.

> Fico tranquila quando você toma o café da manhã, porque, dessa forma, sei que vai ter energia suficiente para aguentar a manhã toda na escola.

Mas o que faço quando é preciso uma consequência rápida e mais informal?

Utilize a Linguagem Pessoal! Em vez de: "Se você não arrumar os brinquedos, vai ficar de castigo", diga: "Os seus brinquedos estão espalhados pela sala. Não me sinto bem quando vejo a sala tão desarrumada. Você pode arrumar as suas coisas agora, por favor?".

COMUNICAÇÃO EM FAMÍLIA

Quero falar-lhe agora de algo que tem feito milagres em muitas famílias e que tenho usado como ferramenta de trabalho. Talvez você não saiba como resolver os conflitos entre os seus filhos, talvez não se sinta ouvido, talvez sinta que há tarefas em casa que não estão funcionando, talvez o seu filho esteja se queixando de que você está pouco presente, talvez se queixe de injustiças ou talvez você esteja sentindo que a família se beneficiaria com uma comunicação diferente. Se gostaria de perceber ainda melhor o seu filho, de conhecer

Educar com Mindfulness

mais aprofundadamente os pensamentos e a forma dele de olhar o mundo, o modo como ele o percebe, percebe você e a família, então o aconselho a fomentar **reuniões de família**. Estes convívios são uma forma fantástica de criar mais conexão na família, pois promovem um canal de comunicação diferente.

Nesta caminhada pela Parentalidade Consciente, percebi que se trata de uma ferramenta fabulosa que potencia o alinhamento de todas as pessoas da família. **Se só agora você está dando os primeiros passos na Parentalidade Consciente, agendar uma reunião de família pode ser o marco ideal para este início.**

Em quase todas as famílias acontecem diariamente coisas sobre as quais não se fala. Não falamos porque não existe um momento mais formal para isso, nunca parece ser a hora certa, o estresse da rotina assume o controle.

A reunião familiar permite-lhe criar um fórum aberto em que todos os membros da família podem falar sobre o que se está passando. Podem formular opiniões sobre o que está ou não está funcionando, podem fazer planos, encontrar soluções, dar sugestões, encontrar formas de se alinhar de novo ou de uma maneira mais próxima. Neste ambiente seguro, sem julgamentos, promove-se a criação de laços mais fortes.

Para além disso, as reuniões de família ajudam a desenvolver a inteligência emocional e representam boas oportunidades para a partilha de valores e para o desenvolvimento de um bom ambiente familiar. Percebe-se que estão todos dispostos a trabalhar aquilo que não está funcionando de uma forma aberta, juntos! É o ambiente propício para a existência de *feedback* num ambiente seguro, sem julgamentos, onde é permitido dizer o que todos têm para dizer. As reuniões permitem que as crianças sintam que têm voz e que as suas opiniões e pensamentos têm o mesmo valor, o que, por sua vez, ajuda a desenvolver nelas uma autoestima saudável.

AS REUNIÕES DE FAMÍLIA

Uma boa reunião de família

O que podemos fazer para promover uma boa reunião? Existem diversas coisas a ter em mente quando se pretende dar início a essas reuniões. O meu objetivo é ajudá-lo a preparar-se mentalmente para a reunião, a estruturá-la e a definir os tópicos a serem tratados (em geral, todas as questões são permitidas).

Pré-reunião

Se nunca teve uma reunião de família, só a ideia de a ter pode parecer--lhe estranha inicialmente ou provocar-lhe algum desconforto. Em primeiro lugar, perceba qual é a intenção que ancora a sua reunião. A intenção não pode ser fazer com que as crianças obedeçam e façam aquilo que os pais querem. Na reunião de família deve reinar o igual valor. Se apenas se levantarem os assuntos que os pais querem e as coisas que os pais acham que deveriam ser diferentes, as crianças vão cansar-se da reunião muito rapidamente.

Pense bem na intenção da reunião. Pode ser: "Quero criar laços mais fortes", "Gostaria de conhecer melhor os meus filhos", "Pretendo criar um espaço aberto, sem julgamentos, onde possamos falar de tudo", "Quero receber *feedback* sobre a minha forma de estar e criar uma oportunidade para que eu e os meus filhos cresçamos juntos", "Tenciono aprender com os meus filhos" etc.

Este tipo de intenções cria uma boa base para o sucesso da reunião. Se tiver uma "intenção escondida", os seus filhos vão reparar!

Introduzir a ideia da reunião de família

Antes da reunião principal, junte a família e diga algo do gênero: "Tenho uma ideia. Gostaria que nos entendêssemos melhor. Quero perceber melhor o que acham que está bem e o que acham que não está tão bem na nossa família. Queria que me dessem o *feedback* sobre mim e a família, e há outros assuntos que eu também gostaria de abordar. Por isso, digam--me o que acham de começarmos a fazer reuniões. Poderia ser uma ótima oportunidade para partilharmos tudo sem nos zangar uns com os outros. Todos vão poder dizer o que quiser sem haver julgamentos e prometo não ficar aborrecida se disserem algo que não me agrade. O que lhes parece?".

Normalmente, as crianças adoram a ideia! Assim sendo, definam uma data.

Educar com Mindfulness

A agenda da reunião

Talvez seja preferível serem os pais a decidir os assuntos a tratar na primeira reunião. Mas também podem deixar uma folha disponível (pode até ser uma folha decorada pelos meninos), num lugar visível, onde cada membro da família possa escrever os assuntos que gostaria que fossem abordados.

Inicialmente, pode ser necessário esclarecer que todos têm o direito de falar e que é importante falar um de cada vez, sem interrupções.

Um assunto que sugiro aos pais que debatam é a definição dos valores de família. Explique que sente que é fundamental criar uma nova página no livro da família e que a contribuição das crianças é essencial. Assim, a criança já sabe de antemão que a contribuição dela é importante e valorizada e vai sentir-se como uma parte integrante.

Inclua, então, na lista o item "Valores da Nossa Família". Quando abordarem o assunto na reunião, certifique-se de que todos contribuem e concordam com os valores apresentados. Definam 4 ou 5 valores. Escolham uma forma de os manterem sempre presentes, como uma espécie de lembrete (por exemplo, afixar a lista de valores numa parede). Falem sobre a sua aplicação prática e concordem em refletir sobre eles na reunião seguinte.

Falar de coisas boas e não tão boas

O encontro serve para falarem tanto das coisas que não funcionam como das que funcionam! É fácil ficarmos presos às coisas que queremos mudar, mas não se esqueça de que em todas as reuniões também se deve falar de coisas boas. Por exemplo, há uns dias, numa das reuniões lá em casa, falei sobre um momento em que fiquei sozinha com os meus filhos: "No outro dia, quando estava sozinha com vocês, fiquei muito contente por todos terem assumido a responsabilidade de tratar das suas coisas sem eu ter de pensar em nada. Foi um grande alívio para mim!".

Por isso, **a minha sugestão é começarem sempre por falar das coisas boas que aconteceram desde a última reunião.** Pode ser útil anotar alguns exemplos para não se esquecer de os partilhar.

A segunda parte da reunião pode ser sobre as coisas que vocês gostariam que fossem diferentes. Eis um exemplo de formulação: "Gostaria que partilhassem coisas com as quais não se sentiram bem esta semana". Pode ser necessário reforçar que é seguro dizer o que se tem para dizer sem que haja julgamentos ou consequências daquilo que é dito. A intenção é apenas saber o que está acontecendo, para trabalharem nisso.

Às vezes, pode ser difícil para as crianças falarem. Por não se lembrarem, por se sentirem inseguras ou por terem medo. Nesse caso, fale você primeiro! Mostre-lhes o caminho!

As soluções

A terceira parte da reunião deverá ser dedicada às soluções. O que vocês podem fazer para melhorar essa situação? É essencial permitir que todos contribuam com soluções e estratégias que possam ser utilizadas. As soluções dos pais não têm mais valor intrínseco do que as dos filhos.

Assegure-se de que as soluções escolhidas são práticas e aplicáveis. Não podem ser algo vago como: "Vou ouvir melhor". É preciso esclarecer: "Como é que podemos fazer melhor?". Concretize. Por exemplo, o seu filho pode pedir-lhe: "Quando não te ouço, você pode pôr a mão no meu ombro e dizer o meu nome", ou algo do gênero. Trata-se de uma orientação prática que podemos avaliar mais tarde se está funcionando ou não. Se repararmos que a estratégia não está funcionando, podemos pensar em outra, sem julgamentos, culpa ou vergonha. Podemos receber esses comentários durante a semana e não esperar, necessariamente, pela reunião. No final, você sentirá mais conexão, mais ligação e uma união muito interessante na família.

Em suma, na primeira parte da reunião partilham-se coisas que funcionam, na segunda as coisas que podem ser melhoradas e na terceira as estratégias a utilizar para melhorar. O quarto ponto da agenda são "outros assuntos". Podem ser as atividades em família, a lista da semana, as próximas férias ou outro tema qualquer.

As aprendizagens

Eu gosto de anexar este ponto para finalizar as reuniões, sobretudo quando se tornam regulares: "O que eu aprendi sobre a nossa família nesta

Educar com Mindfulness

semana?". Aqui temos a oportunidade de falar sobre o que aconteceu entre as reuniões como resultado dos frutos da reunião anterior. Se as crianças tiverem dificuldade em reconhecer as aprendizagens, você pode dar o exemplo, desabafando algo como: "Aprendi que, quando temos os 15 minutos de partilha de manhã, como combinamos na outra reunião, o resto do dia corre muito melhor e que, quando não os temos, parece que ficamos mais desconectados e o dia não corre tão bem".

O desfecho

Acabe a reunião com uma pequena atividade em família. Um filme, um jogo, um jantar especial. Qualquer coisa agradável!

Liderando a reunião

Durante o encontro há dois papéis de liderança a assumir (e que na primeira reunião devem ficar a cargo dos pais): o responsável moderador e a pessoa que toma nota e escreve a ata. Em famílias monoparentais pode ser a mãe/o pai a desempenhar os dois papéis. Nas reuniões seguintes, essas funções devem rodar, passando inclusive pelas crianças. O responsável tem de se assegurar de que todos têm a oportunidade de falar sobre o que têm para dizer e que estão sendo seguidos os pontos da agenda e o tempo estipulados para a reunião. A pessoa responsável pela ata tem de ouvir bem o que está sendo dito e tomar nota dos pontos mais importantes.

A partir da segunda reunião é importante incluir a leitura da ata do encontro anterior. Também compete ao responsável assegurar o respeito pelas opiniões, necessidades, pelos desejos e emoções de todos.

É importante referir que a máxima responsabilidade é sempre dos pais. Haverá situações em que será necessário ouvir e reconhecer os desejos da criança, mas em que não será possível satisfazê-los. (Por exemplo, se for preciso mudar de casa, podem ser ouvidas as opiniões, os receios e as emoções das crianças, mas a mudança acontecerá mesmo assim.)

Quem participa?

Toda a família! Incluindo as crianças mais novas! Se algum dos pais tiver filhos de uma relação anterior que só estejam em casa pontualmente, recomendo que se façam as reuniões com esses indivíduos presentes. Fazem todos parte da mesma família.

O ambiente da reunião

Às vezes podem surgir assuntos que não lhe agradem. É possível que receba algum *feedback* que o magoe e que você sinta vontade de se defender. Por exemplo, imagine que o seu filho lhe diz: "Você grita comigo todas as manhãs". Provavelmente, a sua vontade seria responder: "Sim, mas não seria necessário gritar se você se apressasse", o que não fomentaria um bom ambiente para a reunião. Lembre-se de tudo o que aprendeu antes deste capítulo!

Queremos assegurar que o ambiente da reunião seja de abertura e não de julgamento. Um momento em que todos se sintam bem, saibam que são ouvidos e queiram participar!

Isso começa em você. Assegure-se de que tem as suas intenções presentes. Utilize as atitudes Mindfulness! Lembra-se delas? Não julgamento, paciência, mente de principiante, confiança, não esforço, aceitação, deixar ir.

Lembretes Mindful:

- Não julgue aquilo que é dito.
- Tenha paciência com o comportamento dos seus filhos, com o tempo que demoram a fazer as coisas, se não se sentam direito na cadeira etc.
- Procure ouvir cada frase que é dita como se fosse a primeira vez, com uma mente de principiante.
- Tenha confiança no processo da reunião. Acredite que o que está acontecendo é o que deveria acontecer naquele momento.
- Não se esforce para se defender nem para que tudo seja perfeito. Mantenha-se tranquilo.

Educar com Mindfulness

> – Aceite a situação exatamente como ela é! A reunião é perfeita como está acontecendo. Aceite a si, ao seu companheiro e aos seus filhos.
> – Abandone todas as expectativas que possa ter em relação à reunião.

Recorde-se também dos princípios de uma comunicação consciente. Lembre-se de que tem dois ouvidos e uma boca! Saiba que, embora seja o líder da família, todos os seus membros têm o mesmo valor. Todas as opiniões, emoções, pensamentos, desejos e necessidades têm exatamente o mesmo valor. Isto é particularmente importante durante a reunião. Queremos que o seu filho se sinta valorizado e que saiba que tem realmente alguma influência!

A frequência e a duração

Para algumas famílias faz sentido agendar reuniões todas as semanas. Para outras, uma reunião quinzenal será suficiente. Em outras, ainda, fará sentido a marcação de encontros mais esporádicos. Cada família é que sabe o que é melhor para a sua realidade. Contudo, recomendo que, inicialmente, haja um plano para fazer reuniões regulares.

Todos nós sabemos que reuniões longas são enfadonhas. Por isso, cada uma não deve demorar mais de uma hora e deverá ter a duração de apenas meia hora se houver crianças pequenas. Mais vale ter mais reuniões do que reuniões muito longas. Podem escolher um *timekeeper* (pessoa que toma nota do tempo de duração da reunião) em vez de ser o responsável por essa tarefa. Experimente deixá-la a cargo de uma criança pequena que, certamente, achará muita engraçada a sua nova função.

As expectativas

E, mais uma vez, falamos de expectativas. É realmente importante não termos expectativas em relação ao desenrolar do convívio ou ao comportamento das crianças (principalmente ao das mais pequenas). Já tive reuniões de família que correram muito bem, outras que correram muito mal. A chave para uma boa reunião é a flexibilidade dos adultos. Neste livro você encontrará várias ferramentas que o vão ajudar a ter essa flexibilidade!

A AGENDA DA REUNIÃO DE FAMÍLIA

Sugestão para a estrutura do primeiro encontro:
- Dar as boas-vindas e agradecer a todos por quererem participar;
- Falar sobre coisas de que gostamos na nossa família;
- Falar sobre coisas que queremos melhorar;
- Definir estratégias para melhorar o que queremos melhorar;
- Outros assuntos (por exemplo: para onde vamos de férias? Quem convoca a próxima reunião?);
- Agradecer e promover uma pequena atividade em família.

Sugestão para a estrutura dos próximos encontros:
- Dar as boas-vindas e agradecer a todos por quererem participar;
- Ler a ata da reunião anterior;
- Falar sobre coisas que melhoraram desde a última reunião/o que aprendemos desde a última reunião;
- Falar sobre coisas que queremos melhorar;
- Definir estratégias para melhorar o que queremos melhorar;
- Outros assuntos (por exemplo: para onde vamos de férias?);
- Agradecer e promover uma pequena atividade em família.

Questione os seus pensamentos

No trabalho que desenvolvo com os pais, percebi que é muito comum quererem encontrar uma fórmula que os ajude a conseguir que a criança faça o que querem, e sem protestos. Um método que ajude a acabar com os conflitos na família. Ouço comentários do tipo: "Ele deveria aceitar os meus 'nãos'!", "Ele não me ouve!". Esclareço já que não existe nada que funcione sempre, em todos os contextos. E também que, se a única preocupação for

Educar com Mindfulness

a obediência imediata da criança, a estratégia mais eficaz seria a violência.

Mesmo que utilize todas as propostas que lhe faço neste livro, há outra pessoa desse lado, o seu filho. E o seu filho vai ter as reações que vai ter. Se criar a expectativa de que só por utilizar uma linguagem pessoal o seu filho vai ou deve, de um dia para o outro, começar a fazer tudo que você lhe pede, e sem protestos, ficará muito desiludido. O mesmo acontecerá se criar a expectativa de que uma reunião familiar vai restabelecer a harmonia do lar.

Criar boas relações demora tempo. Além de que uma relação não é má só porque há conflitos. Os conflitos fazem parte do cotidiano de uma família. O que podemos fazer é procurar geri-los da forma mais consciente possível e, assim, criarmos as condições necessárias para um bom desenvolvimento emocional e psicológico.

Não existem garantias de que o seu filho reagirá bem à sua comunicação só porque está se comunicando de forma consciente. Faz parte da comunicação consciente aceitar a reação da criança. E lembre-se de que aceitar não quer dizer concordar ou aprovar, quer dizer que conseguimos manter o nosso estado mesmo com uma reação negativa do outro lado. Quer dizer que não julgamos a reação nem entramos em resistência. Mantenha-se fiel às suas intenções e reflita sobre o que lhe vou apresentar a seguir.

Como pais e mães conscientes, sabemos que não é o nosso filho, nem o seu comportamento, que nos faz ficar zangados, frustrados ou irritados. O que nos faz reagir é sempre a forma como nos relacionamos com ele e com o comportamento dele. O que pensamos dele e do comportamento dele.

O que acontece quando você tem pensamentos como: "Ele é preguiçoso!", "Ela não me respeita!", "Ele é ingrato!", "Ela deveria ser mais responsável!"? Vamos analisar os nossos pensamentos.

⇨ Será verdade?

Comece por verificar a validade dos pensamentos e das palavras que estão causando a sua ira, zanga, frustração, tristeza ou outro sentimento. Será que essas são mesmo as suas palavras? São mesmo verdade? Acredita mesmo nelas? Será que são as palavras da sua mãe ou de alguém que lhe disse que deveria agir assim? Será que são medos? Autojulgamentos que você está projetando? Será que houve situações parecidas nas quais você não pensou da mesma forma? Seja o que for, estes pensamentos impedem-no de amar o seu filho incondicionalmente e não lhe permitem compreendê-lo.

⇨ O que acontece quando você acredita?

Repare como você se sente quando acredita nesses pensamentos. Observe também como trata o seu filho quando você age de acordo com esses pensamentos.

⇨ Quem seria você sem esses pensamentos?

Em seguida, brinque um pouco com a mente e imagine quem você seria sem esses pensamentos que tem em relação ao seu filho. Imagine que está com ele sem os pensamentos que o fazem reagir. Como seria a relação de vocês? O que você faria?

Ao tornar-se plenamente consciente dos seus pensamentos descobrirá o verdadeiro amor incondicional que você sente pelo seu filho. Conseguirá estar presente com ele sem o condicionamento dos pensamentos que o julgam. A sua luz interior vai reaparecer e conseguirá ver a luz do seu filho, que, por sua vez, também conseguirá ver a sua. Para aprofundar mais esse processo de consciencialização, conheça o trabalho de Byron Katie (*"The Work"*).

Educar com Mindfulness

*"Uma criança que viva rodeada de críticas
aprende a condenar.
Uma criança que viva rodeada de hostilidade
aprende a lutar.
Uma criança que viva sendo ridicularizada
aprende a ser tímida.
Uma criança que viva com medo aprende a
ser receosa.
Uma criança que viva com vergonha aprende
a sentir-se culpada.
Uma criança que viva com a tolerância
aprende a ser paciente.
Uma criança que viva com incentivos aprende
a ser confiante.
Uma criança que viva com a aceitação
aprende a amar.
Uma criança que viva com o reconhecimento
aprende que é bom ter um objetivo.
Uma criança que viva com honestidade
aprende o que é a verdade.
Uma criança que viva com imparcialidade
aprende a ser justa.
Uma criança que viva com segurança
aprende a confiar em si mesma e nos que a
rodeiam.
Uma criança que viva com afabilidade
descobre que o mundo é um lugar agradável
para se viver, amar e ser amado."*

Dorothy Law Nolte

Mikaela Övén

REFLEXÃO MINDFUL

O primeiro passo para haver uma comunicação consciente é saber o que se quer comunicar, de dentro para fora. Só assim a comunicação se torna congruente. Respeitando essa congruência, você utiliza uma linguagem pessoal, exprimindo necessidades e limites, e pratica mais facilmente uma escuta Mindful que lhe permite realmente ouvir o seu filho.

Reflita sobre as seguintes questões:

1. Como você se comunica habitualmente com os seus filhos? Costuma dar ordens? Ouve para responder ou ouve para perceber?
2. Sente que a sua comunicação é congruente?
3. Quando o seu filho "não o ouve" ou "é desobediente", como você se comunica (antes e durante a situação)?
4. Você assume responsabilidade pessoal pela comunicação das suas necessidades?
5. Refere-se a si mesmo na primeira pessoa?
6. Que obstáculos à comunicação você está colocando em prática?
7. Você deixa o seu filho vivenciar as consequências naturais?
8. Define com clareza os seus limites?
9. Respeita ou desrespeita os limites dos seus filhos?
10. Se houve situações no passado em que você aplicou castigos, quais poderiam ter sido as consequências conscientes?
11. Como você avalia a comunicação na família?
12. O que você vai fazer a partir de agora para criar uma comunicação mais consciente?

7

Os 12 maiores desafios com o seu filho

Dicas Mindful para superar os desafios

Neste capítulo pretendo ajudá-lo a aplicar os conceitos da Parentalidade Consciente nos desafios mais comuns que você experiencia com o seu filho na rotina dos dias. Apresento-lhe soluções e dicas para lidar com aqueles momentos que o deixam, algumas vezes, à beira de um ataque de nervos! Mas, mais do que fornecer-lhe as ferramentas, quero incentivá-lo a refletir sobre cada situação para que decida quais as respostas mais adequadas para você e para o seu filho. Cada caso é um caso e cada pai/mãe é um detetive privado, especializado, do seu filho. Se leu tudo até aqui, acredito que sozinho já consiga olhar para cada desafio de uma forma consciente, antecipando várias soluções.

Mesmo que nos exemplos que lhe vou apresentar abaixo não encontre nenhum parecido com o que atualmente experiencia com o seu filho, aprenda a colocar estas três perguntas às quais pode sempre recorrer para encontrar respostas sábias e saber como agir:

1. O que o meu filho está tentando comunicar? Qual a necessidade em falta?
2. Qual é a minha intenção?
3. Qual é a melhor forma de agir de acordo com a minha intenção?

Muitas vezes, apenas com estas três perguntas conseguimos chegar rapidamente a uma solução. Em algumas situações, podemos sentir que é necessário fazer um trabalho de detetive mais minucioso. Nesses casos, oriente-se pela seguinte sequência de perguntas:

Mikaela Övén

1. Quais as minhas intenções como mãe/pai e qual a minha intenção nesta situação específica?
2. O que consigo observar? (descrever a situação específica/situação-tipo)
3. Esta situação é única ou se repete?
4. O que o meu filho está tentando comunicar? Que "problema" está procurando resolver com o seu comportamento?
5. O que é típico da idade dele?
6. Quais as necessidades em falta?
7. O meu filho está imitando o comportamento de alguma pessoa adulta?
8. O que observo no meu comportamento? Que emoções me faz sentir?
9. Por que esta situação é um problema para mim? Existem necessidades minhas em falta?
10. Estou sendo claro e congruente com os meus limites? De que forma posso me comunicar com o meu filho nesta situação?
11. Posso envolver o meu filho na procura da solução?
12. Qual é a melhor forma de agir de acordo com a minha intenção nesta situação?

BIRRAS
(e quando o seu filho diz "não" a tudo)

Há algumas coisas muito importantes a saber sobre birras. Normalmente acontecem quando a criança está com fome, com sono ou aborrecida, e os adultos estão estressados e pouco presentes no momento. É relevante saber também que uma birra dura entre 1,5 e 5 minutos (claro que existem exceções: podem durar apenas 30 segundos ou até duas horas). As birras também parecem ter uma cadência comum, com um início, um meio e um fim. Existe um ponto sem retorno e, se o ultrapassarmos, a birra vai, inevitavelmente, acontecer. Se apanharmos a birra antes desse ponto, conseguimos evitá-la. É uma questão de conhecer bem o seu filho, observando o comportamento dele para saber reconhecer esse ponto. Tipicamente, uma birra começa com a manifestação de emoções muito fortes, alguma agressividade, por meio de berros, e talvez mesmo a vontade de bater, para depois passar para uma grande tristeza, um choro profundo e, finalmente, uma sensação de calma em que a criança procura conforto. Algumas crianças podem escolher isolar-se, e é importante respeitar as escolhas delas, assegurando-lhes, no entanto, que têm os adultos por perto.

A "IDADE DAS BIRRAS"

Quando as crianças têm sensivelmente dois anos e meio (para algumas é um pouco mais cedo, para outras um pouco mais tarde), começam a exprimir uma nova vontade: a de ter mais independência e autonomia. Costumamos chamar a essa idade de "idade das birras", sendo normalmente considerada "apenas uma fase". A verdade é que não se trata de uma fase, mas do início de uma longa caminhada que dura até aos 18 anos ou mais! Uma caminhada na qual a criança se torna cada vez mais autônoma e independente dos pais.

Se "a idade das birras" se torna um problema e não se alicerça essencialmente na vontade e na capacidade que os pais têm de acompanhar o desenvolvimento natural do filho, a relação entre ambos pode fragilizar-se. Se trocarmos a expressão "a idade das birras" por "a idade da independência", o que você sente? Pois é, a forma como olhamos para os nossos desafios pode modificar-se drasticamente quando mudamos os nossos rótulos, as ideias preconcebidas e os nossos pensamentos sobre eles.

Na idade da independência, a criança começa a demonstrar uma grande vontade de fazer as coisas sozinha. O que está acontecendo, essencialmente, é que ela está assumindo responsabilidade pessoal! Existe uma vontade inata (e necessária para a sobrevivência) de se tornar cada vez mais independente. A criança protesta muito e manifesta muitos "nãos". Quer escovar os dentes sozinha, calçar os sapatos, servir-se, vestir-se etc. Nestes momentos, a autoestima dos pais tem um papel importante, pois uma autoestima saudável tende a deixá-los mais relaxados. Uma pessoa com uma autoestima pouco saudável habitualmente sofre mais quando já não é tão necessária na vida do filho. Existem três reações mais comuns por parte dos pais. Para alguns, essa mudança é muito desafiante porque durante dois anos tiveram de ajudar a criança em praticamente tudo, eram as pessoas mais importantes à sua volta, quase insubstituíveis (o que nutre muito os egos, sobretudo dos pais vermelhos e dos verdes). Outros sentem uma grande necessidade de controle e têm dificuldade em largar o seu poder e em confiar na criança, principalmente os pais vermelhos e os azuis. Alguns pais, poucos ainda, conseguem chegar a este momento relaxados e confiantes, sentindo até um certo alívio por já não serem tão necessários na vida da criança.

Quando os pais não conseguem abandonar o seu controle total, ou quando não conseguem aceitar a vontade do filho de começar a cortar o cordão umbilical, os dias transformam-se numa luta de poder e os conflitos são uma constante.

Essas desavenças veem-se muito, por exemplo, nos momentos de refeição. Observo a seguinte situação entre mães/pais e filhos inúmeras vezes.

– Não quero babador!
– Você vai sujar a roupa! Tem de usar babador!
– Não quero!
– Deixe-me colocar o babador!
– Não!!!
– Olha, está vendo, já sujou a blusa! Você é muito pequenino para não usar babador!

As mães e os pais que dizem "você vai sujar a roupa" provavelmente têm razão. A probabilidade de uma criança pequena sujar a roupa quando come é grande. Mas não se trata de ter razão, trata-se de apoiar a criança num processo de desenvolvimento essencial. É uma questão de lhe oferecer espaço e de saber esperar até que peça ajuda. Perceber o que é mais importante em cada momento. Será uma blusa limpa ou uma criança que dá mais um passo para se tornar independente, desenvolvendo a autoestima de uma forma positiva pelo caminho?

Educar com Mindfulness

Quando você tem receio de deixar o seu filho fazer algo para o qual sente que ele ainda não está preparado, lembre-se de que um passo essencial num processo de aprendizagem é fazer coisas que estão fora das nossas capacidades. Só assim conseguimos treinar e ganhar capacidades novas. Neste processo também ficamos sabendo quais são os nossos limites e, com o tempo, aprendemos a respeitá-los.

Quando o seu filho quer assumir tarefas para as quais você acha que ele ainda não está preparado, tem de decidir o que é mais importante. Se pretende apoiá-lo nesta nova fase, a coisa mais sensata a fazer é dar um passo atrás, continuar presente e oferecer a sua ajuda apenas se achar que é mesmo necessária.

— Não quero o babador!
— Está bem, vamos ver se você consegue comer sem sujar a blusa!
(num tom simpático que comunique confiança e não ironia)

E se a criança sujar a blusa:

— Você quase conseguiu! Quer o babador?
— Não! Eu consigo!
— Sim, e qualquer dia você vai conseguir sem sujar a blusa.
(mais uma vez num tom simpático, demonstrando confiança)

Um dos principais inimigos neste processo é o tempo, ou a falta dele. Temos de chegar a tempo no trabalho, por isso a nossa ajuda torna-se "preciosa" de manhã, quando a criança quer se vestir sozinha ou amarrar os cordões dos sapatos. Mas a desculpa do tempo pode sair cara no futuro. Se não deixar o seu filho fazer experiências nesta idade, se não o deixar desenvolver resiliência, se não tiver confiança nas capacidades dele, se não permitir que ele invista tempo nas próprias "tarefas", é provável que isso acarrete consequências menos positivas.

Imagine a criança que não queria o babador ao aprender a andar de bicicleta com 5 anos. Inicialmente ela sente dificuldades, quer desistir, desabafa que nunca mais quer voltar a tentar andar de bicicleta, que não sabe, que não vale a pena tentar mais. Provavelmente você quer incentivá--lo, e vai fazê-lo de uma forma que se choca com o que comunicou em outros momentos, sendo difícil para o seu filho acreditar nas suas palavras.

Claro que, às vezes, é mesmo importante chegar a tempo e, se não o conseguirmos, sofreremos as consequências. Um avião ou um trem não esperam. Nestas situações, o melhor a fazer é reconhecer a vontade que o seu filho tem de ser independente.

> – Você quer se vestir sozinho, eu sei. E gosto muito quando você o faz. Hoje é extremamente importante para mim chegar a tempo, porque tenho uma reunião, e gostaria de te ajudar um pouco. Posso?

Não fique à espera de que ele responda de imediato com um "claro que sim!" e um sorriso. Ele vai continuar querendo fazer sozinho o que está fazendo. Mas é muito provável que ele colabore com você mesmo assim. Porém lembre-se de que esta solução existe para casos excepcionais! Se utilizar esta estratégia todos os dias, o resultado pode não ser o esperado. E se, ainda por cima, não estiver sendo sincero ou não for congruente e honesto na sua comunicação, as coisas vão acabar saindo mal e você vai sentir que "isto não funciona!". Não invente desculpas que não existem! Como você já sabe, a criança vai perceber a sua incongruência e, provavelmente, aumentar a resistência.

ESTRATÉGIAS PROATIVAS

A melhor forma de lidar com o início desta fase é ser proativo. Neste caso, ser proativo significa ajudar o seu filho a sentir-se mais independente, capaz e competente em diversas situações. Pode ter as seguintes sugestões em mente, tanto com uma criança pequenina como com uma na idade escolar.

* Deixe a criança decidir

Esta é bem difícil para muitos de nós. Mas tão, tão importante. A grande maioria dos pais assume decisões que a criança pode tomar sozinha.

Educar com Mindfulness

Lembra-se da nossa conversa sobre responsabilidade pessoal? Deixe a criança decidir o que vestir, como pentear o cabelo, se toma banho antes ou depois do jantar, se faz os trabalhos de casa ao chegar em casa ou mais tarde, com quem brinca etc. Se você tem dificuldade em ter esta postura, tente perceber por que e explore as suas respostas pessoais enquanto experimenta dar mais liberdade ao seu filho.

- Pergunte a opinião da criança

Os meus filhos adoram quando pergunto o que eles acham que eu devo vestir ou o que vamos jantar. Gostam de ter influência nas decisões que envolvem a família. Peça regularmente a opinião ao seu filho: "Aonde você gostaria de ir nas férias? O que vamos fazer para o jantar? Que vestido devo comprar? Aonde você acha que devemos ir primeiro?".

- Dê responsabilidade à criança

Num dia em que íamos receber muitas pessoas em casa, a sala estava um caos e eu estava sozinha com os meus três filhos. Comentei que achava que a sala estava bastante desarrumada. A minha filha respondeu: "Talvez seja melhor arrumarmos" e olhou para os irmãos (6 e 3 anos, na época). "Boa ideia", respondi. "Então vocês ficam responsáveis por isso enquanto eu preparo a comida". Meia hora depois, não tinham arrumado apenas a sala, mas também os quartos. Será que se sentiram capazes e competentes? Que tal perguntar ao seu filho: "Você quer assumir a responsabilidade de alguma coisa aqui em casa?".

- Quando fica bem claro para a criança que ela é responsável por alguma coisa, o mais provável é que ela assuma essa responsabilidade.

Por exemplo, a arrumação do quarto, os trabalhos de casa, pôr a roupa para lavar etc. Na maior parte das vezes, o obstáculo está nos pais, que precisam ter paciência, confiança e coragem para darem à criança o espaço de que ela necessita para sentir que a responsabilidade é mesmo só dela. Assim, a sensação de que se está tornando independente, capaz, competente e reconhecida aumenta exponencialmente.

Mikaela Övén

- Ensine coisas novas e úteis

Não é preciso serem coisas muito complicadas. Aliás, é preferível começar pelas coisas simples. Já perguntou ao seu filho: "O que você quer aprender a fazer aqui em casa?". Preparar o café da manhã (é algo que uma criança pode fazer muito cedo; o meu filho mais novo tinha 3 anos quando fez o seu café da manhã sozinho pela primeira vez: papa de aveia), passar manteiga no pão, colocar o leite no copo, enviar uma mensagem escrita, ligar a máquina de lavar louça, comprar pão etc.

- Mostre que tem confiança na criança em tarefas importantes

"Por favor, atenda o celular, que não posso falar enquanto estou dirigindo", "Você pode ficar aqui um pouco enquanto o seu irmão toma banho, para eu pôr o arroz para cozinhar?", "Você vai buscar o leite e eu vou buscar o pão", "Você paga a conta?" Haverá, certamente, muitas outras coisas que o seu filho poderá fazer. Quem conhece melhor o seu filho é você. Lembre-se de se perguntar: "Como posso ajudá-lo a satisfazer a vontade de independência (e a necessidade de se sentir reconhecido e importante)? Como posso ajudar o meu filho a sentir-se capaz e competente?"

Claro que, além de ter em atenção esta questão da independência, se a criança estiver passando por questões emocionais fortes (o nascimento de um irmão, a morte de alguém, uma mudança de escola etc.), você deve estar atento às mudanças de comportamento e às birras, que podem agravar-se. Cabe a você manter o tal trabalho de detetive! Se a criança estiver vivenciando várias emoções desafiantes ao mesmo tempo, encare as birras como uma forma de cura e de libertação da tensão e do estresse. Mantenha-se plenamente presente para criar um espaço seguro para a sua expressão de emoções.

- Como agir perante as birras monumentais?

Então, como você deverá agir naqueles momentos em que a criança está deitada no meio do chão do centro comercial aos berros (supostamente porque você não lhe deu as figurinhas que ela queria)? A minha recomendação é a seguinte: se quer praticar Parentalidade Consciente, concentre-se em

Educar com Mindfulness

manter uma boa relação e não em corrigir o comportamento. **Encontre dentro de você muita paciência e amor incondicional, procure manter-se num estado Mindful e lembre-se de que, numa relação em que a criança se sinta realmente bem, ela tende a portar-se bem.** Quando a criança se sente mal, não é fácil portar-se bem. E, para ela se portar bem, fazê-la sentir-se pior é uma má estratégia.

É óbvio que a tranquilidade e a calma dos pais nestas situações de turbulência emocional são essenciais para que a criança possa mudar o seu estado e começar a sentir-se bem. Ela não está fazendo birra para aborrecer você, mas porque não consegue lidar com as próprias emoções de outra forma naquele momento. As necessidades emocionais a preencher de imediato são a segurança e o controle. Assim sendo, tenha como principal intenção assegurar um espaço seguro (físico, e principalmente emocional) e ajude a criança a reencontrar o controle e o equilíbrio.

Alguns pontos a ter em mente durante a birra

- Lembre-se de que o comportamento é uma forma de comunicar. O que o seu filho está fazendo é a melhor estratégia de que dispõe nesse momento para satisfazer as próprias necessidades;
- Não julgue nem isole a criança. Se o seu filho permitir o contato físico, faça-lhe um carinho ou dê-lhe um abraço. Se não, mantenha-se apenas presente;
- Se o espaço onde se encontram não for física e emocionalmente seguro, saiam, pegue o seu filho (mesmo esperneando) e encontre um lugar melhor;
- Reconheça as emoções. ("Você está muito irritado/triste/ frustrado porque...?");
- Reflita sobre as necessidades emocioniais que podem estar em falta (além da segurança e do controle) nesse preciso momento;
- Se for necessário, comunique os seus limites por meio da linguagem pessoal, o mais cedo possível;
- Às vezes, as palavras não são suficientes e torna-se necessário intervir para proteger alguém, a própria criança ou algo.

Intervenha com calma, paciência e sem julgamentos. ("Sei que você está muito zangado por não poder ver os desenhos animados agora, mas não posso deixar você estragar a televisão; por isso vou segurar você aqui até sentir que é seguro e soltá-lo");
- Esqueça as opiniões dos outros. A relação com o seu filho vem primeiro;
- Não tente proteger a criança das emoções dela nem as julgue. Ofereça apenas um espaço seguro para elas acontecerem;
- Quando passar, passou. Pode ficar tranquilo, porque a birra acabará dentro de alguns minutos. Aproveite para se reconectar com o seu filho assim que a birra terminar. Não implique nem interprete o comportamento do seu filho de uma forma pessoal;
- Lembre-se das suas intenções!

Durante a infância, a criança está no meio do processo de aprendizagem para saber lidar com as emoções, para aprender a reconhecê-las e saber o que fazer com elas. Quando faz uma grande birra, revela claramente que não está conseguindo lidar com as emoções sozinha e que precisa de ajuda. E o adulto é a única ajuda que ela tem. Quanto mais você conseguir ajudá-la na infância, mais preparada ela estará na adolescência, que é uma fase bem desafiante em termos emocionais.

Por regra, tentamos reagir à birra controlando a criança por meio de algum tipo de correção do comportamento. Ameaças e castigos (físicos, *time-outs* etc.) não ajudam a longo prazo. A empatia e o reconhecimento ajudam e proporcionam aprendizagem. Todavia, ouvimos frequentemente o contrário, que os pais devem manter o controle por meio de estratégias punitivas que não permitem o crescimento, a mudança positiva e consciente.

A única coisa que precisamos controlar são as nossas emoções e reações. Se formos capazes disso, conseguiremos oferecer o espaço de que a criança necessita, controlar a situação e, ao mesmo tempo, possibilitar lições de vida fundamentais.

As "birras" podem assumir várias formas. Se o seu filho apresentar um comportamento que possa ser rotulado como "birra" (sendo desafiador ou "mau"), mesmo fora da "idade das birras", utilize os passos de investigação apresentados no início deste capítulo e tenha em mente a pergunta: "Que necessidade o meu filho está tentando preencher?". Mediante a resposta, escolha estratégias adequadas para satisfazer essa necessidade em primeiro lugar.

A HORA DAS REFEIÇÕES

A sopa é um tema de conflito em muitas famílias portuguesas. Aliás, comer é um tema de conflito em muitos lares. Existe um estigma em torno das refeições associado a convicções antigas e não ao fato de a criança comer ou não. Embora a sopa seja ótima, existem outras maneiras de ingerir legumes e de servir comida. Aliás, até são poucos os países onde se "tem forçosamente de" comer sopa! Conhecer as diferenças culturais pode ser uma forma de nos ajudar a relaxar. Depois de ter estado na Índia, onde é habitual comer arroz de manhã e utilizar as mãos em vez de talheres, nada mais me abala!

A minha mãe costumava dizer o seguinte sobre o meu filho do meio: "Dá gosto vê-lo comer!", da mesma forma que expressava o seu sofrimento em relação ao meu filho mais novo, que "não comia". Para muitos, é como se a comida se transformasse num símbolo de amor. As mães, sobretudo, ficam muito contentes quando as crianças (e outras pessoas) comem e gostam da comida que elas prepararam, e ficam tristes quando não gostam ou, simplesmente, não querem comer. Parece que nos sentimos más mães quando os nossos filhos não querem tomar a sopa.

Claro que, quando falamos em comida, é importante avaliarmos o tipo de comida e o seu valor nutritivo. Queremos que os nossos filhos fiquem "fortes" e que tenham "energia", certo? Por isso, muitos pais (e, principalmente, mães) assumem o controle sobre o momento das refeições. Decidem o que se come, a quantidade que se deve comer, a forma como se come e a ordem a seguir. Assumem, no fundo, uma responsabilidade que não é deles. A nossa responsabilidade, enquanto a criança é pequena, é preparar e servir a comida. E, enquanto mora em nossa casa, disponibilizar comida que consideramos saudável e nutricionalmente equilibrada. Quando um pai ou uma mãe decidem (inconscientemente) assumir total controle sobre as refeições, estão se preparando para um trabalho árduo que, provavelmente, resultará em muitos conflitos.

O GOSTO E O APETITE

Se você tem mais de um filho, deve saber que os gostos e os níveis de apetite podem ser completamente diferentes. É uma maravilha lidar com uma criança que come tudo o que está no prato e tudo o que lhe é servido sem queixas, e pode ser um desafio grande lidar com uma criança que "não come nada" e que rejeita muitos ingredientes.

Independentemente do tipo de hábitos que o seu filho tenha, se tiver mesmo fome, em situações normais (que são a grande maioria), ele vai comer. E, quanto menos o aborrecer com o assunto, mais rapidamente a situação se normalizará. Nenhuma criança ficou doente por comer apenas pão durante uma semana ou por não ter jantado um dia.

As crianças sabem intuitivamente o que é bom comer e o que não é. E parece que às vezes esquecemos que somos nós, os pais, que escolhemos o tipo de comida que temos em casa. Os nossos filhos só sabem o que são batatas fritas e chocolate porque os servimos. Garanto-lhe que o seu filho não vai comer "só porcarias" se não tiver "porcarias" disponíveis em casa.

Se quiser que o seu filho coma tudo o que está no prato, comece por servir uma quantidade pequena. Experimente deixá-lo servir-se sozinho e lembre-se que ele tem de errar muitas vezes antes de saber qual é a quantidade adequada. Jesper Juul costuma dizer: "É com a comida e com todo o resto: quanto menos os adultos se meterem, mais rapidamente as crianças aprendem a fazer direito".

Tenha estes ensinamentos presentes na hora de servir as refeições. A você, como já referi, cabe servir a comida que quer servir e deixar a criança assumir responsabilidade pelo que ingere. O seu único desafio é decidir o menu, fazer as compras e preparar as refeições. Se relaxar, assumindo a responsabilidade que é sua e deixando a criança gerir a responsabilidade dela (que é comer), pode confiar que encontrará um bom equilíbrio sem precisar de ajuda. Utilize a sua energia para cozinhar comida saudável, saborosa e variada. Seja a tranquilidade e a harmonia que quer ter em torno da mesa!

SENTIR COMO ESTÁ A FAMÍLIA À MESA

A refeição não é só proteínas, fibras, vitaminas e calorias. É também uma oportunidade única de sentir como está a família. A forma como a refeição acontece, o ambiente à mesa, as principais preocupações, o grau de controle e de liberdade, o respeito e muitos outros aspectos, permitem-nos perceber como está a família naquele momento. Se a refeição é um momento caótico e a única preocupação é gerir o momento e não entender o porquê do caos, perde-se uma oportunidade de perceber o que se está passando com a família. O mesmo acontece quando focamos em gerir comportamentos em vez de entendê-los.

Claro que você não tem de aceitar um grande caos à hora do jantar. Pés em cima da mesa, meninos correndo de um lado para o outro, lutas ou palavrões. Não. Se a hora da refeição implica caos, é necessário questionar-se por que isso acontece. O que está passando na nossa família? Como gostaríamos que as nossas refeições fossem? Quais são as nossas intenções?

A segunda pergunta é muito importante. Muitas vezes estamos presos a ideias fixas, convicções e costumes antigos de como deveria ser a hora da refeição, e não sabemos o que queremos verdadeiramente. Cada família tem de decidir o que faz sentido. Isso quer dizer que é você, ou você e o seu companheiro, que têm de decidir o que se pode comer entre refeições, se devem comer sempre juntos, qual a hora ideal para o jantar etc., preferencialmente envolvendo os filhos ao máximo nestas decisões.

Conversem sobre a logística, partilhem tarefas, decidam menus em grupo. Você pode incentivar a criança a comer mais um pouco ou a experimentar uma certa coisa, mas não a obrigue e não insista. A sua resistência gera mais resistência, e você só vai conseguir o que quer se utilizar subornos, ameaças ou castigos. E, como você já sabe, estas estratégias não fazem parte do exercício de uma Parentalidade Consciente. Relaxe e confie no seu filho. Se quer refeições em paz, é a pessoa certa para as criar!

Lembre-se: "Quanto menos os adultos se meterem, mais rapidamente as crianças aprendem a fazer bem".

TRABALHOS DE CASA/TPC

Uma das principais questões que observo em relação aos trabalhos de casa, além de em muitos casos serem excessivos, é que os pais os veem como um problema e assumem demasiada responsabilidade pelo trabalho escolar do filho. A criança torna-se completamente dependente dos pais (ou do centro de estudos) na gestão do trabalho e criam-se conflitos diários que perturbam os finais de tarde. Apresento aqui uma sequência de 5 estratégias que normalmente utilizo para ajudar as famílias que me procuram com esta situação. Se as seguir, garanto-lhe que o grau de sucesso rondará, pelo menos, os 90%, dependendo de como se define "sucesso". Eu considero que existe sucesso quando a criança ganha uma nova motivação para a realização dos famosos TPC.

Antes de falar dessas estratégias, quero salientar que existem alguns pontos-chave que influenciam o sucesso escolar do seu filho, como a sua paciência e a confiança nas capacidades dele. É preciso que a criança se sinta calma e focada para conseguir ter sucesso. Se ainda tiver de carregar nas costas o seu estresse em relação ao insucesso ou à falta de motivação que ela sente, então não a está ajudando. Pelo contrário. Você tem obrigatoriamente de lidar com as próprias emoções associadas a este tema, pois são da sua responsabilidade, e não do seu filho.

Educar com Mindfulness

ESTRATÉGIAS

- Primeira estratégia

Você deve começar por devolver a total responsabilidade pela realização dos TPC à criança ou ao jovem. Sente-se com o seu filho e, olhos nos olhos, explique-lhe que a responsabilidade dos TPC é dele e que você não vai aborrecê-lo mais com o assunto. Diga que você percebeu que estava assumindo uma responsabilidade que não era sua e que a quer devolver. Afirme que acredita que ele tem capacidade, competência e inteligência para ser o dono dessa tarefa e que, sempre que precisar de ajuda, seja com o que for, basta pedir-lhe. Questione-o sobre o que sente em relação a isto. Se notar algum desconforto, pergunte-lhe se quer definir desde já alguma coisa em relação à ajuda que pode vir a necessitar.

Marquem um momento para voltarem a este assunto e avaliarem conjuntamente os resultados deste novo processo. Se a criança fizer os trabalhos na escola, pense em formas de mostrar-lhe que a responsabilidade é mesmo dela também nesse ambiente.

- Segunda estratégia

Tendo em mente a energia do seu filho (se necessário, retorne ao capítulo dedicado às necessidades), pense em como pode integrar as suas necessidades psicológicas na realização dos trabalhos de casa. Uma criança verde, com muita necessidade de conexão, não vai conseguir fazer os trabalhos sozinha no quarto; uma criança laranja, com necessidades de experiência e novidade, talvez estude melhor com música de fundo e sem ser de forma contínua, alternando as matérias e até o lugar onde estuda. Uma criança azul, com forte necessidade de segurança e controle, talvez queira fazer os trabalhos sempre à mesma hora e no mesmo local. Uma criança vermelha, com necessidade acentuada de reconhecimento, talvez estude melhor se ouvir palavras de reconhecimento, de vez em quando, enquanto estuda.

Mikaela Övén

- Terceira estratégia

A presença e a verdadeira disponibilidade são essenciais. Se o seu filho precisar de ajuda, você tem de estar mesmo lá. Sem estar pensando no jantar que tem por fazer ou na resposta de um email que recebeu. Ele tem de sentir a sua total presença, confiança, vontade e disponibilidade para ajudar. Essa presença tem de ser desprovida de julgamentos, com toda a lógica da comunicação consciente. A criança não deve sentir que o pai/a mãe está em tensão, mas que está ao seu lado porque quer, relaxado e com vontade de ajudar sem pressionar. As crianças que fazem os TPC nas escolas também precisam desta presença. Assegure-se de que dispõe de um momento para reparar no que a criança fez enquanto esteve na escola, com interesse e curiosidade, e nunca para controlar. Faça perguntas, não julgue. Isto é especialmente importante para a criança vermelha, com mais necessidade de reconhecimento.

- Quarta estratégia

Com as outras estratégias em mente, faça um plano com o seu filho. Perceba as necessidades dele, a logística necessária em torno dos trabalhos de casa. Do que precisa? O que ele quer? O que não quer? De quanto tempo necessita?

De acordo com alguns estudos, uma criança que esteja frequentando o início do ensino fundamental não deve ultrapassar 1 hora por dia de TPC, uma criança um pouco mais velha não mais de uma hora e meia, e um jovem no ensino médio poderá chegar a 2 a 3 horas.

Enquanto estipulam o plano, você pode sugerir ao seu filho que comece com o que gosta menos e termine com o que gosta mais.

Outra coisa, muitas vezes negligenciada, é a importância de planejar as pausas curtas e os *snacks*. Estudar com fome e sem pausas é desafiante.

- Quinta estratégia

Rever os trabalhos de casa. Mais uma vez, mesmo entregando toda a responsabilidade dos trabalhos à criança, é importante continuar mostrando

Educar com Mindfulness

O café da manhã pode ser adiantado e os lanches, a roupa e as mochilas, preparados com antecedência. Se quiser ter mais tempo de manhã, prepare tudo o que for possível na noite anterior. Considere também se você está se levantando suficientemente cedo. Levantam-se todos ao mesmo tempo? Será que se pode levantar 15-30 minutos antes das crianças para tratar das suas coisas?

ESTOU COM SONO!

Outra coisa que também começa na noite anterior tem a ver com uma necessidade fisiológica que muitos temos em falta: o sono. A que horas o seu filho vai dormir? E a que horas você vai? Se a criança não dormiu horas suficientes, a probabilidade de ter um início de manhã cheio de estresse aumenta exponencialmente. Se o adulto ainda estiver cheio de sono, também. Sei que muitas vezes é desafiante conseguir que a criança durma as horas necessárias, mas é bom saber se lhe falta a boa educação ou horas de sono! Olhe novamente a tabela da página 140 para avaliar se há algo a mudar e pondere também se você próprio dorme o suficiente. Com o so em dia, você será um melhor pai/uma melhor mãe.

ATENÇÃO ÀS NECESSIDADES DO SEU FILHO

Se você tem manhãs desafiantes, utilize o seu conhecime energia do seu filho. É necessário começarmos a investigar des emocionais presentes. Por exemplo, uma criança verd grande necessidade de conexão. Algumas crianças precis com os pais de manhã (não só as verdes, claro!). Se nã de contato próximo em que essa reconexão se faz, e (inconscientemente) inventar estratégias para pro Comer muito lentamente, demorar muito tempo vestir-se, inventar coisas que "têm" de fazer a mais de uma vez etc. Eis duas das melhores f sidade de conexão dessas crianças: 1. Aco rante alguns minutos. Faça-lhe uns mim

Mikaela Övén

conversem um pouco. 2. Tomem o café da manhã todos juntos. Na minha família, isso faz milagres!

A criança azul vai sofrer numa família em que a manhã seja caótica, em que o tempo seja escasso e em que tudo seja feito correndo. A criança azul quer rotina e tempo de sobra. A criança laranja é a que lida melhor com ma-nhãs confusas. Se o seu filho for laranja e as manhãs estiverem indo mal, procure introduzir momentos novos e de diversão. Talvez vocês possam tomar o café da manhã na cama, ou brincar enquanto se vestem (colocar as meias nas orelhas e as cuecas na cabeça). Experimente cantar ópera enquanto dá as suas instruções, ou outra coisa qualquer. A criança vermelha vai querer ter influência sobre a roupa que veste, sobre o que come no café da manhã ou o que coloca na lancheira etc. Procure deixá-la ter o máximo de influência na rotina matinal. Se não conseguir identificar exatamente as necessidades do seu filho, experimente um pouco de tudo e observe o que funciona!

PRATIQUE MINDFULNESS LOGO PELA MANHÃ

Um dos grandes problemas nas manhãs das famílias é o foco. E estou me [...]indo ao foco dos pais. Eu sei que as manhãs que correm menos bem na família são sempre aquelas em que perdi o foco. Comecei a ler algo [...]rendeu a atenção, decidi verificar mensagens ou estou tentando fazer multi-[...]ok, decidi arrumar alguma coisa ou [...] de repente, olho para o relógio e vejo que já é tarde e começo [...] meninos que ainda não estão prontos... Quando você perde o [...] responsabilidade e não culpe o seu filho pelo atraso. Prati-[...]logo pela manhã. Faça o que está fazendo, uma coisa de [...]te presente!

[...]NAIS

[...]e dar muitas instruções de manhã? Que tem de [...]r tudo e mais alguma coisa? O primeiro passo [...] divisão de responsabilidades. Algumas pes-[...]ma, com palavras ou imagens, para que as

Mikaela Óvén

não tiver oportunidade de se libertar desse estresse (por meio da prática de Mindfulness, por exemplo), pior ainda.

Além disso, se uma criança pequena não tem o cérebro suficientemente desenvolvido para entender as consequências num futuro próximo, quanto mais na faculdade. E, muito importante, mentalize isto: os resultados escolares não definem o sucesso e a felicidade na vida adulta! Adapte-se ao ritmo de desenvolvimento do seu filho. Algumas crianças demoram mais tempo a aprender a ter do que outras. Algumas podem ter dislexia, outras, dificuldades na matemática. O seu ponto de partida é o seu filho e não o que é normal de acordo com a norma. Olhe para ele como um todo, com as necessidades dele em mente, e veja como você pode apoiar o progresso dele na escola da melhor forma. Sem comparações e sem julgamentos, sabendo que, se o guiar de uma forma consciente, estará contribuindo para o desenvolvimento de uma autoestima saudável, para o sucesso e uma vida feliz.

HORA DE SE LEVANTAR!

Uma das situações mais estressantes para as famílias é a hora de sair de casa de manhã. Parece que tudo corre mal e que os atrasos são inevitáveis. Há uma série de rotinas matinais pelas quais normalmente passamos e, mesmo tendo tudo muito bem planejado, nunca parece ser suficiente.

A MANHÃ PODE COMEÇAR NA NOITE ANTERIOR

Uma das principais questões a ter em mente é que o fluir da manhã começa na noite anterior.

Para muitos, parece que o tempo nunca é suficiente de manhã. Sem nos darmos conta disso, já é hora de sair e ainda temos tantas coisas para fazer. E, ainda por cima, as crianças não colaboram. Há coisas práticas e pequenas que podemos fazer na noite anterior que nos vão ajudar muito.

238

Educar com Mindfulness

interesse pelo trabalho, independentemente de a criança pedir ajuda ou não. Vocês podem incluir este ponto no plano que fizeram. Mas lembre-se de que não é para controlar, mas para mostrar interesse e, eventualmente, oferecer ajuda. Você não deve ficar sempre ao lado do seu filho enquanto ele faz os trabalhos. Se forem períodos curtos, não faz mal. Lembre-se de que estamos aqui para ajudar a desenvolver independência e autonomia. O mais importante é o momento em que o seu filho finaliza o trabalho. Você facilmente perceberá os benefícios para todas as necessidades principais. A criança que precisa de reconhecimento sente-se reconhecida, a que precisa de segurança e controle sente-se mais segura, a que precisa de conexão tem um momento de ligação e a que precisa de experiência pode ter uma oportunidade de falar e de contar o que fez.

Como algumas crianças que têm baixos resultados sentem dificuldade em pedir ajuda, este momento pode ser de extrema importância. Outras podem ter o hábito de estar sempre solicitando ajuda. Nesses casos é importante comunicar o seu limite: "Você está se sentindo inseguro com as contas de matemática. Se concentre mais um pouco ou escolha outra tarefa para fazer agora. Eu vou começar a preparar o jantar e, enquanto faço isso, você trabalha sozinho. Daqui a 15 minutos, vou me sentar ao seu lado, completamente disponível para você".

CALMA, DAQUI ATÉ À FACULDADE AINDA FALTA MUITO!

Uma das grandes preocupações que os pais têm relativamente ao trabalho escolar é o futuro da criança. Os filhos ainda estão no ensino fundamental e os pais já os imaginam na faculdade. Se você se vê neste perfil, convido-o a refletir sobre alguns pontos. Em primeiro lugar, você já sabe que a sua preocupação afeta negativamente a autoestima do seu filho. Quanto mais preocupação demonstrar com o futuro dele, pior. Quando os adultos mais próximos da criança se mostram constantemente preocupados com o futuro da criança, ela sente que os pais não a amam como ela é. Que a forma como ela é neste momento não serve.

Uma criança que ouve comentários frequentes sobre a maneira como o seu futuro está sendo hipotecado começa a sentir estresse. Se a criança

Educar com Mindfulness

crianças saibam quais as tarefas matinais a serem feitas. Você pode procurar exemplos na Internet, mas, por favor, não os utilize como quadros de bom comportamento com prêmios e recompensas. O objetivo é que o seu filho siga a rotina matinal porque é benéfico para toda a família e não para ganhar pontos e prêmios.

Na maioria das vezes, o problema com as instruções que damos é que são difíceis de entender ou de pôr em prática. Em primeiro lugar, diga o que quer que a criança faça e não o que não quer que ela faça ("Não brinque com os legos agora!" *vs.* "Vá escovar os dentes!"). Em segundo lugar, seja específico. O que "Arrume-se!" quer dizer especificamente? O que a criança tem de fazer para conseguir arrumar-se? "Escove os dentes agora e depois calce as meias e os sapatos. Saímos às 7:45." Em terceiro lugar, considere se as instruções que está dando são demasiado longas ou complexas. Talvez possa dividi-las em partes, esperando que a criança acabe uma coisa antes de dar indicações para a próxima. As suas instruções têm de ser sempre simples e claras!

SEJA SEMPRE SINCERO

Você está mesmo sendo honesto quando comunica que tem pressa de manhã, ou está apenas dizendo que vão chegar atrasados para pressionar a criança? E será que é ela que vai chegar atrasada ou é você que quer chegar a tempo no trabalho? Lembre-se da importância da congruência. Se a criança estiver sentindo incongruência da sua parte, vai apresentar resistência. Provavelmente, para muitos de nós, é mais honesto dizer: "Preciso sair agora para chegar a tempo a uma reunião que marquei com o meu colega e não gosto de o fazer esperar" do que "Você vai chegar atrasado na escolinha!".

A CONFIANÇA GERA RESPONSABILIDADE

Para o seu filho querer colaborar com você, ele tem de sentir que exerce alguma influência sobre o que está acontecendo e que você confia nele. Se estiver constantemente o aborrecendo ("Já é muito tarde!", "Você tem de se arrumar!", "Vamos chegar atrasados!", "Já lhe disse para escovar os dentes!"), ele deixa de querer colaborar, de sentir a sua confiança e de acreditar que você é a dona da responsabilidade. Coloque-se no lugar dele: como você se sente quando alguém o aborrece desta forma? Sempre que possível, deixe-o assumir o máximo de responsabilidade e viver as consequências naturais do seu comportamento.

Se quer criar uma rotina matinal mais harmoniosa, por que não começar com uma reunião de família? Ou, se lhe parecer excessivo, experimente conversar durante o jantar ou no carro a caminho da escola. Levante questões como: quais as responsabilidades de cada um? Qual o compromisso de cada um? O que podemos fazer na noite anterior? A que horas temos de nos deitar para dormirmos o suficiente? Que consequências naturais existem e que consequências conscientes podem existir? Como é que queremos que sejam as manhãs na nossa família? E, claro, tenha sempre presentes as suas intenções e as necessidades de todos!

CONFLITOS ENTRE IRMÃOS

Praticamente todos nós que temos mais de um filho desejamos livrar-nos dos conflitos entre irmãos. Existem algumas relações fraternais que são muito pacíficas, mas são poucas, e, normalmente, a diferença de idade é relativamente grande. Talvez possamos nos questionar por que temos esse desejo... provavelmente porque achamos que a nossa vida seria mais simples assim! Mais uma vez, podemos começar por mudar a forma como olhamos para a situação. Em vez de julgarmos as brigas entre irmãos como algo de errado, podemos entendê-las como excelentes momentos de aprendizagem que, com alguma intervenção nossa, podem ajudar os nossos filhos a tornarem-se amigos, parceiros e pais mais competentes, no futuro.

Quando duas ou mais pessoas se juntam, os conflitos inevitavelmente aparecem. Um conflito é uma situação em que existem opiniões, desejos, necessidades, objetivos ou intenções diferentes. Não é o grau de diferença

Educar com Mindfulness

que define a existência ou a ausência de um conflito. Basta haver uma diferença, independentemente do grau. Ou seja, um conflito não tem necessariamente de conter gritos, agressão e sofrimento.

Quando você tem um ou mais filhos, sobretudo se são rapazes, parece que existe uma necessidade de estabelecer e restabelecer uma hierarquia interna todos os dias (e, às vezes, várias vezes ao dia). Os irmãos lutam pelos seus interesses próprios, e um dos principais é ter o tempo e a atenção dos pais. Para muitas crianças, esse tempo parece nunca ser suficiente. Quanto mais conseguir tomar conta de si e assumir responsabilidade pelos seus limites pessoais, maior será a harmonia na família. Quanto mais focado estiver no sentido de justiça, em apontar o certo e o errado, em descobrir quem começou, em tratar por igual todas as crianças, mais confusão haverá, com toda certeza.

COMO GERIR O CONFLITO?

Só porque sabemos gerir conflitos não quer dizer que eles diminuam. O número de conflitos pode continuar igual, a diferença está apenas na forma como lidamos com eles (lembre-se de que um conflito surge quando existem diferenças de opinião, de necessidades etc.).

Quanto mais se envolver e agir nos conflitos dos seus filhos, mais tempo demorarão a assumir responsabilidade por eles. Ou seja, a primeira dica que lhe dou é que deixe as crianças resolverem os próprios conflitos sempre que possível. Evite envolver-se! Ofereça-lhes espaço, físico e emocional. De acordo com o trabalho de investigação que já conhece, uma das coisas mais importantes que você pode fazer para as crianças se manterem calmas é manter a própria calma. Como já reforcei, as crianças necessitam sentir que você consegue disponibilizar um espaço seguro quando elas próprias não conseguem lidar com as grandes emoções. É a existência desse espaço que lhes vai permitir aprender a lidar com elas mesmas.

Quando você se intromete num conflito para dar lições, ensinar o certo e o errado, ou para instigar a moralidade ("Você é o mais velho", "Ela é menor", "Isso não se diz", "Como mais velha, você já deveria saber" etc.), não resolve nenhum conflito, mas provavelmente promove emoções como a culpa, a vergonha, a raiva e a vontade de vingança, a longo prazo. Ou seja, está promovendo as condições ideais para mais conflitos no futuro. Se utilizar os obstáculos de comunicação, não vai conseguir comunicar nem ensinar a comunicar.

Se sentir necessidade de intervir, pondere o seguinte: "Será que sou eu que estou muito impaciente e eles, na realidade, conseguem resolver este assunto sozinhos, ou precisam mesmo de ajuda?". Não reaja de imediato e crie um espaço entre a emoção e a reação. Você perceberá o que é realmente necessário fazer, se for necessário fazer algo.

Se a resposta tiver a ver com a sua impaciência, veja se consegue distanciar-se, dar uma volta ou pedir às crianças para se afastarem.

Se sentir que elas precisam mesmo de ajuda, você pode fazer outras coisas, sobre as quais falaremos em seguida. Mas, antes de agir, lembre-se das 7 atitudes do Mindfulness, principalmente o não julgamento, e acrescente este ponto fundamental: nunca escolha um lado! Às vezes, basta uma intervenção rápida, outras vezes, pode ser bom investir mais algum tempo. Ou você pode aproveitar alguns conflitos para criar bons momentos de aprendizagem para todos os envolvidos.

ATIVE O SEU DETETIVE MINDFUL

O sono e/ou fome talvez sejam os principais "responsáveis" pelos conflitos. Se olhar para os momentos em que os seus filhos discutem mais, é provável que encontre um padrão que revele sono ou fome. Se for o caso, procure agir de uma forma proativa. Nestas situações não vale a pena investir tempo para se tornar pedagógico e ensinar às crianças como se resolvem conflitos. (Também não vale a pena berrar com elas ou pô-las de castigo, claro.)

Principalmente em períodos em que os conflitos entre irmãos são frequentes, procure encontrar algum padrão e tente analisar se existem necessidades principais em falta. Por exemplo, será que o seu filho aborrece muito a irmã mais nova porque sente falta de significância? Se as necessidades não forem óbvias, procure observar os padrões dos conflitos. Quando ocorrem? Quais são as razões aparentes? Etc.

Educar com Mindfulness

Se notar que é sempre a mesma criança a iniciar as discussões, questione as necessidades que essa criança está procurando preencher com o comportamento. Será que precisa de mais reconhecimento e significância? Será que é controle e segurança? Será que está aborrecida e precisa de mais atividades, momentos de exploração e aprendizagens novas? Será que está procurando conectar-se mais com o seu irmão, mas não sabe muito bem como fazê-lo? Questione-se, em seguida, sobre a melhor forma de ajudar o seu filho a satisfazer as necessidades de uma forma mais saudável, e ajude-o a exprimi-las.

Investigue também a forma como lida com os seus conflitos, nomeadamente com o pai/a mãe das crianças, com as próprias crianças e com outras pessoas próximas (os seus pais e os seus irmãos, talvez os amigos). O que precisa trabalhar? Quão claro é com os seus limites pessoais? Quão respeitador dos outros? Que linguagem utiliza? Que tendências tem? Etc.

TRABALHE A PAZ

Você pode trabalhar proativamente a resolução de conflitos. Em momentos calmos, até talvez numa reunião de família, aproveite para falar sobre os valores familiares e como devem agir se seguirem esses valores com exemplos concretos.

Ensine a linguagem pessoal aos seus filhos com o próprio exemplo e conversando ativamente sobre a forma como podemos falar para exprimirmos as nossas necessidades.

Escolha um conflito recente e olhe para ele à luz da linguagem pessoal e do modelo para a resolução de problemas apresentado no capítulo sobre a comunicação. Faça um pequeno *role play*[3] com as crianças.

Ajude os seus filhos a darem nomes às suas emoções e a encontrarem formas saudáveis de lidar com essas emoções. Mostre como podem respirar fundo e afastar-se da situação. Ensine os seus filhos a serem Mindful!

---

[3] *Role play* ("jogo de papéis", em português) é uma atividade em que as pessoas assumem personagens ou papéis específicos, geralmente em um cenário fictício ou simulado, para explorar situações, resolver problemas ou simplesmente se divertir. Tal técnica ajuda a desenvolver habilidades de comunicação e argumentação. (N.E.)

CASOS PRÁTICOS DE GESTÃO DE CONFLITOS

Se vir que é necessário, a maneira mais simples e menos pedagógica que tem para intervir num conflito é juntar-se às crianças. Vire-se para aquela que parece mais aborrecida e diga: "O que você quer?". Ao obter uma resposta, diga: "Ok, então pergunte se ele pode ajudar você com isso". Se a resposta for "sim", o conflito está resolvido. Se for "não", é algo com que a outra criança tem de aprender a lidar. Às vezes, este processo é rápido, outras vezes, demora mais tempo. Mas a sua função não é proteger as crianças das emoções nem convencê-las a mudar de alguma forma. Basta reconhecer as emoções ("Você ficou triste por ele não te deixar brincar com o carro").

Muitas pessoas perguntam-me o que fazer quando a criança mais velha bate na menor. Uma coisa que não vale a pena é julgar a criança que bate. É provável que, ao olhar bem para os conflitos, você descubra que é a criança mais nova que ultrapassa os limites pessoais da criança mais velha. Isto quer dizer que você tem duas coisas importantes a fazer para ajudar. A primeira é ser um bom exemplo. Mostre os seus limites e respeite os limites dos seus filhos. A segunda é ajudar a criança mais velha a ser clara com os seus limites pessoais (você pode fazer isso utilizando os conhecimentos que já obteve com este livro).

A Leonor, de 18 meses, pega o caminhão do irmão, o Martim, de 4 anos. Este percebe, tira-lhe o caminhão das mãos e bate na cabeça dela com ele.

Podemos dizer: "Martim, percebo que pode ser muito frustrante e irritante ter uma irmã que nos tira os brinquedos. Não quero que você bata nela. Vou mostrar o que você pode fazer em vez de bater: dê a ela outro brinquedo para ter o caminhão de volta. Você vai ver que isto melhora com o tempo".

Assim, o adulto demonstra o seu limite e o da criança menor, ao mesmo tempo que respeita o limite do filho mais velho. Reconhece a emoção do Martim, oferece uma opção ao seu comportamento e ensina-lhe palavras que descrevam o que está sentindo.

Tudo isto em vez de: "Você não pode bater na sua irmã! Já lhe disse! Você tem de aprender a partilhar! Na nossa família não batemos! Peça desculpa imediatamente!" (O Martim já sabe que "não se pode bater", sente-se desvalorizado, a emoção dele é apenas julgada e não reconhecida, o pedido de desculpa não será honesto, não há alternativa nem descrição da emoção.)

Educar com Mindfulness

Os conflitos entre irmãos também se tornam violentos quando as crianças são mais velhas. O seu papel não é o de árbitro, mas de diplomata. Não está à procura de um culpado, mas de uma solução que funcione para todas as partes envolvidas. O processo é o mesmo quando as crianças são mais velhas. Incentivá-las a falar por meio da linguagem pessoal é uma grande mais-valia. A versão curta da linguagem pessoal é apenas: "Quando x, sinto x".

A Maria, de 11 anos, e o Gonçalo, de 8 anos, estão discutindo. As palavras são muito feias, e o Gonçalo acaba batendo na Maria. Já estão ambos habituados a comunicar-se por meio da linguagem pessoal e, sozinhos, acalmam-se. A Maria diz: "Gonçalo, quando você entra no meu quarto sem pedir permissão, fico aborrecida!". E o Gonçalo responde: "Eu sei, Maria. Mas, quando você está fechada no seu quarto e estou muito tempo sem falar com você, sinto sua falta".

Você pode também inspirar-se neste exemplo prático mais longo e parecido com alguns casos com os quais lido no meu cotidiano:

Miguel: Ritaaaa! Você brincou com as minhas cartas dos Invizimals!?!
Rita: Essas cartas são estúpidas. Você acha que ia tocar nelas?!
Miguel: Não são nada estúpidas! Você que é estúpida e brincou com as minhas cartas!
Rita: Saia daqui, estúpido!
Miguel: Você não manda em mim!
Rita: Saia do meu quarto!
Miguel: Você estragou as cartas! Agora vou estragar os seus *posters*!
Rita: Nãooooo! Mamãe!!! Ele vai estragar os meus *posters* da Violetta!!!

A mãe, que está ocupada com outras coisas, percebe que o conflito se tornou físico. Respira fundo e sente que é hora de intervir. Dirige-se ao quarto da Rita e com calma diz:

Mãe: Isto me parece sério. Estão muito zangados um com o outro. O que aconteceu?
Miguel: A Rita estragou todas as minhas cartas dos Invizimals!
Rita: Não estraguei nada! Você queria estragar os meus *posters* da Violetta!

Mikaela Övén

A mãe sabe que, neste momento, não interessa esclarecer quem é que tem razão.

Mãe: Uau, estão mesmo zangados!
Rita: O Miguel é estúpido!
Miguel: Eu te odeio, Rita!

A mãe decide comunicar o seu limite, utilizando também o conceito da linguagem pessoal:

Mãe: Estou vendo que ambos estão muito zangados e fico triste quando ouço este tipo de linguagem, porque gosto que nos tratemos com respeito, mesmo quando temos ideias diferentes. Vamos sentar aqui para falarmos sobre o que se passou.

A mãe senta-se na cama da Rita e acena para os meninos se sentarem com ela, um de cada lado.

Mãe: Ok, vamos respirar fundo.
Miguel: Mas, mãe, a Rita!...
Mãe: Eu sei... Vamos respirar fundo... Mais uma vez.

Os três respiram juntos.

Mãe: Quero muito ouvir por que é que estão tão zangados. Quem quer começar?
Rita: O Miguel disse que ia estragar os meus *posters* da Violetta...
Mãe: O Miguel ameaçou que ia estragar os seus *posters* e você ficou com medo que ele o fizesse. É isso? Mais alguma coisa?
Rita: Disse para ele sair do meu quarto! Este quarto é meu, mamãe! Ele tem o dele!
Mãe: Sim, este é o seu quarto e ele tem o quarto dele, é verdade. Miguel, quer me dizer o que aconteceu?
Miguel: Ela brincou com as minhas cartas dos Invizimals sem pedir! E estragou muitas!
Mãe: Entendi. Você está muito aborrecido porque a Rita pegou as cartas sem pedir e você veio para o quarto dela para lhe dizer isso?

Educar com Mindfulness

Miguel: Sim!

Rita: Mas ele entrou sem bater na porta!

Mãe: Espere um pouco, Rita, agora é a vez do Miguel de falar.

Miguel: Sim, entrei, mas foi porque ela me chamou de estúpido.

Mãe: Então, se entendi bem, você estava muito zangado com a Rita por ela ter brincado com as suas cartas sem permissão, e entrou no quarto dela igualmente sem pedir permissão. Ela te chamou de estúpido e você ficou mais zangado. Em seguida, a Rita disse para você sair do quarto e você resolveu ameaçar estragar os *posters*. É isso?

Miguel: Sim! Foi assim...

Mãe: Ok, obrigada por partilhar isto de uma forma tão calma. Assim é bem mais fácil perceber o que aconteceu. E você, Rita, estava aqui no seu quarto e, de repente, o Miguel apareceu muito zangado e você o mandou sair. No entanto, ele não saiu e ameaçou estragar os seus *posters*, certo?

Rita: Certo.

Mãe: Muito bem. Então, tenho aqui duas crianças muito zangadas. Miguel, você porque a Rita brincou com as suas cartas e estragou algumas, e você, Rita, porque o Miguel entrou no seu quarto e ameaçou estragar os *posters*. É isso?

Rita e Miguel: Sim.

Mãe: Muitas vezes, quando ficamos tristes e desiludidos, também ficamos zangados, não é? E vocês ficaram muito zangados um com o outro...

A essa altura, podemos parar a conversa ou continuar, ajudando as crianças a pensarem sobre o que aconteceu, pedindo-lhes para refletir sobre o sucedido a partir do ponto de vista do outro e para analisarem de que forma o próprio comportamento contribuiu para o conflito.

Mãe: Será que conseguem imaginar o que o outro sentiu? O que você acha, Miguel?

Miguel: Talvez a Rita tenha ficado com medo quando eu disse que estragaria os *posters*...

Mãe: Por que você acha isso?

Miguel: Porque ela gosta muito da Violetta.

Mãe: Sim. A Rita adora a Violetta.

Rita: Sim! Adoro! E você não vai tocar nos meus *posters*!

Mãe: Rita, vamos ouvir o Miguel calmamente. Miguel, você acha que podia ter falado com a Rita sobre as suas cartas de outra forma?

Miguel: Sim, acho que sim. Podia ter dito logo que não quero que ela brinque com elas.

Mãe: E você, Rita, o que você acha que o Miguel estava sentindo?

Rita: Estava zangado por causa das cartas...

Mãe: Pois é. Estava mesmo muito zangado... e que mais?

Rita: Depois ficou ainda mais zangado quando eu lhe chamei de estúpido...

Mãe: Sim... E o que você acha que podia ter feito de forma diferente?

Rita: Podia ter perguntado se ele me deixaria brincar com as cartas dele...

Mãe: E que mais? O que podia ter feito quando ele veio aqui ao seu quarto?

Rita: Podia ter pedido desculpa em vez de o chamar de estúpido.

Mãe: O que teria sido diferente se você tivesse pedido logo desculpa e não o insultasse?

Rita: Não sei...

Mãe: Acha que ele teria ficado tão zangado como ficou?

Rita: Talvez não...

Mãe: Miguel, acha que teria sido melhor assim?

Miguel: Continuaria zangado por ela ter estragado as cartas... mas não falaria dos *posters*...

Mãe: Boa! Então o que acham que podemos fazer agora para melhorar esta situação?

E a conversa poderia continuar durante mais algum tempo. Às vezes, não é possível ter este tipo de conversa, no calor do momento. Por isso, é bom aproveitar as oportunidades em que existam calma e harmonia para falar do que aconteceu.

Educar com Mindfulness

> **Resumindo, os principais pontos a ter em mente na resolução de conflitos entre irmãos são:**
>
> - pratique as atitudes de Mindfulness e a escuta atenta, e Mindful! A sua calma ajuda os seus filhos a terem calma;
> - assegure-se de que cada criança se sente ouvida;
> - certifique-se de que cada criança reflete sobre o seu comportamento e as suas emoções, e o comportamento e as emoções do outro;
> - assegure-se de que as crianças ouvem umas às outras;
> - incentive-as a respirar fundo, o que ajuda a acalmar e a criar um estado emocional diferente e mais positivo.

E, para terminar, lembre-se de que é necessário algum tempo até que as crianças aprendam a resolver os conflitos de uma forma realmente eficaz e saudável.

ESTÁ NA HORA DE DORMIR...

A grande maioria das crianças quer dormir com os pais. A proximidade, a conexão e a segurança são extremamente importantes, e elas não conseguem ver nenhuma vantagem em dormir sozinhas. As ideias divergem no que diz respeito à partilha da cama e se as crianças devem ou não dormir com os pais. Algumas pessoas dizem que é essencial para criarem um vínculo maior, outras que é devastador para a independência. Não vamos discutir aqui o certo ou o errado, apenas antes falar de intenções e de necessidades. É claro que todos temos a necessidade de dormir, mas não é uma necessidade a criança dormir na cama dos pais, nem é uma necessidade ela dormir sozinha, num quarto separado. Pode ser interessante lembrarmo-nos que até há pouco tempo a maioria das famílias tinha obrigatoriamente de dormir juntas por falta de outra opção. E em muitas culturas ainda é esse o hábito. A independência e a autonomia não dependem da forma como se dorme.

Quando existe desacordo, é bom lembrar que o núcleo da família é a relação dos pais. É importante chegarem ambos a um acordo com o qual consigam viver. O bem-estar dos pais é essencial para o bem-estar da criança.

Independentemente da escolha que fizer, o que realmente interessa são as intenções por trás da sua escolha e os seus resultados. Às vezes, dormir na cama dos pais pode tornar-se um problema quando as intenções não estão claras e as razões não têm propriamente a ver com as necessidades da criança. Por exemplo, quando os pais sentem receio de entrar em conflito com a criança, quando a mãe solteira se sente sozinha ou quando os pais não conseguem se entender e as coisas vão se arrastando.

Quando ambos os pais acham que a melhor solução é dormirem todos na mesma cama (quando há congruência!), a única coisa que importa é ter espaço suficiente para que o descanso noturno de todos não seja perturbado!

DORMIR SOZINHO

Também não existe certo nem errado em relação à criança dormir sozinha ou não. Isto, mais uma vez, é uma questão de os pais decidirem o que faz sentido para eles, tendo em conta as necessidades da criança. Se os pais tomarem a decisão de deixar a criança dormir no quarto deles e um dos pais tiver dificuldade em comunicar os seus limites, é importante que o outro ajude. Quanto mais inseguros os pais estiverem nesta mudança, mais desafiante será. É mais provável que a criança proteste do que aceite a situação com um sorriso. Ela tem sempre o direito de reagir e será difícil para ela perceber os porquês de agora ter de dormir sozinha. Para ela isso não faz sentido absolutamente nenhum, porque não é o que ela quer. Se estiver convencido em relação à sua decisão, sabe que pode ouvir a criança de uma forma atenta e Mindful, reconhecer o que ela está sentindo, e fazer o que decidiram fazer de qualquer uma das formas.

Educar com Mindfulness

Ao tomar uma decisão destas, você pode pegar na criança no colo e dizer-lhe: "Filho, eu e o papai decidimos que agora você vai dormir no seu quarto. Talvez você fique um pouco triste, mas nós vamos estar aqui para te ajudar a se sentir melhor, já que a partir de agora será assim". E você pode dar-lhe um beijinho e um abraço. A principal razão deste pequeno ritual não é preparar a criança para o que vai acontecer, mas sim para ela ter a oportunidade de testar a sua congruência. Você vai logo reparar se está alinhado com a decisão. Pode fazer este processo com uma criança de apenas um ano. Ela vai perceber (mas também vai esquecer-se rapidamente) e você vai conseguir observar a sua verdadeira vontade.

QUANDO É DIFÍCIL DORMIR SOZINHO

Muitos pais definem um momento para a criança dormir sozinha, outros queixam-se de que o filho que costumava dormir sozinho de repente se levanta frequentemente e tem dificuldade em dormir. Uma estratégia muitas vezes recomendada é ser duro com a criança e estabelecer consequências (castigos) se ela não obedecer ou, eventualmente, ignorá-la por completo (como se faz, por exemplo, nos métodos dos 5 minutos). Outra pode ser a fixação de um esquema de recompensas no qual a criança, passado um certo número de dias de ter dormido sozinha, recebe um prêmio. Como você já sabe, em ambos os casos, estamos esquecendo a razão que ancora o comportamento da criança, ignorando as necessidades dela. Você pode antes começar por questionar o porquê de ela não estar conseguindo dormir sozinha, explorando também as seguintes questões.

⇨ **Será que ela teve estímulos suficientes durante o dia? Será que está mesmo com sono? (válido principalmente para a criança laranja)**

⇨ **Será que ela tem vontade de ter mais influência sobre as rotinas na sua vida? (válido principalmente para a criança vermelha)**

⇨ **Será que ela se sente insegura e está com medo? (válido principalmente para a criança azul)**

⇨ **Será que ela está com necessidade de sentir mais conexão e pertença? (válido principalmente para a criança verde)**

Após ter questionado o porquê, você pode começar a fazer as perguntas sobre o como. Como pode satisfazer a necessidade da criança para ela adormecer sozinha. Ao explorar as soluções, tenha em mente tanto as necessidades do seu filho como as suas necessidades, porque queremos chegar a uma solução que seja aceitável tanto para a criança como para os adultos.

Se a criança for laranja e não estiver sendo suficientemente estimulada, talvez possa ter mais alguma atividade desportiva durante a semana. Ou que tal um jogo de futebol entre pais e filhos ao chegar em casa?

A criança vermelha talvez queira criar uma rotina nova ou decidir sozinha a hora de deitar. Se a criança não sugerir uma hora que os pais achem razoável, então podem ponderar de que forma ela pode ter mais influência sobre a sua vida em outras áreas.

Se a criança for azul e precisar de mais controle e segurança, talvez possam falar com ela para perceberem o que é necessário para sentir isso mesmo. Talvez uma luz de presença ou a porta aberta sejam suficientes. Talvez uma garantia de que um dos pais passa 5 minutos no quarto depois de a criança ter apagado a luz possa ser uma solução.

Se a criança verde, com a sua necessidade de conexão e pertença, não tiver as necessidades preenchidas durante o dia, é muito provável que haja conflitos na hora de deitar. Se essa for a razão, então é essencial olhar para as rotinas ao chegar em casa e questionar o que é realmente importante. Um momento extra de mimos ao deitar também pode fazer milagres.

Mais três coisas a ter presente para encontrar a solução certa para a sua família:

1. É essencial comunicar ao seu filho que quer que ele durma sozinho, sem julgamentos. Pode utilizar a linguagem pessoal para o fazer, ou simplesmente dizer: "Quero que você durma sozinho e gostaria de te ajudar para que isso possa acontecer da melhor forma".

2. Existe sempre mais do que uma única forma de satisfazer as necessidades de todos.

3. Pode demorar, não faz mal! Se passado um mês estiver tudo na mesma, é hora de reavaliar as necessidades, pois, se nada mudou, é porque continua havendo necessidades por preencher. Além disso,

talvez ainda exista incongruência por parte dos pais e a comunicação não tenha sido muito clara e autêntica.

Quando encontrar algo que funcione, lembre-se de celebrar e de agradecer à criança pela colaboração!

Para acabar, independentemente de querer que o seu filho adormeça sozinho ou não, se ele está "irrequieto" na hora de deitar e com dificuldade em adormecer, é importante analisar o próprio estado emocional. Será que está transmitindo a calma e a serenidade que quer que o seu filho sinta, ou está passando mais inquietação, impaciência e estresse? Enquanto você o está colocando para dormir, está ocupado criando pensamentos estressantes sobre tudo o que ainda tem por fazer, em vez de usufruir do momento? Para o seu filho poder encontrar a tranquilidade necessária para adormecer, a sua tranquilidade é uma ferramenta indispensável. Mais uma vez, o Mindfulness será o seu amigo!

A ANSIEDADE

A ansiedade é um fenômeno que parece estar aumentando muito, tanto nos adultos como nas crianças. Uma das situações mais comuns em que observo este problema é na escola, sobretudo no período de exames e avaliações.

Se, por vezes, é difícil para um adulto exprimir a sua ansiedade, para uma criança é ainda mais complicado. Uma criança ansiosa pode demonstrar comportamentos como birras longas "sem explicação", dores sem razão aparente, dificuldades em dormir ou em comer, teimosia ou rigidez exageradas e hábitos como roer as unhas.

Antes de apresentar estratégias para trabalhar com a ansiedade, existem algumas coisas que eu gostaria de salientar. Em primeiro lugar, você deve começar por investigar se, na realidade, a ansiedade da criança é sua. É

Mikaela Övén

comum haver pais muito ansiosos em relação ao trabalho escolar dos filhos e essa ser a principal razão para estes ficarem ansiosos (e não apenas a pressão por parte da escola). O filho incorpora, muitas vezes, a ansiedade de um ou de ambos os pais. Se descobrir que é isso que está acontecendo com você, então é indispensável assumir a responsabilidade pela sua ansiedade e trabalhar em conjunto com o seu filho.

Muitos pais tendem a rotular o filho como ansioso e preocupam-se muito com o assunto. Lembra-se de onde vem a nossa voz interior? É extremamente importante não atribuir ao seu filho o rótulo de "criança muito ansiosa". As crianças têm a tendência de "confirmar" os nossos rótulos e, quanto mais as rotulamos, mais isso se manifestará. Isso não quer dizer que não deva falar sobre a ansiedade. Para realmente ajudar uma criança a trabalhar a ansiedade, o primeiro passo é ajudá-la a falar sobre ela. E para a criança poder falar, é preciso que o adulto crie um espaço seguro, física e emocionalmente, para isso poder acontecer. O que quer dizer que não vai expor a ansiedade do seu filho falando com outra pessoa sobre o seu "problema" mesmo diante dele. Vai fazê-lo num momento privado com total disponibilidade emocional, praticando a escuta atenta e Mindful.

Uma criança que não tenha apenas períodos de ansiedade, mas que demonstre ser ansiosa a maior parte do tempo, provavelmente não tem uma autoestima muito saudável. A ajuda dos pais no desenvolvimento da autoestima é fundamental. Em algumas situações, pode mesmo ser necessário consultar um especialista, mas sempre como trabalho complementar. A ajuda de um especialista não dispensa o trabalho dos pais.

Como você já sabe, deve perceber o tipo de criança que tem à sua frente, bem como as necessidades dela. Procure saber se a ansiedade é a resposta a uma necessidade por preencher. Por norma, é o caso. Se a criança vermelha estiver ansiosa, é necessário investigar de que forma se poderá sentir reconhecida e significante (mesmo com resultados escolares que, normalmente, não permitam esse reconhecimento). Para a criança laranja, a ansiedade pode ter a ver com a rotina, por passar demasiado tempo desempenhando as mesmas tarefas, ou permanecer muito tempo parada; e a solução passa, entre outras coisas, por encontrar alternativas em que possa gastar a sua energia. A criança azul se beneficia com a informação pormenorizada dos processos (explicações exatas sobre como um exame

Educar com Mindfulness

vai decorrer, por exemplo) e muita repetição, satisfazendo, dessa forma, as necessidades de segurança e controle. A criança verde pode tornar-se muito ansiosa em momentos de grande falta de conexão e pertença. Utilizando novamente o exemplo da escola, pode sofrer com o fato de a época de exames ser um momento em que cada um está por sua conta. As soluções passam por assegurar formas de se sentir conectada. **Se conhecer as principais necessidades emocionais do seu filho, você pode agir proativamente para evitar a ansiedade.**

O último ponto que lhe proponho que leve em consideração tem a ver com os pensamentos. Isto porque o que na realidade causa ansiedade não é nenhuma situação ou experiência em si, mas sim a forma como nos relacionamos com o evento e o que pensamos sobre ele. Os pensamentos aparecem constantemente. A ciência mostra-nos que só porque temos um pensamento não quer dizer que ele seja verdadeiro. Aliás, muitos dos nossos pensamentos são imprecisos e até incorretos. Especialmente os pensamentos ansiosos. Nos tempos primórdios da vida humana, a ansiedade estava associada à sobrevivência. Ajudava a manter o sentido de alerta em relação a eventuais perigos. Para assegurar que os humanos se mantivessem atentos, a mente exagerava o perigo (por exemplo, confundir um pau com uma cobra). Esta programação fez com que ganhássemos a tendência (natural) de exagerar os perigos. Os pensamentos podem não ser verdadeiros, mas têm o poder de assumir controle sobre nós, fazendo-nos sentir e agir de determinadas formas. Por exemplo, enquanto uma criança que pensa que os outros alunos vão rir dela, se disser algo errado durante a aula, decide não participar da aula, outra talvez escolha ter um comportamento em que provoca o riso de propósito.

Como os pensamentos que o seu filho tem influenciam a forma como ele se sente e se comporta, você pode ajudá-lo a utilizar a mesma estrutura que lhe propus. Comece por ensiná-lo a questionar a veracidade dos próprios pensamentos. Incentive-o a tornar-se um detetive de pensamentos, procurando evidências que mostrem se o pensamento é verdadeiro ou falso. Em seguida, continue com as perguntas: "O que acontece quando você acredita nesse pensamento? Quem você seria sem esse pensamento? Que outra coisa poderia ser verdade?".

MINDFULNESS COMO PARTE DA SOLUÇÃO

Como o Mindfulness retira a nossa atenção dos pensamentos, torna-se um ótimo aliado para crianças ansiosas. Em vez de prestar atenção aos pensamentos, a criança é treinada a prestar atenção em si e no mundo pelos seus sentidos, desfazendo a ansiedade num instante. Por meio do Mindfulness, a criança que experiencia ansiedade consegue manter-se no presente, sem pensamentos caóticos, sentindo mais autocontrole e capacidade de lidar seja com o que for.

Ajudar o seu filho a praticar Mindfulness pode ser simples. Deixo-lhe aqui algumas dicas sobre como pode fazê-lo.

O seu filho nasceu Mindful. Até aos 3 anos, sensivelmente, as crianças praticam Mindfulness em muitos momentos do seu dia. Nós, adultos, é que tendemos a interromper os bebês enquanto eles exploram o mundo; pegamos o chocalho para mostrar que faz barulho em vez de deixar o bebê fazer essa descoberta sozinho, ou não deixamos a criança explorar "a flor" do brócolis com as mãos... Isso é mais ou menos como interromper alguém que está fazendo meditação. Ou seja, deixe o bebê explorar ao máximo. Nesta idade, o que você também pode fazer é exemplificar, permitindo que o seu filho assista à sua prática. Deixe-o, por exemplo, estar no seu colo enquanto você medita.

Antes dos 6 anos podemos começar a brincar com a criança explorando os 5 sentidos. Faça perguntas sobre o que ela sente, ouve, vê, saboreia e cheira. Incentive-a a parar e a observar, com um sentido de cada vez.

A partir dos 7 anos pode continuar e acrescentar as 7 atitudes de Mindfulness. Este é o período ideal para começar a questionar os próprios pensamentos.

- Dê o exemplo! Pratique e assegure-se de que o seu filho está a par da sua prática;
- Não crie expectativas em relação à prática;
- Comece com momentos diários e curtos;
- Desligue sempre o celular (e outras possíveis distrações);
- Prepare, com a ajuda do seu filho, um espaço especial em sua casa para a prática. Um lugar que não seja para brincar, mas para procurar a calma e o silêncio.

Educar com Mindfulness

Quando se sentir(em) preparado(s) para a prática, siga(m) estes 5 passos:

- Convide o seu filho a sentar-se com você no seu espaço de meditação;
- Comecem por respirar naturalmente, em silêncio, durante 1 minuto, com os olhos abertos ou fechados;
- Explique ao seu filho que irão fechar os olhos e contar o número de respirações que fazem durante 5 minutos (para algumas crianças pode ser melhor começar com menos tempo e ir aumentando). Faça uma demonstração contando alto. Inspiro, um, expiro, um. Inspiro, dois, expiro, dois;
- Programe o tempo da meditação num aplicativo de meditação no seu celular, por exemplo, ou simplesmente com um cronômetro de cozinha;
- Quando terminar o tempo, fale com o seu filho sobre o que aconteceu. Como ele se sente? Onde sente o que sente? O que aconteceu com os pensamentos? Foi fácil ou desafiante? Etc.

COMPUTADORES, *TABLETS* E *SMARTPHONES*

Um dos desafios mais atuais com que lidamos enquanto pais tem a ver com a relação com as novas tecnologias: computadores, *tablets* e *smartphones*.

Muitos se preocupam em conseguir que os filhos passem menos tempo com estes equipamentos. Perguntam-me se isso vai afetar a capacidade de atenção, a criatividade, a inteligência emocional etc. A questão é se estes medos são realmente justificados. Os cientistas estudam os efeitos dos jogos de computador sensivelmente desde os anos 1980. Os argumentos, tanto a favor como contra, são muitos e, basicamente, podemos concluir

Mikaela Övén

que jogar jogos e nos comunicar por meio do computador, dos *tablets* e dos *smartphones* pode ter efeitos negativos e positivos. Para poder formar a própria opinião, vamos olhar primeiro para alguns pontos positivos que a ciência já encontrou. As pesquisas da neurocientista Daphne Bayelier demonstram que jogos de computador, entre outras coisas, pode melhorar a visão, aumentar a capacidade de concentração, desenvolver a capacidade de fazer várias coisas ao mesmo tempo e influenciar positivamente a capacidade de aprendizagem. Além disso, jogos desportivos e de dança que existem para *videogame* podem contribuir para um bom momento de exercício físico. A cientista afirma que estes jogos de ação potencializam a elasticidade mental, a aprendizagem, a atenção e a concentração.

Por outro lado, existem estudos que demonstram que as crianças que jogam muito podem adquirir um comportamento impulsivo e demonstrar problemas de concentração. O tempo passado à frente de telas antes da hora de dormir também pode afetar negativamente a qualidade do sono. Alguns cientistas também apontam que muitos dos jogos favoritos das crianças pequenas influenciam a produção de dopamina, que é o neuroquímico responsável por muitas dependências, fazendo com que as crianças criem dependência em relação às telas.

Penso que é claro para todos que demasiada exposição a qualquer coisa não é bom. Demasiados equipamentos eletrônicos, demasiado tempo sentado, demasiado café, demasiadas bolachas. É difícil determinar o que é demasiado e o que é adequado. Acredito que cada família deve avaliar o seu tempo certo. Pode ter em mente estes dois aspectos para estimar se é, de fato, "demasiado". Se o seu filho se queixar de dores de cabeça, no pescoço ou nas costas, pode ser um sinal de que passa demasiado tempo em frente a uma tela. A existência de comportamentos negativos associados ao uso dos equipamentos eletrônicos também pode ser um fator a favor da mudança de hábitos.

Se você realmente sentir que o tempo à frente de telas é exagerado, comece por fazer uma autoanálise em relação aos seus hábitos. Quanto tempo passa no computador ou ao celular? Em que situações? Etc. Se quiser limitar o tempo que o seu filho passa no computador, *tablet* ou *smartphone*, limite primeiro o próprio tempo com equipamentos de comunicação! Você é o principal exemplo do seu filho.

Educar com Mindfulness

Procure também identificar as principais necessidades do seu filho que estão sendo preenchidas por meio do tempo que ele passa com os jogos, vendo vídeos, se comunicando *online* com amigos etc., pelo computador, *tablet* e/ou *smartphone*. É uma questão de conexão com os amigos? É uma questão de controle? É uma questão de diversão, novidade e exploração? É uma questão de significância e reconhecimento? Muitos jogos satisfazem várias dessas necessidades; jogos como Hay Day, Clash of Clans ou Sim City, por exemplo, permitem à criança conectar-se com outros jogadores, explorar, utilizar a lógica e o planejamento, ao controlar as suas encomendas e os seus estoques, e também lhe permitem ganhar algum reconhecimento dentro dos *rankings* do jogo. E nem estamos falando da satisfação de necessidades pelo contato com os amigos não virtuais que também jogam o mesmo jogo. Pense em maneiras de satisfazer essas necessidades de outras formas.

Antes de fazer alguma coisa em relação ao assunto, demonstre interesse pelo que a criança está fazendo quando ela está à frente de uma tela. Sente-se com ela. Faça perguntas. Saiba quais os jogos de que gosta mais e o que mais está fazendo no computador/*tablet*. Jogue com ela! Envolva-se! Pode ser uma excelente oportunidade para trabalharem a conexão de vocês, enquanto você fica sabendo mais sobre o seu filho e o mundo dele. E, em muitos casos, é suficiente para limitar o tempo que a criança passa em frente à tela.

Ao decidir comunicar as suas preocupações, utilize a linguagem pessoal e evite fazer acusações ou julgamentos, como também ameaças e castigos envolvendo a atividade. Pode funcionar no momento, mas, além de não criar responsabilidade, pode danificar a relação com o seu filho. Utilize antes a comunicação consciente para encontrar soluções para eventuais problemas (como o tempo dispensado para jogar, o tipo de jogos etc.), estabeleça limites em conjunto e pense em eventuais consequências conscientes.

Como tudo na parentalidade, isto é um processo. E, pelo caminho, as atitudes do Mindfulness irão ajudar. Se optar por investir tempo para conhecer melhor o seu filho e os interesses dele, se propuser a resolução de problemas em conjunto, com soluções que possam satisfazer as necessidades de todos, em vez de impor ideias e utilizar ameaças e castigos, estará criando as condições certas para uma relação pacífica e harmoniosa com o seu filho.

Mikaela Övén

AGRESSIVIDADE

A agressividade é uma emoção que todos sentimos, às vezes. A forma como nos relacionamos com essa agressividade é fundamental para o nosso bem-estar e para o desenvolvimento da criança. A agressividade por si só não é um problema. Aliás, historicamente, a agressividade era também uma estratégia de sobrevivência. O problema pode estar na forma como se expressa a agressividade, quando é muito violenta, para dentro ou para fora da criança.

É óbvio que todos nascemos com temperamentos diferentes; isso é facilmente constatável pelas diversas energias de que tanto falo. Há crianças que lutam com unhas e dentes para ter o que querem, outras fecham-se, baixam a cabeça e choram isoladas. Por norma, os rapazes tendem a voltar-se para fora e as garotas, para dentro, mas há cada vez mais exceções. Por um lado, a agressividade interior é muito mais complicada do que a agressividade que conseguimos facilmente observar. Por exemplo, a depressão é uma agressividade interior que pode ser difícil de detectar em uma criança. A agressividade facilmente observável é, em alguns casos, a violência física.

AS CAUSAS MAIS COMUNS

As crianças até aos 2-3 anos batem, empurram, mordem, como forma de explorar e testar a relação causa-efeito. A grande maioria dessas ações é de amor! A sua principal função, como pai/mãe, é ajudar a criança a exprimir-se de formas mais saudáveis, enquanto mostra os seus limites.

No seu desenvolvimento natural, os rapazes têm brincadeiras mais brutas e violentas. Têm testosterona para exprimir e gerir, e é importante poderem fazê-lo durante as brincadeiras. Só porque dois irmãos gostam de brincar de luta no chão da sala não quer dizer que se tornarão delinquentes.

Educar com Mindfulness

Pelo contrário, quanto mais aprenderem sobre a sua relação com as lutas, mais aptos ficarão para gerir a sua agressividade no futuro. Uma intervenção da sua parte só será necessária se houver algum tipo de perigo iminente. E, a propósito, esse tipo de brincadeiras também é permitido às meninas! Comentários como "as meninas não lutam" não servem para um pai ou uma mãe conscientes! Aliás, esses comentários podem até ser nefastos para o bem-estar emocional da menina no futuro.

As principais emoções por trás das reações agressivas/violentas são a frustração (muitas vezes, quando o cérebro funciona mais rápido do que a capacidade verbal), a raiva, o medo, a vergonha, a culpa. A culpa é um ótimo combustível para o comportamento agressivo. Quando a culpa e a autocrítica se tornam insuportáveis, começamos a criticar e a culpar os outros.

Se estiver preocupado em relação à agressividade do seu filho, descubra quais as necessidades principais que possam estar em falta. Procure perceber se a criança precisa de mais reconhecimento, segurança, novidade ou conexão. A falta não tem obrigatoriamente de ser da responsabilidade dos pais. Às vezes, podemos encontrar as razões da agressividade de uma criança na escola. Principalmente na educação infantil, em que há muito barulho, muitas crianças e poucos adultos, as condições podem ser desafiantes e pode existir um sistema rígido de regras, repreensão e exigências. Algumas crianças escolhem a conformidade (e viram a agressividade para dentro); outras, o comportamento violento (a agressividade para fora – o que, por um lado, é mais saudável!). Todas as crianças têm os seus desafios nestes ambientes, mas é provável que a criança laranja sinta mais quando há conformidade em demasia, a criança azul se houver muita confusão na sala e se se sentir insegura, a criança vermelha se se sentir "apenas" mais uma criança entre todas as outras, e a criança verde, se não houver ninguém com quem ela possa realmente conectar-se.

Os pais também não escapam à lupa. É importante estarmos atentos à forma como expressamos a agressividade. Os pais são sempre responsáveis pela sua agressividade e nunca poderão culpar ou responsabilizar as crianças. Isto é extremamente importante para não criar ainda mais agressividade na família. Em relação aos pais, é necessário ter em mente que existem dois tipos de pais que, por norma, enfrentam mais desafios com crianças agressivas. São os pais mais exigentes, com muitas regras e exigências de conformidade e obediência (pais vermelhos e azuis), mas também os pais mais permissivos que colocam a criança demasiadamente no centro e não sabem assumir a responsabilidade pelos próprios limites e necessidades (nomeadamente os pais laranjas e verdes). Uma criança no centro não se sente parte da totalidade, não se sente uma verdadeira parte, igual ao resto da família. E, consequentemente, não se sente valorizada, mesmo quando os pais "fazem tudo" por ela. O resultado é igual quando existem demasiadas regras e exigências entre o adulto e a criança. Há uma falta de conexão e autenticidade, e a relação sofre.

As causas resumem-se a uma quebra da autoestima. Aconteceu algo que faz com que a criança não se sinta valorizada e valiosa para o outro. Há necessidades em falta e ninguém está ajudando a preenchê-las. Quando a criança deixa de se sentir importante para as pessoas mais próximas, nasce a agressividade. O discurso interior (inconsciente) costuma ser: "Eu não sou tão importante para eles como gostaria de ser. Há algo de errado comigo. Sinto-me excluído e sinto que sou um peso".

Penso que essa é a principal causa para se abrir espaço à agressividade na família. A agressividade não é nenhum inimigo. Até poderíamos ver a agressividade como um pedido de amor, e, se a virmos assim, a nossa capacidade de olharmos para a situação e de encontrarmos soluções aumenta exponencialmente. Não vamos aprovar nem incentivar a violência, mas podemos abraçar e oferecer espaço à agressividade para que ela possa ser cuidada de uma forma adequada. Se a ignorarmos, julgarmos ou resistirmos, ela vai crescer e aumentar o seu poder. Até que chegará um dia em que será verdadeiramente desafiante lidar com ela.

COMO AGIR EM MOMENTOS DE AGRESSÃO?

É importante não permitirmos que a criança bata ou estrague coisas. É fundamental colocarmos um limite. Mas não vamos colocar esse limite

Educar com Mindfulness

julgando a criança ou o seu comportamento (é muito difícil para uma criança separar-se do próprio comportamento, e qualquer crítica é levada muito a sério).

CASO PRÁTICO

O João, de 2 anos, fica muito frustrado e bate na mãe. A mãe pode segurar-lhe a mão e olhá-lo nos olhos, abraçá-lo ou segurar-lhe a cabeça com cuidado e dizer, por exemplo: "Estou vendo que você está muito frustrado e gostaria muito de perceber o que quer. Não precisa me bater. Quer tentar dizer-me o que está acontecendo?" ou "Se você sente mesmo necessidade de bater, pode bater nesta almofada, assim não magoa ninguém".

Ou seja, uma boa estratégia coloca um limite, reconhece a emoção, procura satisfazer a necessidade e oferece uma alternativa.

A agressividade reprimida resulta em menos autoconhecimento, menos autoestima e menos capacidade de sentir empatia. Por outro lado, a agressividade recebida com aceitação e empatia ajuda a criança a perceber que a agressividade pode ter várias origens, aumenta o autoconhecimento e permite-lhe aprender a expressar-se de formas diferentes.

O QUE FAZER PROATIVAMENTE

Para que o adulto consiga lidar com estas situações, é importante conseguir criar um espaço entre a sua emoção e a sua reação. Se isso não acontecer, existe a tendência de reagir com agressividade à agressividade. O que não ajuda ninguém. A prática de Mindfulness é a melhor forma que conheço para conseguirmos manter a calma e para termos uma firmeza consciente sempre que necessário em qualquer situação com nosso filho. Como adulto, você também pode fazer alguma autorreflexão. Questione por que o comportamento agressivo mexe com você, reveja as suas intenções como pai/mãe, investigue para onde vai a sua energia, como se relaciona com a agressividade que tem dentro de si. Você sabe assumir a responsabilidade e tomar conta dela?

Em relação ao seu filho, a melhor estratégia proativa é focar-se no desenvolvimento de uma autoestima saudável (em vez de estar demasiadamente preocupado com o comportamento agressivo). Reveja o capítulo sobre a autoestima para saber o que fazer.

> **Checklist a seguir quando o comportamento agressivo se repete durante muito tempo:**
>
> - seja curioso e interessado pelo seu filho, por sua vida interior e exterior;
> - investigue a situação familiar nos últimos seis meses (mudanças, pequenas e grandes, e eventos significativos);
> - questione o seu estilo de vida: anda estressado? ansioso? triste? agressivo?;
> - olhe para as relações primárias da criança;
> - investigue o que está acontecendo na escola;
> - descubra quais as necessidades em falta.

BULLYING

O *bullying* é um tema que ganhou força em Portugal nos últimos anos; e há cada vez mais pais que vêm ter comigo para se aconselharem em relação ao assunto. Tanto pais com crianças que são vítimas como pais que descobriram que o filho pratica *bullying*.

Chamamos *bullying* a uma situação em que a criança individual (a vítima) é repetidamente exposta às ações negativas de uma ou de várias pessoas. Existem vários tipos. O *bullying* físico é o mais conhecido e o mais fácil de

Educar com Mindfulness

descobrir. Inclui murros, palmadas, empurrões, pontapés etc., e é mais comum entre rapazes. Existe também o *bullying* silencioso e o *bullying* verbal. O silencioso é mais comum entre meninas, e inclui sinais como suspiros, revirar de olhos ou exclusão por meio da linguagem não verbal. As crianças vítimas de *bullying* silencioso estão normalmente sozinhas nos intervalos. É o tipo mais comum e o mais difícil de descobrir para quem está de fora. O *bullying* verbal inclui a propagação de rumores, imitação, ameaças, risos, envio de mensagens por celular ou nas redes sociais.

As razões do *bullying* são variadas: a vontade de sentir poder, a agressividade latente, o medo de não pertencer ao grupo, a pressão do grupo, os ciúmes. Resumidamente, a ciência diz-nos que tanto a vítima como o agressor são indivíduos que se sentem mal. Alguns autores afirmam que são ambos vítimas e ambos têm fraca autoestima, problemas sociais e podem sentir dificuldades em estabelecer contatos positivos com outras pessoas, sendo que o agressor esconde a sua fraca autoestima e as suas dificuldades atrás de uma autoconfiança ilusória. As famílias dos agressores apresentam, muitas vezes, alguma disfunção.

O MEU FILHO É UMA VÍTIMA

A suspeita de que um filho é vítima de *bullying* é uma sensação que pode provocar raiva, medo, tristeza, vergonha e culpa nos pais. O que é perfeitamente compreensível. É importante nunca agir a partir desses estados emocionais. Se estiver passando por uma situação destas, lembre-se de criar um espaço entre a sua emoção e a sua reação. Se não se permitir criar esse espaço, arrisca-se a que a sua reação tenha um efeito negativo no seu filho. A criança pode sentir que é por culpa dela que os pais estão tristes.

Ao mesmo tempo que é importante não ter uma reação demasiado impulsiva, também é essencial não negligenciar ou minimizar o problema. Dizer ao seu filho para ignorar o(s) agressor(es), brincar com outras crianças etc. vai provavelmente dar força à sensação de que a criança não está bem enquadrada no grupo, o que não é uma solução.

Se o seu filho for vítima de *bullying*, pode ajudá-lo seguindo os passos a seguir:

Mikaela Övén

- Apesar de todas as sensações que possa estar tendo, comece por aceitar a situação. A não aceitação e a resistência vão diminuir ainda mais a autoestima do seu filho, porque ele poderá interpretar isso como se ele próprio não fosse aceito. Saliento que aceitar não significa concordar ou aprovar, mas ver as coisas como elas são.
- Mostre ao seu filho que ele tem o seu apoio total. Reforce que tem plena confiança de que vocês vão conseguir mudar a situação juntos.
- Faça tudo o que puder para ajudá-lo a desenvolver a autoestima. Antes de o incentivar a criar boas relações com os outros, comece por assegurar que ele tem uma boa relação com ele mesmo. Ajude-o a gostar de si mesmo. Se não sentir que tem capacidades suficientes para o fazer, procure ajuda profissional, mas lembre-se de que tem de continuar com o seu empenho, que é fundamental.
- Fale todos os dias com o seu filho sobre o seu cotidiano. Muitas crianças não querem falar, por isso dê o exemplo! Deixe-o exprimir as suas emoções e ofereça o espaço emocional e físico seguro, em que tanto temos insistido.
- Fale sobre as razões que levam os agressores a ser agressores, não para os desculpar, mas para mostrar ao seu filho que o *bullying* nada tem a ver com ele.
- Não prometa que não vai dizer nada a ninguém, pois terá, obrigatoriamente, de envolver a escola! Prometa apenas que não vai fazer nada antes de falar com ele.
- Envolva a escola! Fale com professores e com a direção executiva. A frequência das situações de *bullying* depende muito das atitudes, rotinas e comportamentos relacionados com o *bullying* por parte dos empregados e professores da escola. Quanto mais conscientes e proativos forem, menor será o número de ocorrências. Uma escola que não trabalha ativamente para evitar o *bullying*, no fundo, aprova-o. Exija que a escola desenvolva um plano de combate. Aja cedo e nunca sozinho.
- Incentive o seu filho a falar sempre com um adulto na escola caso aconteça alguma coisa. Se a escola se limitar a castigar os agressores, proteste! Isso não é um plano anti-*bullying*, é um plano pró-*bullying*.

Educar com Mindfulness

- Ajude-o a expressar os seus limites e a dizer que não! Os agressores querem reações, choro, gritos, "explosões". Continuar a praticar *bullying* é difícil se a pessoa do outro lado for boa em expressar o seu limite. Fale com o seu filho sobre como pode dizer "Não". Explique a importância do não e investigue a cultura da sua família em torno da volta da palavra. Os "nãos" do seu filho são normalmente aceitos? De que forma respeitam os seus limites?
- Assegure-se de que os "nãos" e os limites do seu filho em casa têm exatamente o mesmo valor e a mesma importância que os dos adultos.
- Faça um *role play* com o seu filho com uma situação imaginária e deixe-o treinar o "Não!" com firmeza.
- Discuta a linguagem não verbal. Como podemos demonstrar firmeza e confiança com o corpo?
- Treine situações sociais com o seu filho. Deixe-o escolher uma atividade extracurricular nova em que possa começar do zero.

O MEU FILHO É UM AGRESSOR

Saber que um filho pratica *bullying* pode causar emoções parecidas com as que se sente quando o nosso filho é a vítima. A tendência dos pais e da escola em relação aos agressores é, muitas vezes, julgar e castigar a criança. Com o que você leu até aqui, já sabe que estes métodos não vão ajudar o seu filho e, provavelmente, também não ajudarão a vítima. Temos de descobrir quais as necessidades por trás do comportamento, e você terá mesmo de dar início a esse processo de investigação. Que necessidades não estão sendo preenchidas neste momento? Quais delas meu filho estará preencher com o *bullying*? Necessidades como o reconhecimento, o controle e a conexão são as prováveis respostas. Comece por refletir sobre as necessidades principais de acordo com a energia do seu filho.

Habitualmente, uma criança que executa *bullying* tem uma autoestima que necessita ser desenvolvida; logo, é necessário olhar para a dinâmica da família e para as relações no seu centro. É preciso perceber o que se pode fazer de forma diferente para promover o desenvolvimento de uma autoestima mais saudável e de uma maior capacidade de sentir empatia pelo outro. No capítulo sobre a autoestima, você fica sabendo o que pode fazer.

Você vai ter de falar com o seu filho sobre o *bullying*. Explique-lhe a sua posição. Procure perceber a versão dele sem utilizar obstáculos à comunicação. Mostre-se disponível para ouvir sem julgamentos. Lembre-se de que o seu filho não está se sentindo bem e não é necessário fazê-lo sentir-se pior. Mostre-se disponível para ajudá-lo a lidar com as razões por trás do *bullying*. Fale com ele sobre como pode agir de uma forma diferente no futuro. A linguagem pessoal, a comunicação consciente e as consequências conscientes serão ferramentas úteis.

O DIVÓRCIO

Uma das principais perguntas que você deve colocar a si mesmo, se estiver numa situação de divórcio, é: "Quero ter razão ou quero ser feliz?". A resposta habitual costuma ser: "Quero ser feliz!".

No entanto, o comportamento demonstra outra coisa completamente diferente. Existem divórcios que correm bem e divórcios que correm mal. Se ambos os pais tiverem a intenção de ser pais conscientes, estão reunidas todas as condições para que seja um "bom" divórcio.

O MOMENTO PARA CONTAR AO FILHO

Chega o momento em que é necessário contar ao(s) filho(s) que o divórcio/a separação é um fato. A primeira coisa a ter em mente é a autenticidade e a honestidade. Não precisam pedir desculpa nem devem fazer promessas que não consigam cumprir. É necessário explicar que a responsabilidade é totalmente de vocês e é preciso que, juntos (e plenamente presentes), digam as coisas como elas são: "Não estamos conseguindo que a nossa

Educar com Mindfulness

relação funcione", "Já não estamos apaixonados, mas vamos amar você sempre", "Continuamos gostando um do outro, não como um casal, mas como amigos". As palavras exatas só vocês as conhecerão. A congruência na comunicação dos pais é fundamental para criar a mínima segurança nos filhos, sobretudo numa situação nova de grandes inseguranças e dúvidas para eles. Antes de contarem, falem sobre o que querem dizer e como. Lembre-se das atitudes de Mindfulness (não julgamento, paciência, mente de principiante, confiança, não esforço, aceitação e deixar ir). É extremamente útil praticá-las todas nestes momentos.

Depois de contarem a notícia, na maioria dos casos, haverá perguntas. Nem todas as questões surgirão ao mesmo tempo, mas a verdade é que aparecem, mais cedo ou mais tarde. A tarefa de vocês é escutar atentamente, de uma forma Mindful, e responder do modo mais respeitador, autêntico e honesto possível. Reconheça as emoções da criança e reafirme mais uma vez que a responsabilidade da situação é dos pais. Utilizem uma linguagem pessoal e uma comunicação consciente. Não diga: "Não fique triste... vai ficar tudo bem", diga antes: "Estou vendo que você está muito triste. Vou fazer tudo que estiver ao meu alcance para que isto corra da melhor forma possível".

Podem falar continuadamente com as crianças sobre a situação e até pedir sugestões para diferentes soluções. Mas as grandes decisões têm, obrigatoriamente, de ser dos pais, porque a responsabilidade desta situação é deles. Para o bem-estar da criança, não é bom que ela decida, por exemplo, com quem vai morar até mais ou menos o período da adolescência. Essa escolha pode criar um peso demasiadamente grande nela (pode sentir que está traindo a outra parte e ficar com a consciência muito pesada). Os pais têm de assumir essa decisão e essa responsabilidade.

Um exemplo:

Mãe: Pedro, eu e o papai queremos muito falar com você. Temos uma coisa importante para te contar.
Pai: Sim, filho, venha cá.
Pedro: O que foi?
Pai: Pedro, você sabe que eu e a mamãe te amamos. Muito!

Pedro: Pois é! Daqui até a lua!

Mãe: Exatamente. Daqui até a lua e muito além! E vai sempre ser assim, independentemente do que acontecer.

Pai: Filho, eu e a mamãe também gostamos muito um do outro e percebemos que nos sentimos bem como amigos, e não como um casal. Por isso, decidimos que cada um vai viver em uma casa.

Pedro: Mas é por muito tempo?

Mãe: A partir de agora vai ser assim. Você e eu vamos ficar aqui e o papai vai para uma casa nova, que também vai ser sua e onde você também vai ter um quarto para poder passar tempo lá com ele.

Pedro: Mas eu não quero!!! Quero o papai aqui conosco!

Pai: Claro, filho, entendo isso perfeitamente. Só que eu e a mãe não somos felizes assim e achamos que vamos ficar mais felizes em casas separadas. E vamos fazer de tudo para que você também fique feliz assim.

Pedro: Posso falar com você todos os dias, pai?

Pai: Claro que sim!

Mãe: Podem falar por videochamada. Para você tudo bem, Pedro?

Pedro: Sim... O papai pode vir aqui às vezes?

Mãe: Claro, filho. Você pode convidá-lo para vir aqui de vez em quando.

Pai: E, quando estivermos na nossa casa, também podemos convidar a mamãe para vir jantar conosco. Não vai ser todos os dias, mas tenho certeza de que haverá momentos que vamos querer partilhar com ela.

Pedro: Estou com dor de barriga...

Mãe: É uma grande mudança, filho, e é um desafio para todos nós. Prometemos que vamos fazer o nosso melhor para você se sentir bem, e, sempre que tiver alguma dúvida, estaremos aqui para responder.

Pai: Venha cá, quero te dar um abraço, Pedro! Eu e a mamãe estaremos sempre ligados por você. Você é o resultado de um grande amor. O amor que a mamãe e eu sentimos um pelo outro mudou. O amor que sentimos por você continua a ser o mesmo.

Isto é apenas um exemplo, e nada garante qual será a reação da criança. A principal mensagem a retirar do exemplo é o respeito que os pais têm

Educar com Mindfulness

entre eles, a autenticidade e a honestidade com que falam, a forma como reforçam o amor pelo filho, como assumem a responsabilidade e como reconhecem as emoções do filho.

Para que possam preparar-se, é uma grande ajuda pensar nas necessidades emocionais dominantes. Alguns possíveis exemplos: a criança vermelha talvez necessite sentir reconhecimento extra neste processo e, se for mais crescida, talvez seja boa ideia envolvê-la bastante na logística em torno do divórcio que tenha a ver com ela. A criança laranja pode se beneficiar se tiver mais alguns momentos de diversão. Para a criança azul, é importante manter as principais rotinas e não fazer mudanças muito drásticas. Para a criança verde, é uma grande vantagem se os pais conseguirem aceitar passar algum tempo todos juntos, mesmo após o divórcio. Crianças diferentes também vão fazer perguntas diferentes. Podem ponderar que tipo de perguntas as crianças poderão fazer e preparar respostas (honestas) para essas perguntas.

Algumas questões práticas vão surgir. Encontre as respostas o mais rapidamente possível. Onde as crianças vão morar? Qual a divisão de tempo entre os pais? Que escola vão frequentar? (Também existem questões práticas que devem apenas ser discutidas entre os pais, como a forma como dividirão as despesas relacionadas com as crianças.)

As reações das crianças também vão depender da idade e do seu estado de desenvolvimento. Uma criança de 4 anos que já não fazia xixi à noite pode recomeçar a fazê-lo (como um sinal de estresse). Uma criança um pouco mais crescida, com uns 6 anos, vai, provavelmente, exigir mais explicações (a vida emocional da criança nessa idade já costuma, por si só, ser um belo desafio). As dores de barriga são um sintoma comum. Aos 9 ou aos 11 anos a vida emocional da criança é verdadeiramente turbulenta e pode ser um desafio conseguir comunicar-se calmamente.

Todo tipo de emoções e reações deve ser aceito. Como sempre, criar o espaço seguro, física e emocionalmente, e sem julgamentos é uma das grandes tarefas dos pais. Se o seu filho quiser falar, certifique-se de que você está plenamente presente para o ouvir. Quando o seu filho tiver reações muito fortes, é permitido demonstrar os seus limites: "Filho, entendo que você esteja se sentindo muito mal agora e zangado comigo. Isto é difícil para você, eu sei. Não precisa me bater".

Adicione a tudo isto o fator tempo. As crianças precisarão certamente de tempo para digerir a informação e para se adaptarem à situação. Ponha todas as suas expectativas de lado e esteja alinhado com as suas intenções e os princípios da Parentalidade Consciente.

SEJA UM BOM EX

Independentemente da razão do divórcio (se foi infidelidade, se veio como uma surpresa ou se foi algo que se desenvolveu ao longo do tempo com muitos obstáculos), ambos são igualmente responsáveis pelo que está acontecendo (e pelo que não está acontecendo) neste momento. Mesmo que possa haver razões éticas que apontem mais para uma das partes, não quer dizer que a outra parte não seja também responsável. Pode não ter culpa, mas é responsável por encontrar uma solução consciente. A sua principal tarefa é relacionar-se com o que está acontecendo e fazer o seu melhor.

É bom ter a intenção de se tornar um bom ex, não só por causa do outro, mas por sua causa dos seus filhos. E, para se tornar num bom ex, comece por respeitar sempre o seu ex-companheiro. Os princípios da Parentalidade Consciente, o igual valor, a autenticidade, o respeito pela integridade e a responsabilidade, também são válidos nesta situação! Faça tudo que puder para praticá-los. Poucos eventos na vida da família podem originar emoções tão primitivas e destrutivas como um divórcio. Se se sentir muito magoado com a situação, lembre-se de que o que aconteceu é uma coisa e o que você está sentindo é outra. Talvez não seja responsável pelo que aconteceu, mas é sempre responsável pelas emoções que o acontecimento provocou em si. Não é o seu ex que vai transformar essas emoções; a única pessoa que pode fazê-lo é você. Resistir à situação e à realidade apenas vai causar mais sofrimento. Mais uma vez, as atitudes e a prática de Mindfulness vão funcionar como um grande amigo. Praticar a mente de principiante o ajudará a respeitar o seu ex e a criar um novo tipo de relação com ele/ela. A prática do não julgamento o ajudará a não falar mal nem a julgar o outro na frente das crianças.

São os pais que estão se separando, e não os pais e as crianças. As crianças não têm nada a ver com a separação, mas há pais que as envolvem em

Educar com Mindfulness

demasia, jogando o jogo do certo e errado. Ao falar mal do outro, não vai ganhar mais amor dos seus filhos. Ter mais razão não faz ninguém mais feliz. A pessoa que consegue manter a sua integridade e o respeito pelo outro é a que tem mais potencial para sair feliz do divórcio.

A sua comunicação consciente e a linguagem pessoal contribuirão para um dia a dia mais harmonioso e equilibrado no meio de muitos desafios. Não há aqui nada a ganhar, há relações para cuidar. Tanto com os seus filhos como com o seu ex. Porque, mesmo que não queira ver o seu ex na sua frente, vai ter de manter algum tipo de relação com ele/ela.

Se não conseguir encontrar as melhores soluções sozinho, nem com a ajuda dos amigos, familiares ou até de um novo companheiro, a terapia, individual ou familiar, pode ser uma preciosa ajuda.

QUANDO UM DOS PAIS ABANDONA A FAMÍLIA

Claro que ambos os pais são importantes, mas as crianças que crescem só com um dos pais, num lar com amor e respeito, crescem tão felizes como as outras. Apenas têm experiências diferentes, e é a forma como se lida com essas experiências que faz toda a diferença. Sendo um pai/uma mãe consciente, tem todas as condições para proporcionar um desenvolvimento saudável ao seu filho. A criança vai sentir a perda do outro parente e mudará com essa perda, mas com o seu suporte emocional integrará essa experiência e será feliz. A criança precisa saber que o fato de a outra parte não estar presente nada tem a ver com ela. Reforce que também esse parente a ama, só que, neste momento, tem assuntos pessoais com os quais necessita lidar sozinho.

Normalmente, não podemos influenciar o desenvolvimento pessoal do nosso ex, mas podemos influenciar a forma como nos relacionamos com o seu comportamento e com a sua vida. Podemos decidir se vamos deixar que as opções e o estilo de vida do outro influenciem a nossa felicidade e qualidade de vida. A nossa qualidade de vida não tem nada a ver com o que realmente acontece; tem a ver com a forma como nos relacionamos com o que acontece.

APRESENTAR UM NOVO COMPANHEIRO

Pondere bem antes de introduzir um novo companheiro. Faça-o apenas se sentir que é mesmo a sério e, se for, utilize uma comunicação consciente e uma linguagem pessoal; seja Mindful e esteja aberto a todas as reações e perguntas do seu filho. Tenha em mente as necessidades emocionais e o estado de desenvolvimento da criança.

Por último, apesar de, às vezes, haver muitas dúvidas e a situação parecer muito difícil, a pesquisa científica demonstra que os pais que têm conseguido manter uma boa relação, colaborando durante e após o divórcio, têm filhos que se sentem bem e que têm o mesmo sucesso na vida que as outras crianças!

A CHEGADA DE UM IRMÃO

Quando sabemos que está para chegar uma nova criança à família, os pais e todas as pessoas em torno da família ficam felizes. A chegada de um irmão é uma grande alegria! Ou não. Nós, pais, é que queremos que seja uma grande alegria para todos os membros da família, mas a notícia nem sempre é recebida dessa forma pela criança que já existe. Ter um irmão pode ser muito desafiante em algumas idades.

COMO PREPARAR O SEU FILHO

Tenha em mente a energia principal da criança. O que será importante especificamente para o seu filho na preparação da chegada de um irmão? Como pode garantir que o seu filho vermelho se sinta reconhecido e significante neste processo? Como pode garantir que o seu filho azul sinta controle e segurança suficientes? Como pode garantir as necessidades de novidade e de exploração do seu filho laranja? Como pode garantir ao seu filho verde a conexão e a pertença durante o processo?

Educar com Mindfulness

Se a criança for muito ligada à mãe, seria importante para a criança cultivar a sua relação com o pai durante a gravidez. Inicialmente, é provável que a mãe esteja menos disponível e o pai não pode ser só um substituto necessário; deve ser uma ótima opção!

O MOMENTO PARA DAR A NOTÍCIA

Imagine que o seu companheiro lhe diga: "Querido/a, vou te contar uma coisa fantástica! Outra pessoa virá morar conosco! E será muito sua amiga. Vocês vão gostar muito um do outro. Ela também vai dormir na nossa cama. Inicialmente, não vai saber muito bem como as coisas funcionam aqui em casa, por isso precisamos da sua ajuda. Vou ter um pouco menos de tempo para você no início. Mas, não se preocupe, você vai gostar muito dela".

Talvez você ache este exemplo exagerado, mas, para percebermos realmente o que uma criança sente com a chegada de um irmão, é importante colocarmo-nos no lugar dela. Principalmente se a reação estiver sendo forte.

Para preparar o seu filho para a chegada de um irmão, não ajuda contar apenas as coisas bonitas e divertidas em relação aos irmãos. Deixe de lado as suas projeções e expectativas. Quando decidir contar, seja realista e autêntico e, se tiver irmãos, procure lembrar-se de como era e como se sentiu!

"Filho, queremos te contar uma coisa. Você vai ter um irmão... Eu e o papai estamos muito felizes e esperamos que você também fique. Sabemos que um irmão mais novo não traz só coisas boas. Pergunte a sua tia! Quando eu nasci, ela queixava-se de que eu chorava muito. É possível que este bebê também chore muito. Quando são muito pequeninos, os bebês não fazem grande coisa... choram, riem, dormem e fazem cocô e xixi."

AS EXPECTATIVAS DOS PAIS

Tenha expectativas realistas em relação à chegada do novo bebê e às reações do filho mais velho. Um bebê causa, inevitavelmente, uma mudança na dinâmica familiar. Independentemente de o filho mais velho ter ou não pedido um irmão, ele não consegue entender o impacto emocional da chegada. É normal que uma criança que teve um irmão tenha mudanças de humor extremas. É usual ter um comportamento um pouco agressivo e é normal dizer coisas feias. Se os pais tiverem expectativas exageradamente otimistas ao realçarem a chegada do novo bebê, os desafios serão ainda maiores. Como a criança está experienciando emoções fortes, talvez até mesmo uma grande crise emocional, é extremamente importante que os pais demonstrem ainda mais o seu amor incondicional, compaixão e empatia. As emoções nunca são erradas, existem apenas diferentes formas de exprimi-las.

"Filho, isto de ter um irmão mais novo nem sempre é divertido, não é? Acredito que você esteja triste comigo por eu te dar menos atenção. Vou fazer o meu melhor para te dar toda a atenção de que precisa. Não é preciso gritar comigo. Quer tentar novamente dizer-me o que se passa?"

AJUDE O FILHO MAIS VELHO A MANIFESTAR AS SUAS EMOÇÕES

Existem formas diferentes de ajudar a criança a exprimir as suas emoções; com a leitura deste livro você já aprendeu algumas.

Na situação específica da chegada de um bebê, pode haver momentos em que a criança mais crescida exagere com beijos, mimos e abraços, ou até beliscões no irmão/na irmã. Quando isto acontecer, coloque o seu limite ("Não posso deixar você segurar o bebê com tanta força"), para depois passar para o reconhecimento das emoções ("Está irritado com o bebê? Está um pouco cheia dele? Às vezes, eu também me sentia assim, quando do o meu irmão era bebê") e, por último, ofereça uma alternativa ("Venha para o meu colo. Gostaria muito de te dar um abraço. Também sinto que estou precisando!").

Para trabalhar proativamente você pode levantar as questões das emoções fortes e difíceis em momentos em que estas não estejam propriamente presentes. Quando tiver um momento sozinho com a criança, diga algo do tipo: "Às vezes, é mesmo difícil ser o irmão mais velho. Lembro-me tão bem de ficar aborrecida com a minha mãe, a sua avó, e com sua tia, quando ela era bebê. Ou então triste. Não sabia muito bem como lidar com essas coisas todas. Se, por acaso, você sentir algo do tipo, eu entendo perfeitamente. Amo você e prometo te ajudar sempre que você falar comigo".

Educar com Mindfulness

Algumas pessoas acham que este tipo de sugestão pode reforçar as emoções negativas em relação ao bebê. A questão é que não existe nenhuma criança que nunca tenha sentido emoções negativas em relação aos irmãos. Se não houver oportunidade de falar sobre estas emoções, elas ficarão alojadas dentro da criança e, mais cedo ou mais tarde, terão de sair. Se o seu filho parecer estar bem com a chegada do irmão, tenha esta conversa mesmo assim, de vez em quando. Assim, você cria um espaço emocional seguro para a criança poder exprimir-se, caso necessite fazê-lo.

Quanto mais abertamente conseguirmos aceitar e reconhecer os pensamentos e as emoções difíceis nesta situação, mais a energia dessas emoções se descarregará, criando espaço para uma verdadeira conexão entre as crianças.

AS EXPECTATIVAS DOS OUTROS

Quando é anunciada a chegada do filho número dois, os amigos e familiares muitas vezes comentam com a criança mais velha: "Você vai ser uma irmã mais velha muito responsável!", "É tão legal ter um irmão!", "Você vai brincar com o seu irmão?", "Você vai tomar conta da sua irmã?". De repente, em muitas das interações que as outras pessoas têm com a criança, a conversa é sempre sobre o bebê que vai chegar (ou que acabou de chegar). A atenção está nitidamente no bebê. Isto é mais uma das razões pelas quais a criança deve ter espaço para exprimir as emoções desafiantes. Você pode também pedir aos familiares e amigos mais próximos para não falarem tanto do bebê. Quando conversar com eles, explique-lhes que é mais útil darem presentes à criança mais velha do que ao bebê. O bebê não se importa, mas a criança mais velha, sim!

PRATIQUE AS ATITUDES DE MINDFULNESS

Não julgue o seu filho. Todas as emoções, opiniões, desejos e necessidades estão certos. Ele não tem de achar sempre engraçado o fato de ter um irmão. Tenha paciência, pois aceitar um novo irmão pode demorar. É um processo que leva tempo. A maior mudança é para a criança mais crescida. Olhe para o seu filho mais velho com uma mente de principiante. O que consegue observar? Procure lembrar-se da forma como olhava para ele quando nasceu. Fale com ele sobre isso! Confie que está tudo certo, independentemente dos desafios por que possa estar passando. O mais provável é que o seu filho mais velho adore o irmão. Não se esforce tanto! Não é preciso fazer tudo direito. A casa não tem de estar sempre em ordem. Sanduíches e sopa também servem para o jantar. Não resista à realidade, aceite as coisas como elas são para conseguir criar as melhores condições para o que é realmente necessário fazer. Abandone a necessidade de controle total. Abandone também a vontade de ensinar o filho mais velho a estar com o bebê a toda hora. Se o mais crescido tirar um brinquedo do bebê, não o repreenda sempre. O bebê ainda não se importa (se os pais não se importarem). Aliás, pode fazer parte de uma brincadeira. Isso se resolve mais tarde.

OS CUIDADOS DIÁRIOS

Uma das melhores formas de satisfazer as necessidades da criança mais crescida é envolvê-la nos cuidados diários do bebê. Ela pode sentir-se reconhecida, significante e em controle. Pode satisfazer a necessidade de explorar coisas novas e sentir muita conexão e pertença. Mas lembre-se, mais uma vez, de gerir as suas expectativas. Não fique desiludido se a criança não quiser ajudar. Também pode ser uma forma de satisfazer as suas necessidades!

No dia a dia também devem existir momentos a sós entre o adulto e a criança mais velha. Nesses momentos é mais importante a qualidade do que a quantidade. Vinte minutos por dia de presença plena fazem milagres. Arranje soluções para que isso possa acontecer. Durante um cochilo do bebê, deitando o bebê mais cedo, pedindo a outra pessoa para ficar com o bebê. Incentive a brincadeira independente do bebê. Um bebê consegue passar períodos relativamente longos numa manta, num lugar seguro no chão, ou num parque, olhando e tocando em coisas apropriadas (não têm necessariamente de ser brinquedos!). Este tempo será extremamente precioso para você e para a criança mais velha!

Educar com Mindfulness

Nos momentos de desafio, relembre-a desse tempo: "O bebê já está mamando há muito tempo, não é? Você está um pouco farto. Gostaria que ele estivesse dormindo... eu sei. Também estou ansiosa pelo nosso momento quando o bebê estiver dormindo. Você já pensou no que quer fazer?".

Haverá momentos em que o seu filho vai precisar saber os seus limites e necessidades. Não tente compensar a falta de atenção com mais permissão. A relação de vocês não fica danificada só porque demonstra um limite. Utilize a linguagem pessoal e a comunicação consciente, e ofereça alternativas a tal comportamento.

> **Filha, quando você pula ao lado do seu irmão, fico com medo que você o assuste. Quero que ele fique aí em segurança. Venha cá e pule ao meu lado. Você consegue pular muito alto?!**

> **Segurar o bebê em pé me parece perigoso. Sente-se aqui no sofá ou aí no chão e já te deixo segurá-lo.**

Como sempre, e talvez ainda mais neste novo cenário, a criança necessita que você intervenha com calma; por isso crie espaço para si e para as suas emoções. Assim, você a estará guiando nesta grande adaptação. Passar de um para dois filhos não é uma grande mudança só para a criança, mas também para os pais. Quanto melhor conseguir satisfazer as próprias necessidades (sono, alimentação e todas as outras), mais fluida será a adaptação para todos. Assuma a sua responsabilidade pessoal e peça ajuda quando for necessário!

RESUMINDO E CONCLUINDO...

O principal ensinamento que tiro da minha história até aqui, e das histórias dos inúmeros pais com os quais tenho trabalhado, é que todos os pais e mães sabem desde o início como serem pais e mães. A questão é que, em algum lugar do caminho, perdemos o contato com a nossa sabedoria interior. Começamos a ouvir mais os conselhos dos outros, em vez de procurarmos a nossa competência inata. Uma prova especial e clara disso é quando sente culpa, quando se arrepende de algo que fez ou disse; isto acontece simplesmente porque, lá dentro, já sabe. Quando procura o certo e o errado fora de si, perde o contato com o amor incondicional dentro de si.

No Oriente conta-se a história de um ladrão de pedras preciosas. O ladrão passava a vida no mercado. Um dia viu um senhor comprar o diamante mais precioso de todos, o que ele mais queria. O ladrão perseguiu o senhor durante três dias, recorrendo a todas as suas manobras de roubo, mas sem sucesso. Era um ladrão muito ágil e estava frustrado por não ter conseguido encontrar o diamante. Decidiu revelar-se ao senhor e disse-lhe: "Sou um famoso ladrão de diamantes. Vi que você comprou um muito especial e há três dias que o sigo. Tenho tentado todos os truques, que fui aperfeiçoando durante anos, mas em vão. Por favor, diga-me onde o escondeu!". O senhor respondeu: "Vi que você estava me seguindo no mercado e suspeitei que fosse um ladrão. Por isso o escondi no lugar onde seria menos provável de você procurar: no seu bolso!".

Gostaria que, ao ler este livro, ao procurar integrar estes ensinamentos, você conseguisse ver que o seu diamante está com você!

Espero que, chegando aqui, tenha encontrado coragem para confiar no seu filho, aceitando-o como ele é, amando-o incondicionalmente para que a autoestima dele possa florescer da forma mais saudável. Espero, ainda, que tenha abandonado as perguntas sobre o "como" e coloque agora o foco no "porquê", e num maior contato com o seu interior. Gostaria que ficasse mais atento às necessidades do seu filho, bem como às suas, e que esteja disposto a agir no "agora", a partir do amor e não do medo, da ansiedade, da raiva ou do estresse.

Lembre-se de que em cada momento desafiante você tem uma escolha: pode focar na gestão do comportamento, moldando-o à sua maneira, ou na compreensão das necessidades do seu filho, seguindo-o, enquanto por vezes o guia.

No fundo, o seu filho é o seu professor. Todos os dias, ele mostra-lhe o manual de instruções que tantos pais procuram. Os pais nascem, crescem e desenvolvem-se, tal como os filhos, num processo conjunto. E se tiver a coragem de ouvir mais o seu interior, de aprender mais com o seu filho e ensinar menos, terá o melhor curso de desenvolvimento pessoal que alguém pode frequentar.

Hora da despedida...

Quero agradecer-lhe a leitura deste livro. É muito especial para mim ter a oportunidade de partilhar estas ideias que se foram desenvolvendo com a prática da minha viagem parental, com as muitas formações que faço, com os inúmeros livros que leio, com todos os pais, mães e educadores que tenho encontrado em palestras, formações presenciais e *online*, em acompanhamento e *coaching* individual.

Muitos dos que se iniciam no mundo da Parentalidade Consciente sentem-se um pouco sozinhos, não têm ninguém por perto com quem partilhar as suas ideias. Se for esse o seu caso, ou simplesmente se quiser manter-se em contato comigo, pode seguir-me na página *facebook.com/miafulness* e no *instragam @miafulness,* onde todos os dias procuro dar inspiração. Acompanhe ainda a página da Academia de Parentalidade Consciente. Se quiser receber a minha *newsletter*, inscreva-se em *mikaelaoven.com.* No *site* você encontrará mais recursos e um calendário atualizado. Se pretender saber ainda mais sobre Mindfulness e Parentalidade, pode inscrever-se nas formações *online* ou presenciais que leciono. Se quiser organizar palestras ou formações comigo, partilhar a forma como as ideias deste livro afetaram a sua vida ou fazer algum comentário, contate-me por esta via: *mikaelaoven.com, academiadeparentalidade.com* e *lifetraining.pt.*

Até logo!

AGRADECIMENTOS

Este livro é o resultado de muitos encontros. É o resultado do meu encontro com um companheiro de vida. É o resultado do meu encontro com os meus filhos. É o resultado do meu encontro com a parentalidade. É o resultado do meu encontro com o Mindfulness. É o resultado do meu encontro com as minhas dúvidas e os meus desafios e com as dúvidas e os desafios dos outros. É o resultado de muitos encontros com muitas famílias. Encontros únicos com mães, pais, crianças, educadores de infância, professores, avós, tios e amigos, em inúmeras formações, palestras, *workshops* e sessões individuais. É o resultado do encontro com a Porto Editora.

Acima de tudo, este livro é o resultado do encontro com um propósito de vida: contribuir para um mundo melhor. Bons encontros promovem um mundo melhor. Para podermos ter bons encontros, temos de nos sentir bem conosco. O Mindfulness é a melhor forma que eu conheço de agendarmos esse encontro pessoal. E, sentindo-nos bem conosco, podemos também ajudar os outros, principalmente os nossos filhos, a sentirem-se melhor por meio desses encontros. A Parentalidade Consciente ajuda-nos precisamente neste ponto: na criação de bons e prósperos encontros com os nossos filhos. Porque nos bons encontros acontece magia.

Estou imensamente grata pelos encontros que a vida me tem proporcionado e gostaria de exprimir especial gratidão: a Mônica Magalhães, pelo entusiasmo e pelo incansável apoio neste processo; a Cláudia Gomes, pela grande confiança, e a toda a fantástica equipe da Porto Editora.

Agradeço também a todas as mães e a todos os pais que cruzaram e cruzam o meu caminho e me permitem entrar um pouco na sua vida.

E a Pedro, Liv, Erik e Isak, obrigada: pela paciência, pelos ensinamentos, pelo amor incondicional de vocês.

REFERÊNCIAS BIBLIOGRÁFICAS

Os principais autores que têm influenciado o meu trabalho são Jesper Juul, Jon Kabat-Zinn e Byron Katie. Mas são muitas as pessoas, dedicadas às áreas da parentalidade e do Mindfulness, que me oferecem contribuições fantásticas. A todos, estou imensamente grata! A lista que se segue é um bom começo para quem quiser explorar mais estes temas.

Parentalidade:

Everyday Blessings, The Inner Work of Mindful Parenting, Jon & Myla Kabat Zinn, Hachette Books, 1998.

Family Life: The Most Important Values For Living Together and Raising Children, Jesper Juul, AuthorHouseUK, 2012.

P.E.T Parent Effectiveness Training, Thomas Gordon, Harmony, 2000.

Pais Conscientes, Shefali Tsabary, Pergaminho, 2015.

Parenting from the Inside Out, Daniel Siegel & Mary Hazel, Tarcher, 2013.

Parenting from Your Heart, Inbal Kashtan, Puddledancer Press, 2004.

Parents Meet Their Children Through the Work, Byron Katie (audio), Hierophant Publishing, 2010.

The Whole-Brain Child, Daniel Siegel & Tina Payne Bryson, Delacorte Press, 2011.

Unconditional Parenting, Alfie Kohn, Atria Books, 2006.

Your Competent Child: Toward a new paradigm in parenting and education, Jesper Juul, Balboa Press, 2011.

Mikaela Övén

Mindfulness:

Acabar com o Sofrimento, Byron Katie, Estrela Polar, 2006.

Criar a Verdadeira Paz, Thich Nhat Hanh, Pergaminho, 2010.

Full Catastrophe Living, Jon Kabat-Zinn, Delacorte Press, 1990.

Lições sobre o Amor, Thich Nhat Hanh, Sextante Editora, 2010.

O Poder do Agora, Eckhart Tolle, Pergaminho, 2010.